名人传

Vie des hommes illustres

〔法〕罗曼·罗兰/著

张冠尧 艾珉/译

名著名译丛书

人民文学出版社

Romain Rolland
VIE DES HOMMES ILLUSTRES
Librairie Hachette, Paris

图书在版编目(CIP)数据

名人传/(法)罗曼·罗兰著;张冠尧,艾珉译. —北京:人民文学出版社,2014 (2025.2重印)
(名著名译丛书)
ISBN 978-7-02-010417-8

Ⅰ.①名… Ⅱ.①罗…②张…③艾… Ⅲ.①贝多芬,L.V.(1770~1827)—传记②米开朗琪罗,B.(1475~1564)—传记③托尔斯泰,L.N.(1828~1910)—传记 Ⅳ.①K811

中国版本图书馆 CIP 数据核字(2014)第 092594 号

责任编辑　黄凌霞
装帧设计　刘　静　陶　雷
责任印制　苏文强

出版发行　人民文学出版社
社　　址　北京市朝内大街 166 号
邮政编码　100705

印　　刷　三河市中晟雅豪印务有限公司
经　　销　全国新华书店等

字　　数　249 千字
开　　本　890 毫米×1290 毫米　1/32
印　　张　9.875　插页 3
印　　数　134001—137000
版　　次　2003 年 10 月北京第 1 版
印　　次　2025 年 2 月第 16 次印刷
书　　号　978-7-02-010417-8
定　　价　26.00 元

如有印装质量问题,请与本社图书销售中心联调换。电话:010-65233595

罗曼·罗兰

罗曼·罗兰（1866—1944）

法国作家，代表作有《约翰·克利斯朵夫》《母与子》《哥拉·布勒里翁》及《名人传》三篇。

《名人传》是罗曼·罗兰为三位举世闻名的文学艺术大师谱写的英雄史诗：第一位是身患残疾，孤独贫困，从未享受欢乐，却创造了欢乐奉献给全世界的作曲家贝多芬；第二位是生于忧患，受尽磨难，给人类留下不朽艺术品的雕塑绘画大师米开朗琪罗；第三位是不肯安于富贵，愿为天下黎民献身的俄罗斯小说家托尔斯泰。

较之常人，社会和自然并未给予伟人们更多惠顾，生活对他们而言往往是一场无休止的搏斗。凭着坚强的毅力，他们勇于承受磨难，勇于挑战困难，终于攀登上生命的巅峰。作者试图通过伟人们的故事，向读者传送英雄的气息，鼓起人们对生活的信念和自强不息的勇气，努力做一个无愧于"人"的称号的人。

译　者

张冠尧(1933—2002)，北京大学法语系一级教授。1952年考入北京大学，1956年毕业后留校任教。主要译著有《狄德罗美学论文选》（合译），巴尔扎克的《高老头》《欧也妮·葛朗台》，司汤达的《红与黑》，《梅里美中短篇小说集》，莫泊桑的《漂亮朋友》等。

艾　珉(1934—　)，本名夏玟，湖北武汉人。1956年考入北京大学西语系，毕业后留校任教。1975年到人民文学出版社工作，曾主持《巴尔扎克全集》《萨特文集》等法国文学作品的翻译出版工作。主要著述有《法国文学的理性批判精神》《巴尔扎克——一个伟大的寻梦者》；译作有莫洛亚的《巴尔扎克传》（合译），皮埃尔·洛蒂的《冰岛渔夫》《菊子夫人》，戈蒂耶的《莫班小姐》等。

出 版 说 明

人民文学出版社从上世纪五十年代建社之初即致力于外国文学名著出版，延请国内一流学者研究论证选题，翻译更是优选专长译者担纲，先后出版了"外国文学名著丛书""世界文学名著文库""二十世纪外国文学丛书""名著名译插图本"等大型丛书和外国著名作家的文集、选集等，这些作品得到了几代读者的喜爱。

为满足读者的阅读与收藏需求，我们优中选精，推出精装本"名著名译丛书"，收入脍炙人口的外国文学杰作。丰子恺、朱生豪、冰心、杨绛等翻译家优美传神的译文，更为这些不朽之作增添了色彩。多数作品配有精美原版插图。希望这套书能成为中国家庭的必备藏书。

为方便广大读者，出版社还为本丛书精心录制了朗读版。本丛书将分辑陆续出版。

人民文学出版社
2015 年 1 月

译本序

"打开窗子吧！让自由的空气重新进来！让我们呼吸英雄的气息。"——这是罗曼·罗兰（1866—1944）在《名人传》卷首语中开宗明义的一句话。或许，这也是他为自己全部作品所作的诠释。

自十九世纪以降，英雄主题在法国文学中已日趋式微，至二十世纪则近乎绝迹了。从文艺复兴到二十世纪，人的形象在文学作品中愈缩愈小：文艺复兴时期是顶天立地的"巨人"；启蒙时代是叱咤风云的大写的"人"；十九世纪前期，在司汤达、巴尔扎克、雨果等作家笔下，大都是精力旺盛、雄心勃勃的出类拔萃的人；十九世纪中期的福楼拜则主要描写平庸的人；十九世纪后期，从自然主义流派开始，更多的是描写病态、丑恶甚至动物性的人。愈走向世纪末，文学上的颓靡之风愈盛，人的形象也愈来愈猥琐、渺小……在这样的背景下，罗曼·罗兰的《贝多芬传》于一九○三年面世时，真仿佛是奇峰突起，使人们的精神为之一振。

罗曼·罗兰的文学创作由戏剧[①]发端，读者观众反应平平，没想到《贝多芬传》这本三万来字的小册子突然为他赢得了文学声誉。接着，他又陆续发表了《米开朗琪罗传》（1906）、《托尔斯泰传》（1911）和《甘地传》（1924）。同样的英雄旋律，在他以毕生心血浇铸的两部长河小说《约翰·克利斯朵夫》（1903—1912）和《母与子》（1922—1933）中得到了更丰满、更深入的发挥，作者在文学史上的地位，主要便是由这两部长河小说奠定的。而他那部精美俏皮、文采出众的中长篇小说《哥拉·布勒尼翁》（1919），在成功刻画法国高卢民族健全的理性和特殊

[①] 他一生写了二十一个剧本，最重要的是《群狼》（1898）、《丹东》（1900）、《七月十四日》（1912）、《罗伯斯比尔》（1939）等。

精神气质的同时,同样给小说主人公注入了坚强且富有生命力、创造力的灵魂。

显然,罗曼·罗兰所说的英雄,并不是走遍天下无敌手的江湖豪杰,也不一定是功盖千秋的大伟人,甚至不一定是个胜利者,但他们肯定具有一种内在的强大生命力,使他们在任何逆境中都不放弃奋斗;他们饱经忧患,历尽艰辛,却始终牢牢把握着自己的命运,以顽强的意志去战胜一切困难,竭尽努力使自己成为无愧于"人"的称号的人。

何谓英雄品格,怎样才算无愧于"人"的称号?按罗曼·罗兰的观念,首先就是有百折不挠的进取精神,亦即他所说的大江大河般[1]奔腾不息的强大生命力[2];二是永远保持人格的尊严,恪守个性的独立,既不屈从于强权,也不盲目地随大流;三是具有关怀人、爱护人的博爱精神,甘心为人类的福祉奉献自身。他为之立传的贝多芬、米开朗琪罗、托尔斯泰是这样的人,约翰·克利斯朵夫[3]和安乃德是这样的人,甚至那位表面上嘻嘻哈哈、玩世不恭的高卢木匠哥拉·布勒尼翁,骨子里也潜藏着这种大灾大难压不垮的英雄素质。

罗曼·罗兰的英雄理想,究其实仍是文艺复兴以来人本主义思想传统的继承和发扬[4]。五百年来的欧洲历史表明,作为近代西方文化思想基础的人本主义,对欧洲历史的飞跃曾起过难以估量的作用。在停滞不前的中世纪,统治欧洲达千年之久的基督教文化,以"原罪"说[5]束缚人的灵魂,让人们相信自己生来是为了"赎罪",只有通过现世的忏悔、苦修和受难,求得上帝的宽恕,死后才能升入天堂,获得永生的幸福。"神"的统治窒息了人的自我意识,把天地万物中最富创造力的生灵,变成消极无为,听凭命运摆布的可怜虫。直到十五、十六世纪,随着

---

[1] 《母与子》的主人公安乃德的姓氏里维埃,即河流之意。

[2] 罗曼·罗兰是"力"的崇拜者,他将强有力的生命力视为英雄人物的本质特征,约翰·克利斯朵夫的姓氏克拉夫脱在德语中即"力量"之意。

[3] 约翰·克利斯朵夫青少年时期的生活,有不少素材取自贝多芬的经历。

[4] 对罗曼·罗兰影响甚深的尼采超人哲学和柏格森生命哲学,归根结底也是人本主义思想的延伸。

[5] 按基督教传说,亚当、夏娃因偷食禁果被逐出伊甸园,从此注定人类必须为赎罪终身受苦。

古希腊、罗马文化的被发掘，人文主义思想家在复兴古代文化的口号下，提出了"人为万物之本"的新观念，才启动了人类历史上第一次伟大的思想解放运动。这些思想敏锐、才华出众的知识巨人，以新兴阶级的青春锐气，大胆地以"人本"观念取代"神本"观念，以"人"来对抗"神"；他们歌颂人的力量、尊严与价值，鼓吹猎取知识、发掘人的聪明才智，提倡进取精神、创造精神和开拓精神，以推动科学文化的迅速发展……

如果说，文艺复兴还只是"人"的意识的初步觉醒，矛头仅仅指向教会的"神权"统治，那么，第二次思想解放运动——十八世纪的启蒙运动，则是对封建时代整个上层建筑的全面宣战。启蒙时代的思想家们提出"天赋人权"的口号，将矛头直指君主专制制度和贵族僧侣的特权，他们以"理性"为武器，批判一切宗教偏见和迷信，把认识世界和主宰世界的权力归还给"人"自身。应该承认，没有"人"的思想解放，就没有现代生产力的解放，没有人的"自我意识"的觉醒，就无法解释近二三百年来欧洲历史的飞跃发展。时至今日，个人的尊严感和价值理念，仍是西方社会促进生产力发展的一种活跃的精神因素。在他们的观念中，工作上的责任心是自尊心的体现，一个人的创造性是他自身价值的体现，而现代科技的进步，则有赖于每个人的潜能及价值的充分发挥。

然而随着资产阶级上升为统治阶级，金钱取代"神权"和"君权"成为主宰一切的力量，在推翻封建制度的漫长过程中形成的一整套非常革命的观念，与革命后建立的新制度形成了尖锐的对立。正当人们试图向新制度索取"理性王国"曾允诺的一切权利时，却发现无比高贵、尊严的"人"正在沦为"商品"；所谓"自由、平等、博爱"，在实践中只能是人与人之间的竞争角逐。幻想破灭了，人们发现自己孤立无援地置身于一个以金钱为杠杆的动荡不宁的社会。而且资本主义秩序愈是巩固，人们感到距离"人"的理想愈遥远，"人"愈来愈失去自己的本质，变成了物的奴隶。文学作品中"人"的贬值，恰是现实社会中这种异化感和屈辱感的反映，惟其向往崇高，才痛感其丑恶渺小；惟其企盼有所作为，才痛感自身的无能为力。可是消极、颓废毕竟不是出路，于是罗曼·罗兰试图以他的《名人传》给人们传递英雄的气息,鼓舞人们恢复对生活的信念和奋斗的勇气。

罗曼·罗兰想要告诉人们,任何成就都伴随着艰辛的拼搏和痛苦的考验,他为之作传的这些人,"他们的伟大固然来自坚强的毅力,同时也来自所经历的忧患"。他告诫人们:"不幸的人们啊,切勿过分怨天尤人!人类最优秀的人物与你们同在。从他们的勇气中汲取营养吧!"

事实的确如此,古往今来许多大有作为的人,并不曾从社会或自然那里得到任何特殊的惠顾,从来不曾有一位好心的神明为他们安排通向胜利的坦途。相反,不公正的命运常常给他们设下种种意想不到的障碍。贝多芬出身贫寒,十三岁辍学,十七岁挑起整个家庭的生活重担,二十五岁时他刚刚在乐坛崭露头角,耳朵又开始失聪。这种对音乐家而言十分致命的疾病给他带来的痛苦,非常人所能想象,谁能想到他那些不朽的传世之作,绝大部分竟是耳聋以后写成的。在生活上,他一直是不幸的,由于贫穷和残疾,他的感情生活充满了凄苦和遗憾……尽管他的天才征服了全世界,尽管维也纳的精英人物将他视为国宝,尽管皇亲国戚在他面前都会礼让三分,他的生活境况却没有多大改善。他呕心沥血创作的乐曲,常常拿不到分文报酬。全世界都在演奏他的作品,而他为出版这些作品反倒欠了出版商许多债。不错,他的艺术是无价的,于是人们慷慨地用掌声和欢呼酬谢他,却没想到他的鞋子破得上不了街……然而所有的磨难只是使他变得更加坚强:他痛苦,却不肯屈服于命运;他贫穷,却既不趋炎附势,亦不迎合潮流,始终保持独立的人格;他孤独,却能以热诚的赤子之心爱人类;他从未享受欢乐,却创造了欢乐奉献给全世界。他终于战胜了!战胜了疾病,战胜了痛苦,战胜了听众的平庸,战胜了所有的磨难和障碍,攀登上了生命的巅峰。第九交响乐在维也纳首演时,听众如醉如痴,许多人都流了泪,演出结束,掌声雷动,当他转身面向听众,全场突然起立,挥动帽子向他致敬,场面之热烈,恍如暴动。

米开朗琪罗看上去比贝多芬幸运,他既无残疾,也不贫穷,他出生于佛罗伦萨颇有声望的市民家庭,从小接受精英阶层的教育,有较高的文化素养和艺术功底,然而他在精神上也许比贝多芬更受折磨:他的祖国多灾多难,他眼见外族入侵,人民受奴役,自己的作品毁于战乱,共和主义的理想也化为泡影;他和贝多芬同样孤独一生,没有妻儿,没有爱情,他的家族不曾给他任何温暖,只想从他身上榨取利益;他到处遭遇嫉妒和倾轧,在同行中很难遇上知音……更可悲的是,他的处境与奴隶相差无几。贝多芬至少精神上是自由的,他不依附任何人,他想说什么就说什么,想做什么就做什么;米开朗琪罗却没有自由,他不得不依附他所不愿依附的教皇,①不得不为教皇们的光荣劳碌终身。当然,教皇们并非一无是处,至少他们承认他的天才,且不止一次保护他的艺术免遭破坏,可是他们剥夺了他的自由,拿他当牛马般使唤,他一辈子都像拉磨的驴一样拴在教皇的磨坊里,七十余岁高龄还得爬上脚手架作画……

如果米开朗琪罗没有自己的理想追求,也许他就不痛苦了,就会以受教皇赏识为荣了。然而他是沐浴着文艺复兴的春风长大的,没有人比他更深刻地领悟到这场思想运动的精髓,他比同时代的艺术家更不满足于宗教艺术,更醉心于表现人的力量、尊严与意志。②他是文艺复兴时代的"巨人"之一,他的艺术理想也是巨人式的。他想要制造山一般的巨型作品,甚至想把一座山头雕刻成俯瞰大海的人像。这就决定了他和那些只关心为自己树碑立传的教皇们永远不能达成一致,决定了他将终生为理想无法实现而痛苦。

托尔斯泰的情况完全不同,他是名门贵族,地位优越,衣食无忧,既不需依附任何人,也不必像贝多芬和米开朗琪罗那样终日劳碌;他身体健康,婚姻美满,有深爱他的妻子和可爱的孩子;他有很高的文学天赋,几乎没有经历过艰难的习作阶段就获得了成功……总之,在一般人看来,他是个"什么也不缺"的人,然而他的痛苦恰恰由此而生。他蔑视已经拥有的一切,包括他的文学声誉,惟独渴望拥有他所未知的——生命的真谛,于是他以毕生的精力去求索、去探寻。多少和他地位相当的人都活得志得意满,惟独他苦恼不安。旁人眼里的幸福生活非但不能给他带来幸福感,反而成为他精神上的沉重负担。他对城市贫民的凄

---

① 在那个时代,无人能对抗教皇的淫威。而且,除了教皇,无人有财力支撑大型的艺术创作。
② 他之所以对雕塑艺术情有独钟,正是由于他认为雕塑比绘画更能表现人类的"力"。

惨处境感到震惊,为农民的贫困和愚昧而痛苦,因自己不劳而获的优裕生活而愧疚,为难以摆脱家庭的羁绊而烦恼……他若像旁人一样心安理得地享受命运的安排,也许就没有烦恼了,然而托尔斯泰的伟大就在于不肯安享富贵,不肯虚度年华,他想要通过造福于人类来实现自身的生命价值,于是烦恼接踵而至:他因批判教会的谬误,弘扬真正的基督精神而不能见容于东正教教会,受到开除教籍的处分;他因执著于自己的信念而受到来自压迫者和被压迫者两方面的压力,甚至得不到亲人的认同和理解……

　　罗曼·罗兰说得不错:"生活是严酷的,对那些不安于平庸的人说来,生活就是一场无休止的搏斗,而且往往是无荣誉无幸福可言的、在孤独中默默进行的一场可悲的搏斗。"

　　罗曼·罗兰还想告诉人们,英雄并非没有弱点,也并非无往不胜,——毕竟他们是人,而不是神——但这无损于他们的伟大。米开朗琪罗有许多弱点:软弱、多疑、优柔寡断,做事常常有始无终,不止一次屈服于强权……他不属于贝多芬那种具有完美人格的人。罗曼·罗兰认为他的悲剧是性格悲剧,其实不尽然,他的弱点有更深层的社会历史原因。他身处两种文化的交汇处,以他的聪慧和敏感,不可能意识不到两种文化之间的冲突及其与政治斗争的紧密联系。人文主义无疑符合他的天性,是他发自内心的信仰,这从他的许多作品中可以看出来(特别是他在教皇下达的任务之外制作的那些带有异教色彩的作品);但他也没能挣脱宗教思想的束缚,和其他许多人文主义者一样,他对"神权"并非没有忌惮心理,何况以五百多年前的科学水平,要摆脱对神的敬畏几乎是不可能的。他处于两种意识形态的争夺之中,终生为矛盾心理所纠缠,他的神经质,他的迟疑、摇摆、迷信、恐惧不安……都和这一背景有关。①

---

① 自五世纪古罗马帝国宣布基督教为国教以后,基督教成为欧洲封建统治工具已有千年之久,一切触犯其宗教信条或有悖于该神学体系的思想行为,均被目为异端,受到残酷的迫害。所以资产阶级和封建统治者的较量,最初必然是以宗教改革的形态展开。直到资产阶级取得胜利,政教分离,近代欧洲才逐步使基督教人性化,融入其人文主义思想体系。

米开朗琪罗的本质性格其实是骄傲自信而且固执的,他为维护自己的尊严,不止一次与教皇发生正面冲突。他的软弱并非缺乏主见或判断力,而是不能超脱现实的利害关系。他的家族观念、根深蒂固的光宗耀祖思想和"长子"的责任感,使他不能置身家性命于不顾,这就决定了他在关键时刻必然会逃跑,或者选择明哲保身,向权力屈服。他计划中最伟大的作品都半途而废,并不是他没有足够的耐心,而是他永远受着在任教皇的辖制,上一届教皇下达的任务还没完成,这一届教皇又十万火急地要他接受别的任务。他一生都在超负荷地工作,还时时刻刻为他那些没有完成的作品遭受良心的谴责。所以,与其说他是性格悲剧,不如说是时代的悲剧。特定的时代条件成就了他的伟大,却也限制了他天才的发挥。人是很难超越时代的,观念的更新也不是一次思想运动的冲击所能完成。尽管他到晚年已成为文艺复兴硕果仅存的最后一位艺术大师,其权威无人能与之挑战,他在上帝面前却总是惴惴不安。他越来越虔诚,他七十多岁接受圣彼得大教堂总建筑师的任命时,坚决拒绝一切薪酬,因为他认为这是为神服务,是一项神圣的使命。

尽管米开朗琪罗有这样那样的弱点,尽管他没能实现自己最宏伟的计划,可谁也不能否认他的艺术代表了文艺复兴时代伟大的人文精神:他在《大卫》身上,表现了人的理想(这尊气概非凡的人像,无疑是人的力量、尊严与意志的化身),在《摩西》和《奴隶》身上,表现了人和命运的抗争;他的西斯廷教堂天顶画《创世记》中,被逐出乐园的亚当丝毫没有对"原罪"的负罪感;他的《最后的审判》,以悲壮的场景刻画了人类的痛苦和挣扎;他为洛伦佐·梅迪契和尤利乌斯二世制作雕像时根本不考虑是否像他们本人,而只是用来表现他所想要表现的东西——行动和思想;他的《晨》《昼》《暮》《夜》无比精妙地表现了人的苦恼和感情……有了这些震撼人心的不朽丰碑,谁还会去计较他的软弱和恐惧呢?应当承认,他在艺术追求上,还是勇敢而且顽强的,哪怕民众往《大卫》身上扔石头,哪怕他的《最后的审判》被指控为"路德派的垃圾",他都没有作丝毫让步。在这方面,他和贝多芬一样从未放弃自己的信念。如果说他在艺术上常有举棋不定的时刻,常常质疑和否定自己,那可不是因为在艺术上缺乏自信,而是由于他总是无止境地追求完美,由于总有新的创意在他的头脑中产生。艺术是他的偶像,他愿意为之付出一切,他固然有惊人的天赋,但我们读了这本小书后会明白,为了艺术他曾经历过多少磨难、多少挫折,作过何等艰苦的登攀!五六百年前艺术家的工作条件,今天的艺术家们是想象不出的:为了运送他精心挑选出的石料,米开朗琪罗不得不亲自开山筑路;为了绘制壁画,得首先摸索各种用料的配方;为了铸造铜像,得从头开始学习炼铜;为了掌握人体的结构,他用尸体来研究解剖学①,且为此累得大病一场……他也许有时软弱、胆怯,而在艺术探索上,他是勇气十足的,什么也没能难倒他。

米开朗琪罗不是完人,而作为艺术家,他是人类的骄傲。

托尔斯泰人格的高尚是众所周知的,他敢于挑战一切权威,对沙皇也不曾笔下留情;他绝不盲从、迷信,敢于用批判的眼光审视一切;他敢于坚持自己心目中的真理,哪怕为此受到孤立……但他也有弱点,他的知识和视野受到停滞落后的俄国乡村生活的局限,自己却浑然不觉,这就大大妨碍了他对事物做出正确的判断。他对现代科学的发展几乎一无所知,却轻率地把物种起源、光谱分析、镭的本质、数的理论、动物化石等对人类社会有重大意义的研究,统统斥为"无聊";他根本不理解文艺复兴运动唤醒人们的"自我"意识,对人类社会的发展有多么重要,所以对米开朗琪罗的作品无动于衷,把莎士比亚贬得一文不值;他体会不到人类为了生存、发展,需要以怎样的毅力去奋斗、去拼搏,以致贝多芬那种充满战斗激情、催人奋发向上的音乐让他惊愕和反感,他不去批判靡靡之音,反倒把贝多芬当做洪水猛兽……总之,他意识不到自己知识结构的缺憾,往往武断地否定自己所不了解的一切。这样的固步自封使他无法通过学习把握较科学的历史观,无法对人类社会的发展形成一个较客观、较真实的概念。

在托尔斯泰的思想体系中,评断事物的惟一标准就是"道德",即爱心、真诚和善良。只要符合他的道德准则,再平庸的作品或人都会受到他的赞扬;而对俄国历史起过重大推动作用的彼得一世,在他眼里便

---

① 十五世纪尚无此类学科,这种研究可说是惊世骇俗之举。

只是一个品质恶劣的小人,至于其改革给俄国带来的进步,他则根本不予承认。他曾两度访问欧洲,对欧洲的进步同样不屑一顾,仅仅在巴黎观看了一次死刑犯的处决,便宣布"对进步的迷信纯属虚妄"。不错,托尔斯泰真诚地希望社会日益完善,对俄国民众的悲惨处境由衷地感到怜悯和同情,但他既不满现状,又惧怕社会动荡,他对经济的变革心存恐惧,对任何一种改革社会的主张或企图都深恶痛绝。说到底,他是不愿意他所心爱的封闭式宗法制庄园经济受到触动和破坏。因而他对社会的批判无论多么猛烈,都只停留在道德的层面,从未深入到社会的根部,他所开具的"济世良方"当然也无助于解决错综复杂的社会问题。他那一厢情愿的善良,把一切都简单化了:他相信完善社会的惟一途径,是强化宗教意识,普及道德教育,只要每个人在道德上自我完善,消除一切欲念,人人爱上帝、爱他人(包括爱自己的敌人),自然能达到全社会的和谐,实现人类的大同。可见托尔斯泰虽则很早就开始研究哲学,却缺乏哲人的睿智。他沉溺于自己的宗教信念,甚至推演出许多偏激、荒谬的观点,诸如婚姻是一种堕落,爱情、婚姻都有违基督教精神,妨碍了人类理想的实现等等……他的禁欲主义简直比中世纪还有过而无不及,但却没有想到,一旦人类无欲无求,社会也就失去了活力。他似乎也不曾考虑过,像俄国那样落后的生产方式和低下的生产水平,大多数人连温饱问题都难以解决,怎能达到和谐与安定?爱心、真诚和善良固然是永远值得提倡的美德,却解决不了人类生存发展中的根本问题。他更没有想到,社会的发展有其不以人的主观意志为转移的客观规律,真正的仁人志士应当认识和顺应客观规律,积极推动社会向前发展,而不是幻想按自己的乌托邦来重新安排社会秩序,甚至牵制或阻挠社会的发展。

托尔斯泰作为小说家的伟大成就是无可争议的,他是世界文学中巍然耸立的高峰之一。他不仅为读者展示了俄罗斯近代历史的广阔画面,还精彩地谱写了俄罗斯民族之魂,他是欧洲文学中继巴尔扎克之后最伟大的塑造形象的大师,创造了俄罗斯文学中最丰富、最壮观的人物画廊……然而他苦心孤诣创立的"爱"的宗教,境遇就不那么辉煌了。我们相信随着人类社会从低级往高级阶段发展,普遍的博爱精神将逐步成为人类共同生活的准则。但在托尔斯泰生活的时代，这种主张的可行性比一百年后的今天更加微弱，因此他作为思想家声名远播，而追随者寥寥。尤其他的"勿抗恶"主张，在实践中处处碰壁。他屡战屡败，却始终不肯放弃。在罗曼·罗兰看来，这正是托尔斯泰值得敬佩的地方。作者写他的失败和孤立，恰恰是想阐明不应以成败论英雄。英雄也是人，也有弱点和谬误，他们并不总是胜利者，但他们勇于承受挫折，承受失败，绝不会因失败而气馁，这便是他们高于常人的地方。托尔斯泰虽然提倡无欲无求，平和宁静，他本人却是个精力旺盛、生命力极强的人，他永远有所追求，而且孜孜不倦。他勇于挑战，勇于探索，也勇于实践，为了他心中的真理，他单枪匹马，孤军奋战，不吝惜代价，也不考虑成败，这，就是罗曼·罗兰所说的英雄气质。托尔斯泰的思想、主张，不可避免地要受到他自身生活环境和认识水平的局限，重要的不是他的主张是否正确，而是他那种不以坐享富贵为荣，坚持不懈为人类的未来上下求索的精神，那种愿为信念献身的无所畏惧的精神。一切有志于开创未来的人们，难道不需要从这位可敬的老者身上汲取勇气么！包括他的弱点和谬误在内，不也能使我们从中获得有益的教训或启迪么！

年轻的朋友们！生活是广阔的，但并非处处都开满鲜花，更不能指望处处都有林荫道，有的地方会是崎岖陡峭的小路，有的地方甚至荆棘丛生。这里记述的三位伟人虽然出身经历不同，性格特点迥异，但为了实现生命的价值，同样都需要面对这样那样的困难、障碍，承受这样那样的磨难、挫折或失败的打击，从这个意义上讲，人是生而平等的。人生就是奋斗，幸福就产生在奋斗的过程之中。不经奋斗得来的享受不会给人带来任何快乐，只有战胜种种艰难险阻后攀登上生命的巅峰，才能感受到灵魂升华的喜悦。人生的价值是由自己创造的，要想让生命迸出火花，没有任何捷径，也不必乞灵于神明。可以视为神示的只有一句话，那就是贝多芬所说的："人啊！靠你自己吧！"

艾　珉

二〇〇三年八月

目 录

卷首语 ·· 001

贝多芬传 ·· 001

米开朗琪罗传 ·· 045
  引言 ·· 047
  米开朗琪罗 ·· 051
    上篇　搏斗
      一　力 ·· 063
      二　力的崩溃 ·· 083
      三　绝望 ·· 101
    下篇　放弃
      一　爱 ·· 114
      二　信念 ·· 136
      三　孤独 ·· 151
  尾声
    死 ·· 160
  这就是他神圣的痛苦生涯 ······································ 165

托尔斯泰传 ·· 167

卷 首 语*

> 我愿证明,谁若行为高尚、善良,
> 必同样能承受苦难。①
> ——贝多芬

我们周围的空气多么重浊。古老的欧洲在沉重、污浊的氛围中已变得麻木迟钝。猥琐的物质主义压抑了思想,阻碍了政府和个人的行动。人们在卑劣和谨小慎微的自私自利中憋闷至死。人们已经呼吸困难。——打开窗子吧!让自由的空气重新进来!让我们呼吸英雄的气息。

生活是严酷的。对那些不安于平庸的人说来,生活就是一场无休止的搏斗,而且往往是无荣誉无幸福可言的、在孤独中默默进行的一场可悲的搏斗。贫困、日常的忧烦、愚蠢的超负荷劳作,把他们压得喘不过气,徒劳无益地消耗他们的精力,没有希望,没有一线欢乐之光,而且绝大多数都彼此隔离,连给患难兄弟伸出援手的慰藉都不可得,因为他们既不知道他人,也不为他人所知。他们只能靠自己,而有时最强的人也会被苦难压倒。他们也呼唤援助,也呼唤朋友。

正是为了援助他们,我才在他们周围集合起这些**英雄的友人**,这些为了善而受苦的伟大心灵。这些名人传记并非诉诸野心家的骄傲,而是献给受难者的。何况,谁又不是受难者呢?让我们把神圣的痛苦油膏献给受苦的人们吧!我们在搏斗中并不孤立。人世的黑夜已为神圣之光所照亮。目前,在我们身边,就能看见两朵最纯洁的火花——正义

---

* 本文原系 1903 年《贝多芬传》的初版序言,但从内容看则是为《名人传》系列作品所作的说明,故在译本中将此文作为《卷首语》置于全书之首。

① 1819 年 2 月 1 日,贝多芬在维也纳市政府的讲话。

和自由的火花——在闪耀:皮卡尔上校①和布尔的人民②。即使他们还未能烧毁那浓密的黑暗,至少他们的光焰一闪,给我们指明了道路。跟着他们朝前走吧,跟着那些分散在各个国家,各个时代,和他们一样孤军奋战的人们朝前走。让我们扫除时间的障碍,让英雄的民族获得重生。

我称之为英雄的,并非以思想或力量取胜的人,而仅仅是因其心灵才伟大的人。正如他们中最伟大的一个,亦即我们将叙述其生平的那个人所说:"除了善良,我不承认还有其他高人一等的标志。"③没有伟大的品格,就没有伟大的人,同样也没有伟大的艺术家、伟大的行动者;而只有一些为群氓而立的腹中空空的偶像,时间会将它们统统摧毁。成败无关紧要,重要的是伟大,而不是显得伟大。

我们试图在此为之立传的这些人,他们的人生几乎都是一种长期的受难。或是悲剧性的命运使他们的灵魂在肉体和精神、贫困和疾病的磨难中经受锤炼;或是目睹同胞遭受不可名状的苦难和羞辱的折磨,从而使他们的生命受到摧残,心灵为之撕裂,使他们每日都在痛苦中受煎熬。他们的伟大固然来自坚强的毅力,同时也来自所经历的忧患。不幸的人们啊,切勿过分怨天尤人!人类最优秀的人物与你们同在。从他们的勇气中汲取营养吧;如果我们太虚弱,就把头枕在他们的膝上稍事休息。他们会抚慰我们,在这些神圣的心灵中,涌流着公正之力和强大之善的激流。甚至无须询问他们的作品、倾听他们的声音,仅从他

---

① 1894 至 1906 年间,法国发生了一起大冤案,即著名的"德雷福斯案件"。犹太裔的德雷福斯上尉被诬将秘密军事文件出卖给德国,被判终身监禁。1895 年,陆军部秘密警察长皮卡尔上校发现真正的罪犯另有其人,主张为德雷福斯上尉平反。结果触怒军方,牵累自己下狱。1898 年,著名作家左拉为此事发表致总统的公开信《我控诉》,以伸张正义。由此掀起民主派和当局顽固势力的激烈斗争,酿成社会危机。1899 年,法国政府在强大的舆论压力下,被迫重审此案,并由总统下令赦免。1906 年,最高法院宣告德雷福斯无罪,恢复其名誉及军职。作者将此事喻为正义的火花。
② 布尔,非洲南部好望角一地名,原属荷兰,维也纳会议后,荷兰将好望角割让给英国。由于英人残酷压迫,激起布尔人的反抗,演成 1899 至 1902 年的布尔之战。最后,英国让步,南非联盟成立,成为英国一自治领地。作者将此事喻为自由的火花。
③ 贝多芬语。

们的眼睛、从有关他们生活的记述中,我们就能读懂:生活从来不曾像在患难中那样伟大、丰盈和幸福。

*　　*　　*

在这英雄队伍的前列,我将首席位置给了坚强而纯粹的贝多芬。他在受苦时,曾祝愿他的事例能给其他不幸者提供支撑,"但愿不幸的人,看到一个与他同样的不幸者,不怕自然设下的障碍,竭尽所能使自己成为一个无愧于人的称号的人,能从中获得慰藉"。经过多年超人的奋斗与努力,克服了困难,完成了他所谓的"向可怜的人类吹送勇气"的大业后,这位胜利的普罗米修斯①,回答一个乞灵于神明的朋友说:"人啊,靠你自己吧!"

他这句豪言壮语,应对我们有所启迪。让我们以他为榜样,重新恢复对生活、对人类的信念吧!

罗曼·罗兰
一九〇三年一月

---

① 普罗米修斯,希腊神话中的巨人,因盗天火给人类而触怒宙斯,宙斯将他锁在高加索山上,每日派神鹰来啄食他的肝脏,直到赫剌克勒斯射死神鹰,解救了他。后来文学作品中均将普罗米修斯作为造福人类并为人类受难的艺术形象。

贝多芬传

序

　　二十五年前,当我写这部小小的《贝多芬传》时,我并不想写成一部音乐学方面的著作。那是一九○二年,我正处于苦恼不堪的时期,经受着既能摧毁又能更新一切的暴风雨。我逃离巴黎,来到我儿时的伴侣贝多芬身边,寻求十天的庇护,在人生的战场上,他曾多次给予我支持和帮助。我来到他的故乡波恩,重新觅得他的影子和他的老朋友:在科布伦茨的访问,我从韦格勒的孙儿们身上,又见到了韦格勒夫妇。在美因兹,我听到了由韦恩加特纳①指挥的贝多芬交响乐演奏会。在这浸透了他的苦难、勇气、欢乐与悲哀的灰暗潮湿的四月天,在雾气弥漫的莱茵河畔,我与他单独相处,倾诉衷肠;我跪倒在地,他以强有力的手将我扶起,为我的新生儿《约翰·克利斯朵夫》施洗。在他的祝福之下,受到鼓舞的我,与人生重新缔约,踏上了重返巴黎的路程,一路上向上帝唱着痊愈者的感恩曲。那感恩曲就是这篇传记,起先由《巴黎杂志》发表,继而由贝玑②拿去刊载。我没想到它的声音会传到朋友们的圈子之外。但是,"命运就这样注定了……"③

　　赘述诸多枝节,恳请读者见谅。因当今有些人会在这首颂歌中寻求按严格的史学方法撰写的学术著作,我不得不对此做出回答。我在某些时刻,也会充当史家。在《亨德尔》和有关歌剧研究等若干著述中,我也曾为音乐科学做过认真的奉献。然而《贝多芬传》却不是为学术而写作的。这是受伤的、被窒息的心灵之歌,是它复苏后,重新振作

---

① 韦恩加特纳(1863—1942),奥地利指挥家和作曲家,以指挥贝多芬及瓦格纳的作品闻名于世。
② 贝玑(1873—1914),法国作家,诗人,罗曼·罗兰的好友。《贝多芬传》曾在他所主编的《半月刊》上刊载。
③ 原文系拉丁文。

起来，向救主感恩的歌。我知道，这救主已被我改头换面，但一切从信与*爱*出发的行为无不如此。我的《贝多芬传》便是这样一种行为。

人们踊跃购买，给这本小书带来它所不曾企求的好运。这个时代，法国成千上万的生灵，受压制的理想主义的一代，都焦虑地期待着那一声解放的号令。这号令，他们在贝多芬的音乐中听到了，于是他们从中寻求支持。从那个时代过来的人，谁不记得那些四重奏音乐会，真像是唱*天主的羔羊*①时的教堂，——谁不记得那些注视着祭祀礼的痛苦的脸，因受到启示而满面生辉？今日的生者与昔日的生者已相距很远了。（但他们能否距明日的生者更近呢？）本世纪初的这代人里，多少队列已被横扫：战争好比一个无底深渊，他们和他们最优秀的儿子都在那里面失去踪影。我这小小的《贝多芬传》保留着他们的形象。出自一个孤独者手笔的小书，竟无意中与他们相似，而他们也从中认出了自己。一个藉藉无名者写的小册子，从一家默默无闻的小店出来，几天之内便广为传播，它已不再属我所有了。

我刚把此书重读了一遍，虽说写得还不够充分，我也不打算再改动了②。因为它应当保留最初的特色，以及伟大一代的神圣形象。在贝多芬百年祭之际，我要把对一代人的怀念，和对他们的伟大同伴，正直坦诚的大师的祭奠结合在一起，是他，教给了我们如何生，如何死。

罗曼·罗兰
一九二七年三月

---

① 天主教弥撒曲的开头。
② 作者拟另写专著，研究贝多芬的艺术及其创造性的人格。

善事应尽力而为,
爱自由甚于一切,
即使为了帝王的宝座,
也绝不出卖真理。①

——贝多芬

  他身材矮胖,脖子粗壮,一副运动员的骨架,红砖色的宽大脸庞,只是到了晚年,皮肤才变得萎黄和病态,尤其是冬天,远离田野、足不出户时,更是如此。他前额宽广且隆起,深黑色的头发异常浓密,乱蓬蓬地竖着,似乎从未梳理过,颇像"美杜莎②的蛇发"。他眼中燃烧着一种奇异的力量,使见到他的人无不为之震惊,但大多数人辨别不出其中细微的差别。因为这双眼睛闪烁着一种野性的光芒,衬上古铜色而略显悲壮的脸,看上去像是黑的,其实是蓝灰色。③ 一旦感情冲动或者生气,这双小且深陷的眼睛便突然睁大,眼珠在眼眶中滴溜溜地转动,如实地反映出其中全部思想。④ 他忧郁的目光常常转向上空。阔大的鼻子,又短又方,真是狮子的相貌!嘴倒长得颇秀气,但下唇有比上唇前突的倾向。牙床刚劲有力,似乎可以磕碎核桃,右下巴有个深深的小窝,使

---

① 见贝多芬:1792 年《手记》。
② 美杜莎(又译墨杜萨),希腊神话中的蛇发女妖,人被其目光触及即化为石头。
  据罗素 1822 年记述,1801 年,当卡尔·采尔尼还是孩子的时候曾经见过他。当时,他的胡子好几天没刮了,披头散发,穿着生山羊毛织的上衣和长裤,猛一看,几乎以为遇见了鲁滨孙。——原注
③ 这段描写取自画家克莱贝尔的笔记。克莱贝尔曾于 1818 年前后为贝多芬画像。
④ 根据医生缪勒 1820 年的描述,"他的眼睛既美又富有表情,目光时而温柔动人,时而迷惘、严厉、咄咄逼人。"——原注

整个面部显得古怪而不对称。据莫舍勒斯①说,"他的微笑很美,谈话时神态亲切可爱。而笑起来却不讨人喜欢,粗鲁、难看,而且短促",好像那种对快乐不甚习惯的笑。他脸上的表情总是落落寡合,仿佛患了"无法治愈的忧郁症"。一八二五年,雷尔斯托普曾说,看到他温柔的眼睛里那种极度痛苦的神情,好不容易才忍住没让眼泪流下来。一年以后,勃劳恩·封·勃劳恩塔尔在一家啤酒店遇见他,他坐在一个角落里,抽着一根长长的烟斗,闭着眼睛,那是他晚年时愈来愈常见的姿态。一位朋友和他说话。他凄然一笑,从口袋里掏出一个记录本,像聋子经常做的那样,尖着嗓子叫对方把想说的话写出来。他面部表情常常变化,有时因抓住了突如其来的灵感,哪怕在大街上,那表情也会让行人吓一大跳;有时无意中撞见他坐在钢琴面前,"整个脸部肌肉膨起,血脉奋张,狠巴巴的眼睛变得加倍可怕,嘴唇抖动着,像把鬼神召来却又请不走的魔法师。"十足一个莎士比亚剧中的人物!② 尤里乌斯·贝内狄克特说:是"李尔王"。

*　　*　　*

路德维希·范·贝多芬,一七七〇年十二月十六日出生于科隆附近,波恩的一所破房子简陋的小阁楼上。他原籍弗朗德勒③,父亲是个庸庸碌碌、嗜酒如命的男高音歌手。母亲是女佣,一个厨师的女儿,最初嫁给一个官宦之家的侍从,丈夫死后跟了贝多芬的父亲。

贝多芬的童年充满艰辛,缺少家庭温暖,不像莫扎特有家人的呵护。从一开始,生活于他就是一场悲壮的战斗。他父亲想开发他的音乐天赋,好把他当神童来炫耀。儿子刚四岁,父亲就一连几个小时

---

① 莫舍勒斯(1794—1870),英国钢琴家,曾将贝多芬的歌剧《费德丽奥》改编为钢琴曲。
② 画家克莱贝尔却说:"是我相(中世纪著名的苏格兰游吟诗人)的面孔。"以上所有细节均引自贝多芬的朋友和见过他的采尔尼、莫舍勒斯、克莱贝尔等人的描述。
③ 弗朗德勒,今为比利时西部地区,与法国交界。贝多芬的祖父路德维希是其家族中最杰出的人物,出生于马利内斯,二十岁后定居波恩,当上了王室大公的唱诗班指挥。贝多芬与他最为相像。我们必须记住这一事实,才能理解为何贝多芬天生的桀骜不驯和他性格中的许多特点并非完全属于德国气质。

把他钉在羽管键琴面前,或者把他关在房间里,逼着他练小提琴,繁重的作业把他累得死去活来,差一点让他恨死了音乐这门艺术,以致必得使用暴力才能强迫他学下去。贝多芬从少年时代便需为生计发愁,不得不过早地承担养家糊口的重任。十一岁那年,他加入剧院的乐队,十三岁当上管风琴乐手,一七八七年,他失去了他所热爱的母亲。"她对我那么慈祥,那么值得我爱,她是我最知心的朋友!啊!当我能够喊出母亲这个温馨的名字,而她又听得见的时候,有谁能比我更幸福呢?"①她是患肺病死的,贝多芬以为自己也染上了这种病,常常感到不舒服。除此以外他还患有比病更折磨人的忧郁症。② 十七岁时,他已经是一家之长,担负起两个弟弟的教育之责。酗酒的父亲无法撑持门户,他只好羞惭地请求剧院让他的父亲退休。人家担心做父亲的拿了钱去挥霍,便将退休金交给儿子。这些伤心事在他内心留下了深深的烙印。所幸他在波恩的一个家庭里找到了感情上的依傍。他一直非常珍惜勃罗宁一家的情谊。他们可爱的女儿埃莱奥诺尔比贝多芬小两岁。贝多芬教她音乐和诗歌。她成了他儿时的友伴,两人之间也许产生过感情。后来埃莱奥诺尔嫁给了韦格勒医生。他也成了贝多芬最要好的朋友。③ 他们之间终生维持着恬静的君子之交,这一点,从韦格勒和埃莱奥诺尔与他来往的书信中可以看得出来。信写得很恳切。韦格勒夫妇称他为**忠诚的老友**,他则称对方为**亲爱的好韦格勒**。更令人感动的是,后来三人年纪老了,但心灵的青春依旧,热忱不减当年。

尽管童年时代悲惨凄凉,但贝多芬忆起这段时日和儿时住过的地方,凄凉中依然透着一丝温馨。后来他虽不得不离开波恩,在维也纳这个花花世界及其贫困的郊区度过了几乎整整一生,内心却从未忘怀莱茵河流域的故乡,还有那条汹涌澎湃的大河。他称这条河为**我们的父**

---

① 贝多芬:《致奥斯堡沙德医生的信》(1787),《贝多芬书信集》卷Ⅱ。
② 稍后,他在1816年写道:"不懂得死的人是个可怜虫,而我在十五岁时就已经懂了。"
③ 贝多芬了不起的恩师 C. G. 奈夫也是他的好朋友和指导。此人品德高尚、学问渊博,同样给了贝多芬许多良好的影响。

亲河。的确,莱茵河生机勃勃,几乎赋有人性,仿佛一个巨大的生灵,具有无穷的思想和力量。莱茵河流域中,没有任何一段比流经风光旖旎的波恩这一段更壮丽、更温馨,也更美妙的了。强劲的河水,冲刷和抚爱着浓荫覆盖、鲜花盛开的岸边坡地。在这里,贝多芬度过了他生命中的头二十年,在这里,形成了他少年时代心中的梦想。那仿佛懒懒地浮在水面的草地,笼罩在薄雾中的白杨,矮矮的灌木,还有垂柳和各种果树,都把根须浸泡在这静默而湍急的水流里。星星点点的村落、教堂,乃至墓地,以好奇的目光慢悠悠地俯瞰河岸。远处,蓝色的七峰在天空中勾勒出参差不齐的侧影,颓圮的古堡耸立其上,形状瘦削且怪异。他永远心系故乡,直到生命的最后时刻,他还梦想重返故园而未能如愿。"我的家园,那块我初见光明的故土,在我眼前始终是那么美,那么清晰,就像我离开时那样。"①

＊　　＊　　＊

革命②爆发了,开始席卷全欧,也占据了贝多芬的心。波恩大学是新思想的熔炉。贝多芬于一七八九年五月十四日注册入学,听那位有名的奥洛格·施奈德的德国文学课。此人后来当上了下莱茵省的检察官。当人们在波恩听到攻占巴士底监狱的消息时,施奈德在讲台上朗诵了一首热情洋溢的诗,使学生们群情激昂。③ 第二年,他出版了一部革命诗歌集④。订购者名单中有"贝多芬和勃罗宁"的名字。

一七九二年,战火⑤蔓延到波恩,贝多芬离开家乡,去音乐之都维

---

① 贝多芬:《给韦格勒的信》(1801 年 6 月 29 日)。
② 指 1789 年的法国大革命。
③ 这首诗的开头是这样的:"专制的枷锁已经打碎……幸福的人民!……"——原注
④ 其中一首这样写道:"藐视狂热的信仰,砸碎愚蠢的王权,为人权而战……嘿,这一切,没有一个王公的奴仆能做到。只有自由的灵魂方可当此重任,他们宁死而不阿谀奉承,宁穷而不愿受奴役……须知这样的灵魂中,我并非最后一人。"——原注
⑤ 指欧洲各国为干涉法国革命发动的战争。

也纳定居。路上,他遇到了开赴前线与法国作战的黑森州①部队,此事无疑激发了他的爱国热忱。一七九六至一七九七年间,他将弗里德堡的战斗诗篇谱成了音乐,即《出征歌》和一首爱国主义大合唱:《我们是伟大的德意志民族》。可是,尽管他讴歌了法国革命的敌人,革命仍征服了世界和他的心。从一七九八年起,虽然奥地利和法国关系紧张,贝多芬却与法国人及其使馆,还有刚来到维也纳的贝纳多特将军②有亲密的交往。言谈间贝多芬常流露出倾向共和的情绪。这种倾向在他以后的生活中变得益发强烈。

这个时期施泰因豪森为他画的肖像,相当精确地反映出他当时的风采。较之后来的几幅,恰如盖兰③画的波拿巴之于后来的那些拿破仑肖像。拿破仑在那张画上,面部表情严峻,激情似火,野心勃勃。贝多芬在这张画上显得比真人年轻、瘦削、挺拔,上衣的高领使脖颈显得有些僵直,目光似乎睥睨一切而又有点紧张。他深知自己的价值,非常相信自己的力量。一七九六年,他在记事本上这样写道:"拿出勇气来!尽管身体不佳,但我的才华必将获胜!……二十五岁!现在已经到了!我二十五岁,到时候了……今年我非大显身手不可。"④德·伯恩哈德夫人和格林克都说,他目空一切,举止放肆,让人讨厌,说话时外省口音很重。只有他的至交好友才知道在这生硬倨傲的外表下,隐藏着一颗十分善良的心。他将自己获得的成功写信告诉韦格勒时,脑子里出现的第一个念头是:"比如我看见某个朋友经济困难而我又没钱帮助他的时候,我只须伏案工作,用不了多久,便能帮他摆脱困境……你瞧,这多好。"⑤稍后,他还说:我的艺术应该造福于穷人。

---

① 黑森州系当时日耳曼三联邦之一,后并入德意志联邦。
② 贝纳多特,法国元帅,在捍卫革命的战役中屡立成功。后被瑞典国王认为义子,于是倒戈,加入联军,与拿破仑为敌。1818 年继承瑞典王位,称查理十四。
③ 盖兰(1774—1833),法国名画家,德拉克洛瓦和籍里柯的老师。所绘拿破仑像系拿破仑的青年时代。
④ 此时他初露头角。1795 年在维也纳举行了首场钢琴独奏音乐会。——原注
⑤ 贝多芬:《给韦格勒的信》(1801 年 6 月 29 日)。1801 年前后,他在给里斯的信中也写道:"只要我有钱,我的朋友就什么都不缺。"——原注

此时,病痛已在叩门,且一旦上身便不再离开。一七九六至一八〇〇年期间,耳聋症开始肆虐①,耳鸣不分昼夜地折磨他,内脏也疼痛不已。听觉逐渐衰退。一连好几年,他都不告诉任何人,即使对至爱亲朋也讳莫如深。他避免与人交往,怕自己的毛病被人发现,将这种可怕的秘密深藏胸臆。可是到了一八〇一年,他再也忍不住了,在绝望之中,他把这个秘密告诉了两个朋友——韦格勒医生和阿曼达牧师:

我亲爱的、善良的挚友阿曼达,……我多希望你能常在我的身旁啊!你的贝多芬痛苦极了。要知道,我身心最高贵的一部分,我的听力已经大大下降,就在咱们在一起的那个时候,我已感觉到此病的先兆,但我没有说出来,打那以后,更是每况愈下……我能好起来吗?我当然盼着这一天,但希望很渺茫,因为这种病是没法治的。我必须过着痛苦的生活,避开我所热爱和珍惜的一切,在这如此悲惨而又自私的世界上!……我只能遁世隐居,听天由命。我何尝不想摆脱病痛,但这可能吗?……②

在给韦格勒的信中,他这样写道:

……我过着凄惨的生活。两年来,我谢绝一切社交,因为我无法与人交谈,我是个聋子。如果我从事的是另一种职业,那还有几分可能;但以我目前的职业来说,情况就太可怕了。我有不少敌人,他们会怎样说呢?在剧场,我要尽量靠近乐队才能听明白演员说的话。离得稍远一点,我便听不见乐器和演员高亢的声音……

---

① 1802年他在《遗嘱》中写道,这种病六年前已经开始,也就是说1796年就有了。我们注意到,他作品的目录中,只有作品第1号(即三支三重奏)是1796年以前创作的。作品第2号头三支钢琴奏鸣曲则是1796年3月出版。因此可以说,贝多芬的作品大都是耳聋后写的。当时他耳聋日甚一日,但还没到完全听不见的程度,对低沉的声音,高亢的声音听得较清楚。据说到了晚年,他将一根木棒的一端插进钢琴的音箱,另一端则用牙咬着,作曲时就用这种方法来听。今天在波恩的贝多芬博物馆里还保存着机械师迈尔塞1814年前后为他制作的助听器。——原注

② 《贝多芬书信集》第13。

贝多芬约三十岁时(甘道尔夫·施泰因豪森绘)

别人说得慢，我勉强能听见，如果一嚷嚷我就受不了……我常常诅咒自己为什么还活着……普卢塔克①教导我忍受一切。如有可能，我倒愿意向命运挑战；有时候，我活得真像上帝的一个最可怜的造物……忍！多么叫人难受的避难所啊！但我别无选择！②

这种悲苦的情绪流露在当时的几部作品里，如作品第十三号《悲怆奏鸣曲》(1799)，尤其作品第十号《第三钢琴奏鸣曲》中的"广板"。奇怪的是，并非所有作品均如此，还有许多乐曲反映的是青年人无忧无虑的情怀，像充满欢欣的《七重奏》(1800)、清澈明净的《C大调第一交响乐》(1800)等。毫无疑问，心灵需要时间来适应痛苦。它那么需要快乐，所以没有快乐的时候，只能自己来制造。现实太残酷时，它便回到过去的生活中去。昔日快乐的时光不会一下子抹掉，即使欢愉不再，其光辉也会久久留存。贝多芬在维也纳孤苦伶仃，往往遁入对故乡的回忆中寻求慰藉。此时的思想都深深印着这样的痕迹。《七重奏》中带变奏曲的"行板"，其主题便是一支莱茵地区的歌曲。《C大调交响乐》也是关于莱茵的作品，一首青年人满怀梦想的诗篇，既欢快又为爱情而苦恼，令人感觉到有一种取悦心上人的愿望与希冀。但在某些段落和引子里，在某几种低音乐器的明暗对比和古怪的谐谑曲中，我们会多么激动地在那张青春的脸上看到未来天才的目光！那是波提切利的《圣家庭》中婴儿的眼睛，从中已可窥见未来的悲剧。③

除了肉体的痛苦，他还受着别的困扰。韦格勒说过，他看到的贝多芬总是充满爱的激情。这种爱看来始终十分纯洁，其激情与欢愉之间无任何联系。现在人们往往将两者混淆，只能证明大部分人对爱的无知以及这种爱的罕见。贝多芬内心多少有点清教徒的色彩，他讨厌下

---

① 普卢塔克，公元一世纪希腊历史学家和伦理学家，著有《希腊和罗马名人传》和《道德篇》。
② 《贝多芬书信集》第14。
③ 波提切利(1445—1510)，意大利文艺复兴前期的名画家，所画《圣家庭》中的婴儿即耶稣，故提及未来的悲剧。

流的谈吐和思想,对爱情的神圣深信不疑。据说他不能原谅莫扎特,因为莫扎特不惜糟蹋自己的天才去写《唐璜》①。他的挚友辛德勒很有把握地说,"他一生洁身自爱,从未有过越轨的行为。"这样的人注定要上爱情的当,成为其牺牲品。果然如此。他一再为情颠倒,不断憧憬着幸福,但很快又情场失意,随之而来的便是痛苦的煎熬。如果要对贝多芬丰富的创作灵感追根溯源,就必须到轮番出现的爱情和骄傲的反抗中去寻找,直到年事已高,与生俱来的激情逐渐消退,他才无可奈何地快快作罢。

一八〇一年,他钟情的对象似乎是朱列塔·圭恰迪尔。他那支著名的《月光奏鸣曲》(作品第 27 号,1802)因题献给这位女士而使其芳名不朽。他给韦格勒写信说:"现在我生活有意思多了,和别人来往也多了……这种变化完全是一位可爱而有魅力的姑娘促成的;她爱我,我也爱她。两年以来,我第一次享受到幸福的时光。"②可是他为此付出了高昂的代价。首先,这段爱情使他更深地感觉到自己残疾的可悲,而艰苦的生活条件也使他无法娶他所爱的人。其次,朱列塔风骚、幼稚,而且自私,给贝多芬带来了不少烦恼。一八〇三年十一月,她竟嫁给了加仑贝格伯爵。③ 这样的爱情使人的心灵受尽折磨,贝多芬原已饱受疾病的摧残,经此变故,精神竟濒临崩溃。一生之中,只有这一次,他似乎已经到了死亡的边缘。他悲观绝望,从他留给兄弟卡尔和约翰的《海利根遗嘱》便可以看出,《遗嘱》上标明:"等我死后拆看并执行。"④那是撕心裂肺的痛苦呼喊,也是抗争的呼喊,听见的人无不为之动容。

---

① 唐璜,欧洲传说中的风流浪子,莫扎特曾为歌剧《唐璜》谱曲。
② 贝多芬:《致韦格勒的信》(1801 年 11 月 16 日),《贝多芬书信集》第 18。
③ 稍后她还厚颜无耻地利用贝多芬对她的感情帮助丈夫摆脱困境。贝多芬后来告诉辛德勒:"他过去是我的情敌,只是出于理智我才尽力帮助他。"但他因此更看不起这个女人。"她一到维也纳便来找我,"贝多芬用法语写道,"哭哭啼啼的,但我对她不屑一顾。"(见 1821 年的谈话记录)——原注
④ 贝多芬:《遗嘱》(1802 年 10 月 6 日)。

他几乎想自杀,但他那种百折不挠的道德观念阻止了他。① 不过他病愈的最后一线希望也破灭了。"连一向支撑我的非凡勇气也无影无踪了。啊,主啊,给我一次真正的欢乐吧,哪怕只一天! 我听不见深沉的欢乐之声已经太久了! 啊,上帝,什么时候我能再听见呢?……永远也听不见吗? ……不,这太残酷了!"

这是垂死的哀鸣;但贝多芬又活了二十五年。他性格刚强,不甘心在磨难面前屈服:

> 我的体能和智力比以往任何时候都有增无已……我的青春,是的,我感到我的青春才刚刚开始。我已隐隐约约看到目标在前,虽然尚不清楚,但正在一天天地接近……啊! 如果我能摆脱这种疾病,我一定能拥抱整个世界! ……除了睡眠,我不知道有其他的休息。可惜,我不得不花更多的时间睡觉。但愿我能摆脱疾病,哪怕一半也好,那时候! ……不,我不能忍受下去。我要扼住命运的咽喉,它永远不能使我完全屈服。啊,如果能活上千百次那就太好了!②

这爱情、这痛苦、这意志、这时而沮丧时而高傲的情绪、这内心的悲剧,都反映在一八〇二年所写的伟大作品之中。如《丧礼奏鸣曲》(作品第 26 号)、《幻想奏鸣曲》和《月光奏鸣曲》(作品第 27 号)、《第二奏鸣曲》(作品第 31 号),其中戏剧性的宣叙调宛如崇高而凄婉的独白。还有献给亚历山大大帝的《小提琴 C 小调奏鸣曲》(作品第 30 号)、《克莱采奏鸣曲》(作品第 47 号)、为盖勒特③的歌词所谱写的六首悲壮的

---

① "嘱咐你们的孩子要有道德。惟一能使人幸福的是道德而不是金钱,这是我的经验之谈。是道德使我在苦难中有所依傍。全亏了道德和我的艺术,我才不以自杀来结束我的生命。"他在 1810 年 5 月 2 日写给韦格勒的信中又说:"如果不是在某本书上看到,人只要还有能力去做有意义的事就不应贸然轻生的话,恐怕我早已不在人世了,当然是自行了断喽。"——原注
② 贝多芬:《给韦格勒的信》,《书信集》第 18。
③ 盖勒特(1715—1769),德国启蒙运动作家、诗人,成长于贫穷而虔诚的牧师之家,其作品及人品均为世人所称道,作品的普及程度仅次于《圣经》,其中《寓言故事集》、《宗教圣歌和歌曲》尤广受欢迎。贝多芬为之谱曲的,正是《宗教圣歌和歌曲》中最有名的诗篇。

贝多芬的《海利根遗嘱》及写此遗嘱的小屋

宗教歌曲（作品第 48 号）。《第二交响乐》(1803)则更多地反映了他青春的爱情，从中可感觉到压倒一切的坚强意志，一股不可抗拒力量将愁绪一扫而空。曲终涌起沸腾的生命力。贝多芬希望幸福，不愿相信自己的不幸无可挽回：他渴望病愈，渴望爱情，心中充满了希冀。①

* * *

上述作品中，让人产生强烈印象的是，不少作品充满雄壮有力的行进和战斗的节奏，《第二交响乐》中的"快板"和"终曲"尤其如此，《献给亚历山大大帝的奏鸣曲》中的第一章，其慷慨激昂更不待言。音乐的战斗气息使人不禁回想起产生它的年代。大革命波及维也纳，贝多芬也被卷了进去。骑士德·赛弗里德说："他和挚友在一起时喜欢指点江山，且头脑清晰、目光敏锐、极有判断力。"他所有的同情都倾向于革命。他晚年最了解他的朋友辛德勒也这样说："他挚爱共和原则，赞同无限制的自由和民族独立……他盼望大家齐心协力，共同管理国家……盼望法国实行普选，盼望拿破仑建立普选制度，从而营造全人类幸福的基础。"他像一个受普卢塔克思想熏陶的古罗马革命者，满怀豪情，梦想有一个由胜利之神，即首席执政缔造的英雄共和国。于是他接连写出了帝国的史诗，曾题为《波拿巴》的《英雄交响乐》(1804)②以及光荣史诗《C 小调交响乐》，即《第五交响乐》(1805—1808)的终曲。这

---

① 1802 年赫内曼为贝多芬制作的袖珍画像上，贝多芬打扮入时，留着下鬓角，前后一样短的头发，神情颇似拜伦式的英雄，同时又具有拿破仑式不屈不挠的坚强意志。——原注

② 《英雄交响乐》原是写波拿巴并题献给他的。初稿的标题是《波拿巴》。当贝多芬获悉拿破仑加冕称帝，便怒不可遏地叫道："这样说来，他也不过是凡夫俗子而已！"盛怒之下，他撕掉原来的献词，换上一个有报复意味的动人标题：《英雄交响乐……纪念一位逝去的伟人》。据辛德勒说，后来他对拿破仑的气慢慢消了，只把他看作一个值得同情的可怜虫、英雄末路的倒霉蛋。1821 年他获悉拿破仑兵败，被囚于圣赫勒拿岛时，他说："十七年前我写的这段音乐正适用于这一可悲事件。"他欣然承认他写这支交响乐中的《葬礼进行曲》时，已预感到这位征服者的悲剧下场。——很可能在贝多芬思想中，《英雄交响乐》，尤其是其中的第一乐章里所出现的拿破仑形象与真人很不相同，他的确想将拿破仑按他的想象和希望描绘为革命之神。1801年，他曾为真正的英雄、自由之神普罗米修斯谱过曲，后来在《英雄交响乐》的终曲里又采用了此曲的主旋律。——原注

是第一阕真正的革命音乐:时代精神在其中得以再现,强烈而且纯真,恰如当时的重大事件在孤独的巨人心中激起的强烈而纯真的回响,其印象即使接触到现实也不会有所减损。作品里贝多芬的形象也染上了那些史诗式战争的色彩。这一时期的作品对这些战争都有所反映,尽管贝多芬自己可能没有意识到,在《科里奥兰纳斯序曲》(1807)中,我们会听到狂风呼啸,暴雨喧腾;《第四四重奏》(作品第 18 号)第一章也与上述序曲不相上下。关于《热情奏鸣曲》(作品第 57 号,1804),俾斯麦曾说:"如果我能经常听到这支曲子,我一定会勇气倍增。"①这支奏鸣曲,还有《哀格蒙特》的总谱,直到他的钢琴协奏曲及《降 E 调协奏曲》(作品第 73 号,1809),精湛的技巧表现英雄气势,仿佛千军万马奔腾而过。而这一切又何足为怪呢?在写《英雄的葬礼进行曲》(作品第 26 号的奏鸣曲)时,比波拿巴更接近于《英雄交响乐》所讴歌的理想英雄的奥什②将军,刚刚战死在莱茵河畔,其纪念碑至今仍耸立在科布伦茨和波恩之间的一座小山上。即使当时贝多芬还不知道奥什牺牲的消息,但在维也纳,他曾亲眼目睹革命的两次胜利。一八〇五年十一月,法国军官出席观看他的歌剧《费德丽奥》的首演。他还将《英雄交响乐》和《第五交响乐》题献给攻陷巴士底狱的于兰将军,当时这位将军正住在贝多芬的朋友兼保护人洛布科维茨家里。一八〇九年五月十日,拿破仑驻军舍恩布伦③。不久,贝多芬便对法国征服者产生了憎恨

---

① 俾斯麦(1815—1898),德意志政治家,号称普鲁士的"铁血宰相"。参看德国驻意大利大使罗贝尔·德·康德尔所著《俾斯麦及其一家》(1901)。1870 年 10 月 30 日,康德尔在凡尔赛用一架很蹩脚的钢琴给俾斯麦演奏这首奏鸣曲。俾斯麦就这部作品的最后一句发表评论说:"这一句道出了整个人生的斗争和悲恸。"在所有音乐家中,他最欣赏贝多芬,并不止一次说:"贝多芬最适合我的神经。"——原注
② 奥什(1768—1797),法国将军,法国大革命中最忠诚勇敢的军事将领。
③ 贝多芬的住处距维也纳城垣附近的工事不远。拿破仑攻陷维也纳时将此类工事悉数炸毁。1809 年 6 月 26 日,贝多芬给出版商布赖特科普夫和海尔特尔写信说:"我周围全是废墟,听见的只是乱七八糟的金鼓之声,真是非人的生活!"一个 1809 年见过贝多芬的法国人给我们保留下来一幅他的肖像。此人是德·特雷蒙特男爵,当过最高行政法院助理法官,曾经描写贝多芬住所里零乱的情形。他们一起谈哲学、宗教、政治,"尤其是他的偶像莎士比亚"。贝多芬打算跟德·特雷蒙特去巴黎,因为他知道巴黎音乐学院此时正演奏他的交响乐,那里也有热情的听众。(见 1906 年 5 月 1 日《音乐信使报》上男爵写的文章:《贝多芬访问记》)——原注

之情，但仍然狂热地崇拜他们史诗般的业绩，没有他这种感情的人，对他那歌颂赫赫军功和凯旋的音乐只可能一知半解。

＊　＊　＊

贝多芬突然中止了《第五交响乐》的创作，一反往日的习惯，连草稿也不打，一气呵成地写下了《第四交响乐》。他眼前出现了幸福的曙光。一八〇六年，他和特蕾泽·德·布伦瑞克①订了婚。贝多芬移居维也纳初期，特蕾泽还是小姑娘，跟他上过钢琴课。从这个时候起，她便爱上了他。贝多芬是她哥哥弗朗索瓦伯爵的朋友。一八〇六年，贝多芬在匈牙利玛尔托伐萨他们家做客时，两人才彼此相爱。特蕾泽回忆这段幸福的日子时，曾经这样写道：②

一个星期日的晚上，晚饭以后，月华如水，贝多芬坐到钢琴面前，将手掌平放，轻抚琴键。弗朗索瓦和我都知道，这是他弹琴的前奏。接着，他弹了几个低音和弦，然后以一种神秘而庄重的神色，缓慢地弹了塞巴斯蒂安·巴赫的一支歌：如你以心相许，不妨秘而不宣；我俩灵犀相通，谁能猜出端详。③

母亲和神父都已就寝，家兄正严肃地定睛思考。他的歌声和目光渗入我心深处，让我觉得生活格外充盈丰满。翌日早上，我们在公园相遇，他对我说："我正在写一部歌剧。主人公仿佛就在我心中，在我眼前。我走到哪儿，停在哪儿，她总是与我同在。我从未达到过这样高的境界。一切都那么明亮、纯净、清晰。在这以

---

① 1799年，贝多芬在维也纳认识了布伦瑞克一家。朱列塔·圭恰迪尔是特蕾泽的表妹。贝多芬一度还爱上了特蕾泽的一个妹妹约瑟芬。后来约瑟芬嫁给了戴姆伯爵，稍后又嫁给斯塔兰刻堡伯爵。我在新出版的《贝多芬：创作的伟大时代》一书中，详细描述了贝多芬和布伦瑞克一家的亲密交往。我在其中一章《布伦瑞克姊妹及其月光般可人的表妹》中，曾试图详细描写这一家人，尤其是这位高贵的特蕾泽。根据其未出版的《回忆录》和《私人日记》，贝多芬的这位女友和他十分般配。她活了很久，直到1861年才去世，一生中经历过许多苦难，也留下了不少作品。——原注
② 玛丽安姆·滕格尔：《贝多芬的永恒情人》。（波恩，1890）——原注
③ 这首美丽的歌，出自巴赫的夫人安娜·玛格达兰娜的纪念册（1725），标题为《乔瓦尼尼之歌》。但有人质疑，云非巴赫所作。

特蕾泽·布伦瑞克的自画像

前,我像神话中的那个孩子,只顾拾石头而看不见路上美丽的鲜花……"一八〇六年,我和他订婚时,只有我亲爱的兄长弗朗索瓦同意。

这一年写的《第四交响乐》是一朵清纯的花,散发着他生命中这段较平静的日子的芬芳。人们可以发现,"这时候的贝多芬所关心的是尽可能使他的天才,和前人留传下来的、为一般人所理解和喜爱的艺术形式协调起来。"①这种源自爱情的和解精神,对他的生活态度和生活方式都产生了影响。伊雅茨·封·塞弗里德和格里尔帕策②说,他精力充沛、积极乐观、很风趣、待人接物彬彬有礼、穿着讲究、对不知趣的人也很有耐心,甚至能让人误以为他耳朵并不聋。他们说他身体很好,只是视力稍差罢了③。迈勒给他画的一幅肖像也让人有同样的感觉,他显得颇为风雅浪漫,只是稍稍有点不自然。贝多芬希望别人喜欢他,而且知道自己能博得别人的欢心。狮子谈恋爱也会收起利爪。但在这一切手腕和《第四交响乐》的梦幻与温柔所营造的氛围之中,人们仍可以感觉到一股可怕的力量,一种任性而易怒的气质。

这种恬静的心境维持时间并不长,但爱情的美好影响一直延续到一八一〇年,这无疑能使贝多芬心神安定,有利于其才华结出最丰硕的果实,如古典悲剧般的《第五交响乐》,夏日的天堂幻梦《田园交响乐》(1808),④还有受莎士比亚悲剧《暴风雨》的启发而作的《热情奏鸣曲》。这是他自认为其奏鸣曲中最壮美的一首,出版于一八〇七年,题献给特蕾泽的兄长。对特蕾泽本人,则献上那首充满梦幻和奇想的奏鸣曲(1809,作品第78号)。他还给"永恒的心上人"写过一封没有标明日期的信,其中表达的爱意较之《热情奏鸣曲》毫不逊色:

---

① 见诺尔《贝多芬传》。
② 二人均为当时德国著名诗人。
③ 贝多芬是近视眼。伊雅茨·封·塞弗里德说,他视力低下是他曾患天花所致,故而从小便戴眼镜。近视使他目光显得有点茫然。他在1823至1824年间所写的信中总为自己的眼睛长吁短叹,感到很痛苦。
④ 为歌德的《哀格蒙特》谱写的舞台音乐是1809年开始创作的,贝多芬还想为《威廉·退尔》谱曲,但未被接受。——原注

我的天使,我的一切,我的我……我想要对你说的话实在太多了……唉!不管我在哪里,你都和我形影不离……当我想到你很可能在星期日之前收不到我的消息时,我哭了。……我爱你,像你爱我一样,但更加热烈……唉!上帝!没有你,那该是一种什么样的生活!——真是咫尺天涯。……我的万千思绪一齐向你奔去,我永恒的心上人,这些思绪时而欢欣,时而哀愁,仰问幸运之神,能否成全我们。——只有和你一起,我才能活着,否则就活不下去……除了你,没有任何人能占我的心……永远不能!永远不能!啊,上帝!为什么相爱又要分离?而我的生命,此刻的生命却充满了忧伤。你的爱情使我成了最幸福,同时也最苦恼的人。……平静下来……平静下来……爱我吧!今天,昨日,多少热情的希冀,多少眼泪,都洒向你!你——你——你是我的生命——我的一切!再见!啊!继续爱我吧,千万别误解你所爱的人的心。

——对你、对我、对我们都矢志不渝的人上。①

是什么神秘的原因使这对相爱的恋人难圆幸福的好梦呢?——也许是缺乏财产和地位不同的缘故;也许是他等待的时间过长,或是严守爱情秘密的要求使他感到屈辱,由此产生了逆反心理。

也有可能是由于他的暴躁、多病和愤世嫉俗,不自觉地给心爱的人带来痛苦,从而使他自己也伤心绝望。——婚约解除了,但看来两人谁都没有忘记这段感情。特蕾泽·德·布伦瑞克直到生命的最后一天(1861)还爱着贝多芬。

一八一六年,贝多芬曾经说:"一想到她,我的心便像第一次看见她时那样怦怦直跳。"这一年,他写了六支感人至深的"献给远方恋人"的曲子(作品第 98 号)。他在手记中写道:"一见这位佳丽,我便心潮澎湃,但咫尺天涯,她并不在我身边!"——特蕾泽曾将自己的一幅肖像②送给贝多芬,上面的题词是:"送给罕见的天才、伟大的艺术家、善良的人 T. B."贝多芬死前一年,他的一位朋友无意中撞见他边吻这

---

① 《贝多芬书信集》第 15。
② 这幅肖像今天仍保存在波恩贝多芬故居。——原注

幅肖像边哭,像惯常那样大声说道:"你这样美、这样伟大,简直和天使一样!"那位朋友退了出去,过了一会儿又回来,看见他坐在钢琴前面,便对他说:"老朋友,今天你的脸色一点也不可怕。"贝多芬回答:"因为我那位善良的天使来看过我了。"——他的创伤太深了。他对自己说:"可怜的贝多芬,这个世界没有什么幸福给你。只有在理想的领域,你才能找到朋友。"①

他在手记里写道:"顺从,无保留地顺从你的命运:你不复为你自己生存,而只能为其他人生存;对你说来,只有在艺术里才能找到幸福。啊,上帝,请给我力量让我战胜自己吧!"

*　　*　　*

就这样,他为爱情所抛弃。一八一〇年,他又成为孑然一身,但荣誉纷至沓来,他意识到了自己的力量。此时,他正当盛年,一任激烈而粗犷的性格充分展现,他无所畏惧,不再顾忌社会、习俗和他人的评判。有什么可顾忌、可斟酌的呢?爱情没了,野心也没了,剩下的只有力量和对力量的陶醉,他需要运用,几乎毫无节制地运用他的力量。"力量,就是使人有别于一般人的气势!"他又故态复萌,不注意衣着,举止比以前更加放肆。他知道自己有权爱说什么就说什么,即使在地位最高的人物面前也是如此。一八一二年七月十七日,他曾这样写道:"除了善良,我不承认还有其他高人一等的标志。"②当时见过他的贝蒂娜·勃伦塔诺③说:"没有一位皇帝,没有一个国王像他那样意识到自己的力量。"她被贝多芬的气势震慑住了,写信对歌德说:"我第一次看见他的时候,觉得整个宇宙突然都消失了,贝多芬使我忘记了世界,也忘记了你,啊!歌德……我认为,我没有弄错,我敢断言此人远远走在现代文明的前面。"

---

① 贝多芬:《致格赖钦斯泰因书》,《贝多芬书信集》第31。
② "心灵是一切伟大事物的关键。"见《贝多芬书信集》第153:《给吉亚纳塔西奥·德尔·里奥的信》。
③ 贝蒂娜·勃伦塔诺,歌德的女友,其母曾与歌德相爱,贝蒂娜成年后亦追求歌德,后嫁给名诗人阿尔尼姆。她对贝多芬极为崇拜,且对其音乐有较深理解。——原注

贝多芬胸像(弗朗茨·克莱因作,1812)

歌德想方设法结识贝多芬。一八一二年，两人在波希米亚的特普利兹浴场相遇，但并不十分相投。贝多芬非常赞赏歌德的才华，①但他的性格太狂放也太冲动，难以和歌德相处融洽，还难免会伤害他。他曾讲述，有一次，他们一起散步，这位心高气傲的共和派就人的尊严的问题，教训了那位魏玛大公的枢密顾问官，歌德对此一直耿耿于怀。

> 王公贵人尽可以造就一些教授和枢密顾问，可以赐给他们头衔和勋章，但却培养不出伟大的人物和超群脱俗的英才……像我和歌德这样两个人在一起的时候，那些老爷们应该意识到我们的伟大。——昨天在回来的路上，我们遇上皇室一家出游。远远望见，歌德便甩开我的胳膊，在路边垂手而立，无论我怎么劝说他都不肯再往前走一步。于是我将帽子按了按，系好礼服的扣子，两手往后一背，径直往密麻麻的人群中走去。王公贵族们此时已分列两旁。鲁道夫公爵②向我脱帽致敬；皇后第一个和我打招呼。那些大官们都认识我。——我看见皇室一行在歌德面前走过时不禁好笑。歌德站在路边，深弯着腰，帽子拿在手里。事后我老实不客气地说了他一通。③

---

① 一八一一年二月十九日，他写信给贝蒂娜·勃伦塔诺说："歌德的诗使我陶醉。"在别的地方他又说："歌德和席勒是我最喜欢的诗人，还有我相和荷马，可惜后两位的作品我只能看译本。"（见《贝多芬书信集》第53；1809年8月8日给布赖特科普夫和海尔特尔的信）值得注意的是，贝多芬受教育不多，但文学品位很高。他认为歌德的诗"庄严、博大、永远像音乐中的D小调"。在歌德之外，他喜欢三个人，即荷马、普卢塔克和莎士比亚。在荷马的作品中他最欣赏《奥德赛》。他手不释卷地阅读莎士比亚作品的德文译本，并将其中的《科里奥兰纳斯》和《暴风雨》写成悲壮的乐曲。至于普卢塔克，他和当时的革命者一样深受其思想的启迪。布鲁图（公元前44年刺杀罗马独裁者恺撒的密谋集团领袖）是他崇拜的英雄，这一点和米开朗琪罗一样。他还在房间里摆放了一尊这位弑君英雄的小雕像。他喜欢柏拉图，梦想在全世界建立柏拉图式的共和国。他还说过："苏格拉底和耶稣是我的典范。"（1819—1820年谈话记录）——原注

② 鲁道夫公爵即皇太子，是贝多芬的学生。

③ 见贝多芬《致贝蒂娜》。有人曾质疑该信的真实性。此事虽有点夸大，但基本上是准确的。——原注

歌德本人也没有忘记此事。①

第七和第八《交响乐》也是这个时期写的。一八一二年在特普利兹,几个月便完成了这两部作品。前者是狂欢的节奏曲,后者是诙谐的交响乐。在这些作品里,他表现得也许最自然,用他自己的话说,"最放得开"。尽情地欢乐,尽情地疯狂,出其不意的对比、宏伟而令人

贝多芬的一幅手稿(歌德收藏)

---

① 歌德对采尔特说:"可惜贝多芬是个桀骜不驯的人。他觉得这个世界可憎,这没有错。他这样做并不能使世界变得可爱呀。我们应该原谅他、同情他,因为他是个聋子。"——歌德并不攻击贝多芬,但也不为他做什么。对贝多芬的作品,甚至贝多芬的名字,他保持绝对的缄默。说到底,他既欣赏又害怕他的音乐,这种音乐引起他的困扰,他担心会使他失去好不容易才得到的精神安宁。年轻的门德尔松(德国作曲家,钢琴家和指挥家)1830年途经魏玛,他写的一封信,无意中披露了歌德如何极力用理智控制自己烦乱的心绪。他写道:"最初他不想谈到贝多芬,但不谈又不行。听了《第五交响乐》的第一乐章以后,他大为激动,却又故作镇静,只是对我说:'这并不使人感动,只不过令人吃惊罢了。'过了一会儿,他又说:'气魄很大,跟疯了一样,震得连房子也要塌了。'这时,晚饭端上来了,他边吃边若有所思,后来又提到贝多芬,他便询问我,看我的反应。看得出,音乐已经产生效果……"——原注

惊愕的跳跃,使歌德和采尔特惊骇不已的爆发,①这一切使德国北方人说,《第七交响乐》是一部醉鬼的作品。的确,作者是醉了,陶醉于力量和才华之中。

他自己也说:"我是为人类酿造美酒的酒神。是我给予人类狂热的思想。"

我不知道他是否像瓦格纳所说的那样,想在这部交响乐的终曲里描写一个酒神的盛会。② 但我突出地看到,在这豪放的乡村节日狂欢曲中,有弗朗德勒人的遗传基因,同样,我找到了与这个崇尚纪律和服从的国家显得很不协调的、他那肆无忌惮的举止谈吐的渊源。无论哪部作品里,都没有《第七交响乐》中表现得如此坦率和狂放的力量。这是超人精力的疯狂发泄,无任何目的,只是为了欢乐,宛如泛滥的河水淹没一切的欢乐。在《第八交响乐》中,力量没有那么宏大,但更加奇特,更具有作者本人的特色,混合着悲剧和闹剧、力士般的刚毅和孩子般的任性。③

一八一四年,贝多芬的声誉达到巅峰。在维也纳会议上,他被视为欧洲的光荣,他活跃于各种喜庆活动中。王公贵族对他尊敬有加,正如他向辛德勒吹嘘的那样,他骄傲地听任他们奉承。

他为独立战争所鼓舞,一八一三年,写了《惠灵顿大捷交响乐》,一八一四年初又写了一首战斗大合唱:《德国的复兴》。一八一四年十一月二十九日,他在各国君主面前,指挥演唱了爱国歌曲《光荣的时刻》,并为一八一五年攻陷巴黎谱写了一首大合唱:《大功告成!》。这些应

---

① 见1812年9月2日歌德致采尔特书和1812年9月14日采尔特致歌德书:"我也是,在欣赏之中带着惊惶。"1819年,采尔特写信给歌德说:"他简直是疯了。"——原注
② 贝多芬的确曾经有过这种想法,因为我们在他的笔记,特别是他《第十交响乐》草稿中发现了这个主题。
③ 一八一一年到一八一二年期间,贝多芬在特普里兹结识了一位柏林的歌剧女伶阿玛丽厄·塞巴尔德。二人过从甚密,贝多芬这个时期的创作灵感可能便源于此。其间还有另一段痛苦的恋情,对象为谁不得而知。贝多芬此时已年老多病,情场失意使他失去了希望。关于这一切,他曾告诉他的女友法妮·德尔·里奥,详见法妮之私人《日记》。——原注

时的作品使他声名大噪,超过了他创作的其他音乐。布拉西乌斯·赫菲尔根据法国人勒特奥讷的一幅素描制作的雕刻,以及一八一二年法朗兹·克莱因模塑的脸型,生动逼真地塑造了维也纳会议时期贝多芬的形象。雄狮般的面容,牙关紧咬,布满愤怒而痛苦的皱纹,而凌驾于这一切之上的,是意志,拿破仑般的意志。人们一看便能认出贝多芬其人。他在耶拿①之役后对拿破仑有过如下言论:"真可惜,我对打仗不如对音乐内行!否则我一定能打败他!"

但他的王国不在这个世界。恰如他给弗朗索瓦·德·布伦瑞克的信中所说:"我的帝国在空中。"②

* * *

光荣的时刻过后,接踵而来的是艰难困苦的时期。

维也纳对贝多芬从来没有好感。这个城市浮华造作,为瓦格纳所不齿,③在这样的地方,一个恃才傲物、狂放不羁的天才人物是不会心情舒畅的。贝多芬一有机会便想远离维也纳。一八○八年前后,他曾经认真考虑过离开奥地利,去威斯特发利王吉罗姆·波拿巴(拿破仑之弟)的宫廷。④ 但维也纳毕竟有丰富的音乐源泉,说句公道话,那里总有一批高贵的音乐爱好者,他们深感贝多芬是个伟大的音乐家,不愿

---

① 耶拿,德国图林根州城名,1806年拿破仑曾在此大破奥军。

② 贝多芬在维也纳会议期间曾写信对考卡说:"关于咱们那些君主和他们的王国,我就不说了。"接着又说:"我认为,精神的帝国最值得珍惜,在一切世俗的和宗教的王国中,它才是首要的。"——原注

③ "维也纳,这不就说明一切了吗?——德国新教的痕迹已荡然无存,甚至连民族的口音也没了,意大利化了。德国的精神,德国的举止和风俗也要用从意大利和西班牙进口的书本来解释……成了一个从历史、学术乃至宗教都被篡改了的国家……轻率的怀疑毁掉并埋葬了热爱真理、荣誉和独立的精神!……"(见1870年瓦格纳所著《贝多芬传》)格里尔帕策曾经写道,生为奥地利人实在是不幸。十九世纪末伟大的德国作曲家,凡是在维也纳住过的,都深为弥漫在这个城市的勃拉姆斯式的伪善气息所苦恼。布鲁克奈在那里遭受过长期折磨。雨果·沃尔夫苦苦挣扎,临死前对维也纳提出了严厉的批判。——原注

④ 国王吉罗姆提出给贝多芬六百杜加金币的终生年俸和一百五十银币的旅行补助,惟一条件是不时为他演奏并在他的室内音乐会担任指挥。音乐会不长,也不经常举行。贝多芬几乎答应了。——原注

他们的祖国蒙上失去贝多芬的耻辱。一八〇九年，维也纳三位最有钱的皇亲国戚，即贝多芬的学生鲁道夫王子、洛布科维茨亲王和金斯基亲王答应每年给他四千弗罗林生活费，惟一的条件是要他留在奥地利。他们说："显然，一个人只有在物质生活上没有困难时，才能全心全意地献身艺术，才能创作出为艺术增光的美妙作品。我们决定向路德维希·范·贝多芬提供生活的保证，以消除妨害他的天才得以发挥的一切障碍。"

不料诺言没有兑现。生活费未能如数提供，不久便干脆停发了。其次，一八一四年会议之后，维也纳的风气大变，社会重政治而轻艺术，音乐的品位被意大利化给破坏了，时人崇尚的是罗西尼①，贝多芬被目为迂腐。

贝多芬的朋友和保护人散的散，死的死。金斯基亲王死于一八一二年，利希诺夫斯基死于一八一四年，洛布科维茨死于一八一六年。贝多芬为其谱写美妙的《四重奏》（作品第 59 号）的拉苏莫夫斯基，于一八一五年二月举办了最后一场音乐会。一八一五年，贝多芬与他的儿时好友，埃莱奥诺尔的兄长斯蒂凡·封·勃罗宁失和，从此更加孤独了。②他在一八一六年的手记里写道："我一个朋友也没有了，在这个世界上，成了孤零零的一个人。"

此时他已完全失聪。③从一八一五年秋天起，他和其他人的沟通

---

① 罗西尼（1792—1868），意大利作曲家，他的《唐克莱德》问世，震动了德国乐坛。鲍恩费尔德在其日记中记录了 1816 年维也纳沙龙里流传的看法："莫扎特和贝多芬都是老气横秋的学究，只有老一代的傻瓜才欣赏他们。罗西尼一出来大家才知道什么是乐曲。《费德丽奥》是垃圾一堆，真不明白大家为什么不厌其烦地去听。"贝多芬举行最后一次钢琴演奏会是 1814 年。——原注

② 同年，贝多芬还失去了他的兄弟卡尔。他写信对安东尼娅·勃伦塔诺说："他想生而我却愿死。"此时惟有玛丽亚·封·艾尔多迪伯爵夫人与他友情甚笃，夫人和他一样也染上了不治之症，非常痛苦，1816 年，独子又暴卒。贝多芬题赠给她的作品有 1809 年的两个三重奏（作品第 70 号）、1815 年到 1817 年的两首大提琴奏鸣曲（作品第 102 号）。——原注

③ 除了耳聋，他的健康也每况愈下。从 1816 年 10 月起，他患上严重的气管炎。1817 年夏天，医生说他患的是肺病，1817 年冬季，他深受这所谓的肺病困扰。接着 1820 年到 1821 年是急性关节炎，1821 年是黄疸病，1823 年又患结膜炎。——原注

只能靠笔谈。最早的谈话记录是一八一六年。① 关于一八二二年《费德丽奥》的演出,辛德勒有一段痛苦的描述:

> 贝多芬要求指挥彩排……从第一幕的二部唱起,他显然已听不见舞台上的演唱。他将乐曲速度大大减慢。乐队跟随着他的指挥,而歌唱演员径自向前赶。然后是一阵大乱。常任乐队指挥乌姆劳夫建议休息一会儿,并没有说明什么理由,只是和歌唱演员谈了几句又开始了。接着又是一场混乱,只好再次暂停。很明显,不能让贝多芬继续指挥下去了,但怎样才能让他明白呢?谁也不忍心对他说:"你退下吧,可怜的人,你不能指挥了"。贝多芬迷惑不安,看看左面,又看看右面,想从每个人的脸部表情找到问题的所在。但大家都鸦雀无声。忽然,他用命令口吻喊我过去,我走到他身边,他把记录本给我,作势让我写。我写了下面这几句:"我求您别继续了,回家我再给您解释。"他一跃跳下台,冲我叫道:"咱们快回家!"他一口气跑回寓所,一进去便倒在沙发上,一动也不动,两手捂着脸,就这样一直呆到吃晚饭的时候。进餐时他一言不发,脸上一副沮丧和极度痛苦的表情。饭后,我欲告辞,但他挽留我,告诉我他不想孤零零一个人呆着。分手时,他求我陪他去看医生。那医生看耳科很有名……在我和贝多芬交往中,没有一天能和十一月这致命的一天相比。他内心受到打击,至死也抹不掉这可怕的一幕留给他的印象。②

两年后,一八二四年五月七日,他指挥《合唱交响乐》③(或者如节目单上所说,"参与音乐会的指挥"),全场一致鼓掌,但他一点也听不见。直到一位女歌唱演员拉起他的手,请他转过身来面向听众时,他突然看见全场起立,挥动帽子向他致敬,这才明白过来。一位英国旅行家

---

① 要注意,从这一年的一首奏鸣曲起(作品第 101 号),他的音乐风格变了。贝多芬的谈话记录手稿共一万一千页,现存于柏林三家图书馆。1923 年,瓦尔特·诺尔着手出版 1819 年 3 月到 1820 年 3 月的谈话记录,可惜只出了一卷便停了。——原注
② 辛德勒从 1814 年起便和贝多芬有来往,1819 年成为他的密友。但贝多芬最初对他并不以朋友相待,自高自大地看不起他。——原注
③ 即著名的《第九交响乐》。

名叫罗素的,一八二五年看见过他弹钢琴,说他想轻轻弹奏柔音的时候,琴键没能发出声音,寂静中只见他情绪激动,面部和手指都抽搐起来,此情此景,真让人感到揪心。①

他离群索居,自我封闭,惟有大自然能给他一些安慰。特蕾泽·德·布伦瑞克说,"大自然是他惟一的知己",是他的庇护所。一八一五年认识他的卡尔·纳特说,从未见过一个人像他那样热爱花草、云霞和大自然,②他似乎是靠这些活着。贝多芬自己也写道:"世界上没有一个人像我这样爱田野……我爱一棵树甚于爱一个人……"——在维也纳时,他每天都要沿着城墙转一圈。从黎明到黑夜,在田野里,他独自散步,帽子也不戴,顶着太阳,或者冒着雨。"全能的上帝!在树林里我很快乐,很快乐,因为那里的每一棵树都传递着你的声音。——上帝啊,这真是太美了!森林里,山丘上,一片宁静,——这是奉献给你的宁静。"

他精神上的焦虑于是得到了暂时的缓解,但金钱的烦恼却不断袭来。一八一八年,他这样写道:"我几乎沦为乞丐,却必须装作并未捉襟见肘。"接着又说:"作品第 106 号的奏鸣曲是在紧迫的情况下写出来的,为糊口而干活实在是件苦事。"施波尔说,他常常不能出门,因为鞋子有破洞。他欠出版商很多债,作品又卖不出钱。《D 调弥撒曲》征订时只有七个订户(其中没有一个是音乐家)。③ 他写了好几首优美的奏鸣曲,每首都花了他三个月的时间,但总共才挣得三四十个杜加。加利钦亲王要他写的四重奏(作品第 127、130、132 号),也许是他作品中最深刻的,是他的呕心沥血之作。写完了却分文不给。家庭生活的困窘和没完没了的诉讼——或是为了得到拖欠他的津贴,或是为了保住他侄子的监护权——耗尽了贝多芬的精力。

---

① 关于贝多芬耳聋的事,瓦格纳有很精彩的描述,详见他一八七〇年出版的《贝多芬传》。
② 他喜爱且怜悯动物。历史学家封·弗里梅尔的母亲说,她小的时候喜欢捉蝴蝶,而贝多芬总用手帕把蝴蝶统统赶跑,所以她长期以来都不由自主地怨恨贝多芬。——原注
③ 贝多芬曾亲自写信求助于切鲁比尼,此人是他的同龄人中他最敬重的,但却没有回音。——原注

他兄弟卡尔一八一五年死于肺病,遗下一个儿子。他把自己对兄弟的满腔热忱都倾注到这个孩子身上。为此,他又遭受了残酷的折磨。——似乎是境遇的惠顾,故意一再增加他的劫难,使他的天才不致缺乏营养。——他首先要和那个不称职的母亲争夺小卡尔的监护权。他写道:

> 啊,我的上帝,我的城墙,我的防卫线,我惟一的庇护所!你洞悉我灵魂深处的思想。当我不得不使和我争夺我的宝贝卡尔的人们难受时,你知道,我也是非常痛苦的。① 我不知如何称呼的神灵啊,请听我诉说,请答应我这个最苦的苦人儿的祈求吧!

> 啊,上帝!救救我吧!你看呀,因为我不愿和不公正的现象妥协,我遭到了全人类的抛弃!请满足我的请求,至少将来让我和我的卡尔生活在一起!……啊!残酷无情的命运!哦,哦,我的苦难永远没完没了!

可是他心爱的侄儿却辜负了伯父的信任。贝多芬写给他的信充满悲愤,如同米开朗琪罗写给他兄弟们的信一样,但更加天真,更加感人:

> 难道我得到的竟又是卑鄙无耻的忘恩负义?好嘛,如果咱们之间要一刀两断,那就随便吧!一切有正义感的人知道了这个情况一定会痛恨你。……如果我们的关系成了你的负担,以上帝的名义,——就按上帝的意愿去办好了!——我把你交给上苍了,我已做了我力所能及的一切;我敢于面对上帝的审判……②

> 你是个惯坏了的孩子,但努力做一个朴实真诚的人对你绝无坏处。你对待我的虚伪行径,让我心痛万分,难以忘怀……上帝可以作证,我但愿能离你十万八千里,离开我可怜的兄弟和这可厌的家庭……我再也不能相信你了。

---

① 他曾经写信给斯特莱歇尔夫人说:"我从不报复。当我不能不采取行动对付别人时,那纯粹出于自卫,适可而止,或者仅仅为了不让他们作恶而已。"——原注
② 《贝多芬书信集》第343。

下面落款是:"你可怜的父亲,——或者最好不是你的父亲。"①
紧接着又是宽恕:

> 我亲爱的儿子!——不要再说了,——到我怀抱里来吧,我不再说你什么了……我会像从前那样爱你。你将来的事情该怎么办,咱们好好地从长计议。我以名誉担保,绝不责怪你!责怪已经没有用了。我只会给你最深情的关怀和帮助。——来吧,到你父亲贝多芬温暖的怀抱里来吧。——来吧,一收到这封信便来吧,到家里来。(地址旁边又用法文写了两句:"如果你不来,可就要了我的命了。"②)

"别撒谎,"他哀求道,"要永远做我的好孩子!你若用虚伪来回报我,像别人想让我相信的那样,那就太不成话了!……别了,你虽然不是我亲生的孩子,但我养育了你,悉心指导你精神上的成长,我对你的爱超过了父爱,我打心眼里希望你走上善良和正直的惟一道路。你忠诚的父亲。"③

这个侄儿不乏聪明,贝多芬为他的前途有过诸多考虑,想要让他受高等教育,最后却只好答应他经商,但卡尔经常出入赌场,欠下不少赌债。

说也奇怪,有些现象常常出人意料,伯父伟大的情操非但对他无益,反而对他有害,他因恼怒而产生逆反心理,下面这句忤逆的话足见此子已丧尽天良,他说:"因为伯父要我上进,我倒变得更坏了。"一八二六年夏天,他终于往自己头上开了一枪。他没有死,却要了贝多芬的命。这一可怕的打击使他从此一蹶不振。④ 卡尔的伤好了,活了下去,好让伯父继续受折磨。伯父的死,未始与他毫无关系。伯父临终前他

---

① 《贝多芬书信集》第 314。
② 《贝多芬书信集》第 370。
③ 《贝多芬书信集》第 362 和 367。卡利歇尔在柏林还发现了另一封信,从信中可以看出,贝多芬热切希望把他的侄儿培养成"一个对国家有用的公民"。——原注
④ 辛德勒当时看见他,说他一下子变成了一个七十岁的老人,步履蹒跚,浑身乏力,一点情绪都没有。如果卡尔死了,他也必死无疑。——事实上他几个月后便死了。——原注

贝多芬在创作他的弥撒曲

也不在身边。——贝多芬去世前几年,曾写信对侄儿说:"上帝始终没有抛弃我。将来总会有人送我的终。"——当然不是他称之为"我儿"的那一个。①

* * *

即使身处悲哀的深渊,贝多芬仍然讴歌"欢乐"。

这是他毕生的打算。从一七九三年他在波恩时便有这个想法。② 他一辈子都想谱写《欢乐颂》,并想以此作为他某部伟大作品的结尾。他一直拿不定主意,这样的颂歌用什么样的形式好呢,放在哪部作品里才合适呢。甚至在创作《第九交响乐》时还在犹豫。直到最后一刻,还想将《欢乐颂》挪到第十或第十一交响乐里去。值得注意的是,《第九交响乐》的原题,并非人们所说的《合唱交响乐》,而是《以欢乐颂为结局的合唱交响乐》。《第九交响乐》可以,也几乎有另一种结尾。一八二三年,贝多芬曾考虑加一个用乐器演奏的《终曲》,后来却用在作品第 132 号的四重奏里。采尔尼和松莱纳很肯定地说,演出(指 1824 年 5 月《第九交响乐》的演出)以后,贝多芬还没有放弃这种想法。

将合唱引入交响乐,技术上有很大的困难,这一点从贝多芬的草稿本上可以看出来。他做过许多试验,想将歌声用别的方式引入作品的其他段落。在《柔板》第二旋律的草稿本上,他写道:"也许在这里引入合唱较合适。"但他下不了决心甩开他忠诚的乐队。他说:"当一个灵感来的时候,我总是听见乐器演奏的声音,而不是人唱的声音。"因此他总是把引入人声的时刻尽量往后推。他甚至用乐器先行,不单《终曲》的宣叙调如此,③《欢乐颂》的主题音乐也一样。

---

① 我们时代有些人宽宏大量,想方设法为这个混蛋开脱,这也是不足为奇的。——原注
② 见菲歇尼希给夏洛蒂·席勒的信(1793 年 1 月)。席勒的《欢乐颂》写于 1785 年。贝多芬的音乐主题先后出现在 1808 年作品第 80 号的《钢琴、乐队和合唱幻想曲》及 1810 年为歌德诗歌谱成的《歌曲》中。
③ 贝多芬说:"完全像乐中有词。"——原注

五十三岁的贝多芬(费迪南德·瓦尔德米勒绘,1823)

对这些推迟和犹豫，还应该作进一步的解释。因为还有更深远的原因。可怜的贝多芬饱经忧患，总想歌颂欢乐的美妙境界。但是他不断陷入激情和忧伤的漩涡，年复一年，这项工作一拖再拖，直到生命的最后时刻，才了结这桩心愿，并成就了一部伟大的杰作。

当欢乐的主题即将首次出现时，整个乐队戛然而止，全场一片寂静，给引入的歌声带来一种神秘的、天上人间般的气氛。的确，这一主题简直是神明。欢乐之神在一种超自然的宁静氛围中自天而降，用轻柔的气息抚慰人间的伤痛。拂入病痛初愈的人心里时，第一次爱抚又是那样的温柔，恰如贝多芬的一位朋友所说，"他温柔的眼睛真是催人泪下。"当主题转由人声唱出时，最先听到是一阵严肃而稍带压抑的低音。逐渐地，欢乐传遍全身。这是一场与痛苦对垒的征战。接着是进行曲的节奏，浩浩荡荡的军队在行进，男高音传出激越急促的歌声，在所有这些沸腾的乐章里，我们可以听到贝多芬的气息，他呼吸的节奏和他发出的呼唤，似乎他在谱写这部作品时，正疯狂地在原野上奔跑，如同暴风雨中年迈的李尔王。战斗的酣畅之后，是宗教般的如醉如痴。接着是天宫的饮宴、爱的癫狂。全人类向天空伸出臂膀，发出洪钟般的欢呼，飞奔向前，将欢乐紧紧揽入怀中。

巨人的杰作征服了庸俗的听众。刹那间，动摇了维也纳在罗西尼和意大利歌剧影响下形成的轻佻浮华之风。那时，受冷落的贝多芬悲伤之余，正打算移居伦敦，到那里演奏他的《第九交响乐》。又像一八〇九年那样，几位贵族朋友再次修书挽留，求他不要离开祖国。他们说："我们知道，您写了一部圣乐①，表达**深沉的**信仰在您心中激发的感情。圣洁的光辉照进您伟大的心灵，也照亮了这部作品。而且您也知道，您伟大的交响乐编织的花冠上又增添了一朵不朽鲜花……您这几年的沉默使寄望于您的人感到伤心。② 大家都悲哀地想，正当一种外国音乐反客为主，企图在我们的土地上站稳脚跟，使人忘记德国的艺术

---

① 指《D调弥撒曲》（作品第123号）。
② 贝多芬家事缠身，穷困潦倒，为种种忧烦所困扰，从1816年到1821年五年间，只写了三部钢琴曲（作品第101、102、106号）。他的敌人说他已经才思枯竭。但1821年他又投入了创作。——原注

作品时，在芸芸众生中占有如此崇高地位的天才人物竟然悄悄无声……整个民族都把希望寄托在您身上，期望您能为他们带来新的生活，新的光荣，撇开时尚，建立一个真与美的世界……但愿您不久就能让我们看到希望的实现……为了我们，也为了全世界，但愿即将来临的春天因您的天才绽开更多的鲜花！"①从这封慷慨激昂的信中，可以看到贝多芬在德国的精英人物中享有多高的威望，不仅艺术上如此，道德上也是如此。崇拜他的人赞誉他的天才时，想到的第一个词既不是学问，也不是艺术，而是信念②。

贝多芬被这些言辞打动了，便留了下来。一八二四年五月七日，《D调弥撒曲》和《第九交响乐》在维也纳举行首演，获得极大的成功。场面之热烈，恍如暴动。贝多芬出场时，受到听众一连五次的鼓掌欢迎，而在这个尊重礼节的国家，按习惯，皇族出场也不过鼓掌三次罢了。最后警察不得不出面干预。交响乐使听众如醉如狂，许多人都哭了。音乐会结束后，贝多芬激动得晕了过去。众人把他抬到了辛德勒家。他迷迷糊糊，和衣躺下，整整一夜和第二天的早上，不吃也不喝。

胜利是短暂的，贝多芬没得到任何好处。音乐会无盈利可言，他生活的窘迫状况无任何改变。他依然疾病缠身，③贫困而孤独，——然而他是个胜利者。他战胜了人类的平庸，战胜了自己的命运，战胜了自己的痛苦。④

---

① 这封信写于1824年2月，签名的多是当时的显贵和皇亲国戚。——原注

② 1819年2月1日，贝多芬为要求对其侄享有监护权一事，在维也纳市府大厦自豪地说："我的道德人品是有目共睹的。甚至杰出的作家如魏森巴赫也认为值得为之大书特书。"——原注

③ 1824年8月，他一直担心自己会突然暴卒，"像我亲爱的祖父一样，我在各方面都太像他了。"（见1824年8月16日给巴赫医生的信）他胃痛得很厉害。1824年冬季，病情转剧。到了1825年5月，他开始吐血和鼻衄。他写信给侄儿说："我衰弱到了极点……想来已经不久人世了。"——原注

④ 《第九交响乐》1825年4月1日在法兰克福（德国）首演；1825年3月25日起在伦敦演出；1831年3月27日在巴黎音乐学院演出。1826年11月14日，当时十七岁的门德尔松在柏林的雅格尔大厅以钢琴弹奏。乐谱由当时尚在莱比锡学习的瓦格纳全部手抄一遍，并在1830年10月6日致出版商肖特的信中，建议将该交响乐缩编为钢琴曲。可以说，《第九交响乐》决定了瓦格纳的艺术生涯。——原注

"你要抛弃,抛弃生活中的庸俗与无聊,为了你的艺术——这个至高无上的上帝!"

＊　　＊　　＊

他已达到了他一生追求的目标。他获得了欢乐。但他能一直稳坐在这凌驾于暴风雨的心灵顶峰上吗?不错,有些日子,他不得不重又跌入昔日的苦海;不错,他最后的几首四重奏充满异样的阴影。但《第九交响乐》的胜利似乎在他心上留下了光荣的印记。他未来的计划①是:《第十交响乐》②、《为巴赫的名字谱写的序曲》、为格里尔帕策的《美卢西娜》、克尔纳的《奥德赛》和歌德的《浮士德》③谱写的音乐,还有《扫罗与大卫的清唱剧》。这一切表明,他的思想仍然被巴赫、亨德尔等老一辈德国音乐大师那种明净有力的境界所吸引,甚至神往于阳光明媚的法国南方和他朝思暮想的意大利。④

斯皮勒医生一八二六年见过他,说他已经变得快活起来。同年,格里尔帕策和他见最后一面时,反倒是贝多芬给这位沮丧的诗人打气。诗人慨叹道:"唉!我要是有你的毅力和决心的千万之一就好了!"时世艰难,反动的保王势力钳制着人们的思想。格里尔帕策呻吟道:"书报检查真要了我的命。言论和思想要有自由,只好到北美洲去。"但任

---

① "阿波罗和缪斯还不愿死神将我带走,因为我欠他们还太多了!在我魂归天国之前,我身后必须留下神灵启发我并要我完成的作品,而我目前似乎才写了几个音符。"(1824年9月17日致肖特兄弟的信,见《书信集》第272)——原注
② 1827年3月18日贝多芬写信给莫舍勒斯说:"我已完成一部交响乐的草稿,此外还有一首新的序曲。"但此草稿从未发现。根据他的笔记,终曲大合唱留给《第十交响乐》而非《第九交响乐》。稍后他说,他想通过《第十交响乐》实现"现代世界与古代世界的和解",这正是歌德在其《浮士德》第二部中企图达到的目的。——原注
③ 从1807年起,贝多芬曾打算为《浮士德》(1807年秋天,歌德的《浮士德》第一部发表)谱曲。这是他最重视的计划。——原注
④ "法国南方!正是!正是!"(见柏林图书馆所藏贝多芬的手记)——"……从这里出发。只要做到这一点,你便能重登你艺术的最高境界……写一部交响乐,然后出发,出发,出发……夏天工作,为旅行筹集路费……和某个艺术家一起邀游意大利和西西里。"(出处同上)——原注

贝多芬生前最后一幅肖像(斯特凡·德克尔绘)

何政权都休想限制贝多芬的思想。诗人库弗雷写信对他说:"文字可以禁锢,所幸声音还是自由的。"贝多芬就是伟大的自由之声,也许是当时德国思想界惟一的自由之声。他感觉到这一点。他经常谈到他有责任用他的艺术去为"可怜的人类"、"未来的人类"做奉献,为他们造福,鼓励他们,把他们从迷梦中唤醒,斥责他们的怯懦。他给侄儿写信说:"我们的时代需要强有力的思想来振聋发聩,唤醒人类那些可怜虫。"一八二七年,缪勒医生说:"贝多芬总是肆无忌惮地议论政府和警察、贵族,甚至在公共场合也是这样。"①警察局知道这个情况,但认为他的批评和挖苦不过是无害的梦呓,可以容忍,因此对这位光芒四射的天才不予深究。②

就这样,什么都不能使这股桀骜不驯的力量屈服。现在他似乎要玩弄痛苦的游戏了。在他最后那几年谱写的音乐里,尽管创作时境况很糟③,却总具有一种全新的嘲讽、不屑和快乐的特性。他去世前四个月,即一八二六年十一月完成的最后一首作品,为四重奏重写的《终曲》(作品第130号)非常欢快。其实这并非一般人所说的欢快,而是如莫舍勒斯所说,时而是断断续续的苦涩的笑,时而是战胜痛苦后感人的微笑。不管怎样,他胜利了。他不相信死亡。

可是死神终于来了。一八二六年十一月底,他患了胸膜炎。前一

---

① 他的谈话记录簿里,可以看见下列词句:"欧洲政治走上了这样一条路,离开金钱和银行就什么也干不了。""处于统治地位的贵族什么也没学会,什么也没有忘记。""五十年后,世界上到处都将成立共和国。"——原注

② 1819年,他几乎被警察局缉捕,因为他公然宣称,"归根结底,基督不过是一个被钉死在十字架上的犹太人。"当时,他正在写《D调弥撒曲》。可见他的宗教思想是十分自由的。在政治方面,他一样肆无忌惮。他大胆抨击政府的弊端,如司法方面独断专行,惟权贵之言是听,而且程序繁琐,旷日持久;警察仗势欺人;官僚体制死板而毫无生气,扼杀个人的创造性和行动的积极性;贵族腐化而顽固,垄断政府里的最高职位。从1815年起,他在政治上倾向英国。辛德勒说,他贪婪地阅读英国的国会记录,十分同情英国的反对派。英国的一位音乐指挥西普里亚尼·波特1817年到维也纳,他说:"贝多芬用各种字眼大骂奥地利政府,非常想到伦敦看看下议院。他说:'你们英国人头脑才正常'。"——原注

③ 指他侄子自杀的事。

年冬天,他为了侄儿的前程出外奔走,回到维也纳便病倒了。① 他的朋友住得都很远。他叫侄儿去找医生。据说,那个没心没肺的家伙忘了,两天后才想起来。医生来迟了,而且对病人的治疗很不得力。贝多芬凭着自己运动员般的体格和疾病斗争了三个月。一八二七年一月三日,他立心爱的侄儿为全部遗产的继承人。此时他想起了莱茵河畔的好友,于是写信给韦格勒说:"……我多想和你谈谈啊!可惜我的身子太虚弱了。我只能从心眼里拥抱你和你的太太洛亨②。"他最后的日子一直为贫困的阴影所笼罩,若非几位英国朋友慷慨解囊,窘况会更为严重。他变得很温和,脾气也不急躁了。一八二七年二月十七日,他动了三次手术,正等着做第四次。③ 在他弥留期间,他很清醒地写道:"我耐着性子,心想:任何痛苦必会带来善果。"善就是解脱,正如他临终时所说:"是喜剧的收场。"但我们说,是他一生悲剧的收场。

正当风狂雨骤,暴风雪席卷大地,电闪雷鸣一声响,他离开了人间。一只陌生的手给他阖上了眼睛,④时为一八二七年三月二十六日。

*　　*　　*

亲爱的贝多芬!多少人都赞颂他伟大的艺术。但他何止是音乐

---

① 他的病分两个阶段:(1)肺部偶发症,六天后似有得到控制的迹象。"第七天,他感到好多了,可以起床走动、看书和写作了";(2)消化系统紊乱,循环系统也出了毛病。"第八天,我发现他精神委顿,全身发黄。夜里上吐下泻,几乎送了命。"从这时起,水肿现象加剧。这次病情反复有迄今为止尚未弄清的精神上的原因。瓦夫鲁赫医生说:"(侄子)不听话,他很生气也很痛苦,还无端挨了骂,这一切造成了病情急转直下。他浑身打颤,四肢发抖,肠胃疼得直不起腰来。"综合观察的结果,科洛兹—福雷斯特诊断为肺部充血后,出现萎缩性肝硬化,伴有腹水和上肢浮肿,认为是饮酒过度所致。以上均根据当时为贝多芬诊治的医生所述。——原注
② 洛亨即埃莱奥诺尔的昵称。
③ 四次手术分别在12月20日、1月8日、2月2日和2月27日。可怜的贝多芬在病床上饱受臭虫的叮咬(见格尔哈德·封·勃罗宁的信)。——原注
④ 这个陌生人即青年音乐家安塞姆·胡滕勃瑞奈。勃罗宁曾写道:"赞美上帝,感谢他终于结束了这段长期而痛苦的受难历程。"
　　贝多芬的全部手稿、书和家具共拍卖了一千五百七十五弗罗林。目录上登记着的二百五十二件音乐手稿和乐谱售价不超过九百八十二弗罗林,他的谈话记录册售价仅一弗罗林。——原注

家中的翘楚,他是现代艺术最英勇的一股力量,他是受苦而不屈的人们最伟大、最优秀的朋友。当我们为世界上的苦难感到悲伤的时候,他来到我们身旁,仿佛坐在一个失去爱儿的母亲旁边,默默地,在钢琴上用强忍的悲声唱起哀歌,安慰伤心落泪的人。当我们与道德沦丧的丑恶现象作斗争,因收效甚微而感到厌倦的时候,到这个意志与信念的海洋中再浸润一下,必将得到不可言喻的收获。他身上散发出来的是有感染力的勇气,是斗争的欢欣①、是意识到心中自有神灵的陶然醉意。他似乎与大自然息息相通②而终于领悟了其深邃的力。格里尔帕策几乎以一种惊恐的心理欣赏贝多芬,他谈到贝多芬时说:"他达到一种可怕的境界,艺术竟和原始且变幻莫测的自然元素融为一体。"同样,舒曼谈到《第五交响乐》时也说:"尽管经常听到,但这支交响乐总对我们有一种永恒的威力,好比自然界的各种现象,虽然常常发生,但总使我们充满恐惧和惊讶。"他的密友辛德勒也说:"他抓住了大自然的精髓。"此言不假:贝多芬是一股自然力。自然界强大的本原力量和其他力量碰撞的结果,便产生了荷马史诗般壮观的现象。

他整个一生好比风雨交加的一日。最初是一个明净的早晨,只有几阵懒洋洋的熏风。但在静止的空气中,已隐伏着一种威胁,一种沉甸甸的预感。突然间,巨大的黑影掠过,悲壮的雷声使沉默的空间可怕地轰鸣,疾风怒吼,这就是《第五交响乐》和《英雄交响乐》。可是,纯净的天光并未受损,欢乐依然是欢乐,悲戚中总保留着希望。不过,一八一〇年以后,心灵失去了平衡。光也显得有些异样。明净如镜的思想里仿佛升起阵阵烟雾,时聚时散,忧郁和变化无常的烦恼使心灵蒙上了阴影。往往,乐思从浓雾中浮现一两次之后,又完全隐匿和被淹没,直到曲终才像狂飙般重新出现。而快乐本身也带有苦涩和粗野的性质,各

---

① "每当我战胜什么便很高兴。"(《致"永恒的心上人"书》)"我真愿能活上一千次……我注定不能过安定的生活。"(《致韦格勒书》,1801 年 11 月 16 日)——原注

② "贝多芬传授我大自然的学问,像指导我研究音乐一样引导我研究大自然。并非大自然的规律,而是他所醉心的自然中五行的威力。"(辛德勒)——原注

贝多芬在这个房间里去世

贝多芬遗容

种感受中都混有狂热这种毒素。① 随着夜幕降临,暴风雨也在积聚。大块的乌云挟带着闪电,天色漆黑,暴雨倾盆,这就是《第九交响乐》的开始。风狂雨骤之际,忽然,黑幕被撕裂,黑夜被驱逐,天空重又晴空万里,意志的力量使我们重见光明。

有哪种胜利能与此相比?拿破仑的哪场战役,奥斯特利茨哪天的太阳②能达到这一超人努力的光荣?这种胜利是精神力量所从未取得过的殊荣。一个穷困潦倒、残废而孤独、生而痛苦、世界从未给予他欢乐的人,却创造了欢乐奉献给全世界!他用自己的苦难锻造欢乐。他以一句充满豪情的话概括了他的一生,这句话今天已成了一切勇敢人的座右铭:

"惟其痛苦,才有欢乐。"③

---

① "啊,生活是多么美好,可惜我总是命途多舛!"(见《致韦格勒书》,1810 年 5 月 2 日)——原注
② 奥斯特利茨,地名,在今捷克境内,1805 年 12 月 2 日,拿破仑曾在此大破俄奥联军,是拿破仑所指挥的最辉煌的一次战役。此次战役初始并不乐观,至太阳升起时才扭转局面,大获全胜。故后人常以奥斯特利茨的太阳喻指伟大的胜利。
③ 1815 年 10 月 10 日致艾尔多迪夫人书。

米开朗琪罗传

引　言

　　佛罗伦萨的国家博物馆里，有一座米开朗琪罗①称之为《胜利者》的大理石雕像，这是一个裸体青年，长得身材匀称，低低的前额上覆盖着拳曲的头发。他笔直地站着，单膝跪在一个大胡子俘虏背上。俘虏蜷曲着身躯，头像牛一样伸向前方。但胜利者并没瞧着他。正要手起刀落之际，胜利者住手了，把略显凄苦的嘴巴和犹豫不决的目光转了过去，手臂弯向肩膀，身子后仰。他不再需要胜利，胜利让他恶心。他虽是征服者，而他自身也被征服了。

　　这个表示怀疑的英雄形象，这位折了翅翼的胜利之神，是米开朗琪罗的全部作品中，惟一他至死还留在佛罗伦萨画室里的作品。他推心置腹的密友达尼埃尔·德·沃尔泰拉想用它装饰他的灵台，因为那正是米开朗琪罗自己，是他全部生涯的写照。

＊　　　＊　　　＊

　　痛苦是没有止境的，它有各种各样的形式。有时是由于世事无常，如贫困、疾病、命运的不公、人类的恶意相向等。有时则源于人的本身，他也同样可悲和无奈，因为人无法选择自己的存在。他不曾要求活着，也不曾要求成为他现在这个样子。

　　米开朗琪罗的痛苦属于后一种。他有力量，得天独厚地生来能战斗，且能战而胜之。他胜利了。可是，怎么回事？他不想胜利，这不是他的愿望。真是哈姆雷特式的悲剧！有英雄的才能，却没有英雄的意志，有强烈的激情，却没有这样的愿望，这是多么令人痛心的

---

① 米开朗琪罗（1475—1564），意大利文艺复兴时期的艺术大师，和达·芬奇一样博学多才，既是雕塑家、建筑家，又是画家和诗人。

矛盾！

不要以为我们在许多伟大之外又看到了另一种伟大！我们永远不会说因为一个人太伟大，世界就不能让他感到满足。精神焦虑并非伟大的标志。甚至在伟大人物身上，如果个人与世界之间、生命与生命法则之间缺乏和谐，则难以成就其伟大，反而是其弱点。——为什么要竭力掩盖这种弱点呢？软弱的人难道就不值得爱吗？——其实他更值得爱，因为他更需要爱。我绝不会把英雄抬到高不可攀的高度。我讨厌怯懦的理想主义者，他们不敢正视人生的苦难和心灵的弱点。应该告诉太容易被响亮的词句和幻想蒙骗的民众，唱高调的谎言不过是怯懦的表现。世界上只有一种英雄主义，那就是按世界的本来面目去看待它，并且爱它。

*　　*　　*

我要在此介绍的悲剧性命运，表现了一种与生俱来的痛苦，这种痛苦来自人的内心，不断啃噬着人的生命，直到将它完全毁灭。这是人类伟大族群最强有力的典型代表之一，一千九百年来，我们西方世界充斥着他痛苦与信仰的呼号。他，便是基督徒。

将来，多少个世纪过去之后，会有一天，——如果人们还记得我们这个尘世的话——总有一天，未来的人类会俯身在这个种族绝灭的深渊旁，如同但丁俯身在第八层地狱的火坑边一样，心里怀着感叹、厌恶和怜悯。

但是谁能比我们对此感受更深呢？从孩提时代起，我们便对这种苦恼深有体会，我们亲眼看到我们最亲爱的人在那儿苦苦挣扎，我们的喉咙已经尝到了基督教悲观主义呛人而又醉人的味道，有时，在怀疑的时刻，我们不得不做出努力，才不像其他人那样被天国虚无的幻象弄得头晕目眩！

上帝啊！永恒的生命啊！你是下界受难的人们的庇护所！信仰往往只是生活中缺乏信心的表现，对将来、对自己缺乏信心、失去勇气和欢乐的表现！……我们知道，痛苦的胜利是多少次失败才换来的！……

《胜利者》(佛罗伦萨,维奇奥宫)

基督徒啊,正是为了这一点我才爱你们,因为我可怜你们,同情你们,赞赏你们的忧伤。你们使世界变得愁苦,却又把它装点得更加美丽。如果你们的痛苦不复存在,世界便会显得更落寞。现在是懦夫的时代,他们在痛苦面前瑟瑟发抖,大叫大嚷地索要幸福的权利,而这种幸福往往是他人的不幸。我们应该敢于正视痛苦。尊敬受苦的人!欢乐固然值得赞颂,痛苦何尝不该获得赞颂!这两者是姐妹,同时也是圣者。他们锻造世界,充实伟大的灵魂。他们是力量,是生命,是神明。谁要是不兼爱欢乐和痛苦,便是两者都不爱。谁懂得品尝它们,便能体会活着的价值和离开人生的甜蜜。

罗曼·罗兰

米开朗琪罗

他是佛罗伦萨一市民。

——这佛罗伦萨,到处是阴沉沉的宫殿,塔楼高耸,酷似长矛;起伏的山峦,线条柔和而清晰,仿佛精工裁剪出来置于紫色的天际;低矮的柏树像黑色的纺锤,橄榄树似银色的披巾,波浪般微微颤动着。

——这佛罗伦萨,典雅异常,面色苍白而带有讥讽表情的洛伦佐·德·梅迪契①,嘴巴阔大、神态狡黠的马基雅弗利②,与波提切利的《春》及颜色萎黄的金发维纳斯③在那儿相聚在一起。

——这佛罗伦萨,是一个狂热、骄傲、神经质的城市,动辄耽于盲目的信仰,不断因宗教与社会的歇斯底里动荡不宁。在这个城市里,人人都有自由,人人都是暴君,在这儿生活既快乐逍遥,又如同下了地狱。

——佛罗伦萨的居民聪明、偏执、热情、易怒,嘴尖舌利,生性多疑,动不动相互窥伺,彼此嫉妒,互相吞噬。这个城市容不下具有自由思想的达·芬奇④,波提切利也只好在苏格兰清教徒的神秘主义幻觉中了

---

① 洛伦佐·德·梅迪契(1449—1492),佛罗伦萨政治家、执政者和文学艺术的保护人,也是梅迪契家族最出色的人物。他领导佛罗伦萨市民与罗马教廷较量,并取得胜利,因而享有崇高威望。他去世前不久开办了一所雕塑学校;十五岁的米开朗琪罗成为该校的学生。

② 马基雅弗利(1469—1527),意大利政治家,思想家,历史哲学的奠基人之一,出生在佛罗伦萨,曾多次参与捍卫佛罗伦萨共和国的斗争,其著作《君主论》和《论李维》在欧洲产生了很大影响。

③ 即波提切利的名画《维纳斯的诞生》,此画和《春》均系波提切利的代表作。

④ 达·芬奇(1452—1519),意大利文艺复兴时期最杰出的画家。他知识广博,对科学与哲学也有浓厚兴趣,《蒙娜丽莎》和《最后的晚餐》是他最著名的作品。

其一生。目光灼灼形似公羊的萨伏那洛拉①焚烧艺术品并要僧侣们围着火堆跳舞,三年之后,火堆重又燃起,烧死的却是他这位先知。

* * *

他就是当时那个充满偏见、激情和狂热的城市的居民。

当然,他对他的同胞也不温情。他眼光开阔、志存高远,看不起他们那个艺术圈子,看不起他们矫揉造作的心态、平淡的写实主义风格、他们的感伤主义和病态的精雕细刻。他对他们态度粗暴,但他爱他们。他不像达·芬奇那样用含笑的冷淡态度对待祖国。离开了佛罗伦萨,他会为思乡所苦。② 他一生都千方百计,设法留在佛罗伦萨,却往往不能如愿。在战争的悲惨岁月,他曾想,"既然活着的时候不能在那里,至少死后要回去"。③

他们家在佛罗伦萨历史悠远,他对自己的血统和家族甚至比对自己的天才还感到自豪。④ 他不允许别人把他看做艺术家:"我不是雕塑

---

① 萨伏那洛拉(1452—1498),意大利宣教士、改革家和殉道者,既与梅迪契家族的统治为敌,亦对抗罗马教廷,当权时曾在佛罗伦萨发动"焚烧虚妄"运动,首饰、纸牌、淫画一概投之于火,也毁掉了若干书籍和艺术品,后在一次暴乱中被判处绞刑及火刑。

② "像远离家乡的人一样,我心里不时涌起阵阵哀愁。"(1497 年 8 月 19 日的信,寄自罗马)——原注

③ 他曾托人带话给被放逐到罗马的切奇诺·戴·布拉齐说:"死亡是我难得的机会,因为死后我便有幸回到生时我紧关大门的故乡了。"(米开朗琪罗:《诗集》卷 73,第 24)——原注

④ 博纳罗蒂·西莫尼家族祖籍塞蒂雅诺,从十二世纪起在佛罗伦萨地方志上已有记载。米开朗琪罗很清楚这一点:"我们是有产者,是高贵的家族。"(1546 年 12 月给侄儿利奥纳多的信)他的侄儿想成为贵族,他很生气:"这是自己不尊重自己。人人都知道我们是佛罗伦萨历史悠久的资产阶级,比谁都高贵。"(1549 年 2 月)他试图重振家业,使家人恢复西莫尼这个旧姓,并在佛罗伦萨创立一个家族组织。但他的兄弟们胸无大志。他一想起其中一个(吉斯蒙多)还在扶犁当农民,便感到脸红。1520 年,阿历山德罗·德·卡诺萨伯爵写信告诉他,在家族档案里找到了他们是亲戚的证据。这资料是假的,但米开朗罗深信不疑,他甚至想买下卡诺萨古堡,据说那是他家祖先的发祥地。他的传记作者龚迪维在他的指引下,将亨利二世的姐姐,那位赫赫有名的玛蒂尔德伯爵夫人也归入了他的祖先之列。1515 年,教皇利奥十世(出身梅迪契家族)莅临佛罗伦萨,米开朗琪罗的兄弟博纳罗托被册封为帕拉蒂诺斯伯爵,获准在家族族徽上添加梅迪契的圣爵盖纹章,三朵百合花和教皇名字的缩写。——原注

家米开朗琪罗……我是米开朗琪罗·博纳罗蒂……"①

他是精神上的贵族,具有这个等级的一切偏见。他甚至说:"从事艺术的应该是贵人,而不是平民。"②

他对家族怀有一种宗教般的、古老的,几乎是未开化蛮族的观念。他愿为家族牺牲一切,且要求别人也这样做。据他的说法,"为了家族,他卖身为奴也在所不惜。"③在这方面,一点小事他也会动感情。他看不起他没出息的兄弟。看不起他的侄子——他的继承人,虽然仍尊重他们作为家族代表的身份。他在信里不断提到他的家族:

"我们的家族……La nostra gente④……维护我们的家族……好使我们的家族不致后继无人……"

这个家族所具有的一切迷信、狂热,他都具备。他整个人就是用这些迷信和狂热的泥土塑造出来的。但从这泥土里迸射出一道光焰,将这一切都净化了,这就是:天才。

* * *

不相信天才,亦不知何谓天才的人,请看看米开朗琪罗吧。从来没有人像他那样为天才所俘虏。这天才似乎不同于他的本性:那是一个征服者,冲进他的内心,将他牢牢抓住。他的意志对此无能为力。几乎可以说:他的精神和他的心灵无能为力。这是一种狂热的亢奋状态,一种可怕的生命力,他的身心过分疲弱,无法控制。

他不断生活在亢奋的状态之中。体内聚积着的旺盛精力让他痛苦,迫使他行动,不断地行动,难得有一小时的休息。

"我干得精疲力竭,从来没有人这样干过。"他写道,"我日夜工作,其他什么也不想。"

---

① 他还说:"我不是从事艺术买卖的雕塑家或画家。为了家族的荣誉,我一直避免成为这样的人。"——原注
② 据其传记作者龚迪维记述。
③ 见1497年8月19日给父亲的信。直到他三十三岁(即1508年3月13日),他父亲才解除对他的监护权。(见翌年的3月28日登记的正式文件)——原注
④ 意大利文:我们的家族。

这种病态的活动需求不仅使他工作量日增,还使他接受了许多难以兑现的订单。他简直成了工作狂。他甚至想雕刻整座山。如果要建造某个纪念性建筑,他会经年累月地跑到采石场里挑选石头、修筑道路运输石头。他什么都想做:工程师、操作工、凿石工。他事必躬亲,修建宫邸、教堂,样样自己动手。简直是苦役犯的生活!连吃饭、睡觉的时间都没有。在他写的信里,经常可以看到这样的字句:

> 我几乎连吃饭的时间都没有……没有时间吃饭……十二年来,我累垮了身体,连日常必需的东西都没有……我一文不名,身无长物,浑身是病……生活在贫困和痛苦之中……我在和贫困作斗争……

这种贫困纯属臆造。他有钱,挣了很多钱,非常富有。① 可钱对他有什么用?他日子过得像穷光蛋,干起活来像拉磨的马。没有人明白他这样自虐的原因。谁也不明白他为什么不能适可而止地工作,谁也不明白这样自讨苦吃已成为他的一种需要。甚至许多特点与他极为相似的父亲也来信责备他:

> 你兄弟告诉我,你生活非常节省,甚至到清苦的地步。节俭固然好,自虐就不好了,这是上帝和人类都不喜欢的事,会损害你的身心健康。年轻时还过得去,待年纪一大,贫苦生活带来的病痛会一起冒出来。别再过苦日子,生活要有所节制,必须的营养还是要的,千万别过分劳累……②

但怎么劝也没用,他不想改善自己的生活,他只吃面包,喝点葡萄

---

① 他死后,人们在他罗马的家里发现了七千到八千杜卡托(意大利金币)藏金,约合今日的四五十万法郎。瓦萨里说他还曾分两次给了他侄子七千埃居,给了他的学徒乌尔比诺两千埃居。他在佛罗伦萨还有大量存款。1534 年在佛罗伦萨及附近各地置有房产六处,田产七处。他酷爱田产。1505 至 1520 年间购置了不少田地,这是乡下人的传统。然而,他攒钱并非为自己,而是为别人,他自奉甚薄,什么都舍不得享用。——原注

② 后面还有几句有关卫生的劝告,足见当时不文明的程度:"首先要注意你的头,要暖和一些,千万别洗澡。叫人给你擦擦身就可以,千万别洗。"(1506 年 12 月 19 日)——原注

酒。每天只睡几个小时。在波伦亚忙着为尤里乌斯二世①塑铜像时,他和三名助手只睡一张床。睡觉时衣服靴子都不脱。有一次他腿肿了,只好将靴子割开。脱靴时,腿上的皮也被扯了下来。

　　这种可怕的卫生习惯,恰如他父亲警告过的那样,使他经常生病。从他的信中可以看到,他患过十四或十五次大病。② 有几次高烧,差点要了他的命。他的眼睛、牙齿、头部、心脏,都有病。他常被神经痛所折磨,尤其是睡觉的时候,真是苦不堪言。他未老先衰,四十二岁便感到老了。③ 四十八岁时,他写信说,如果他工作一天,就要休息四天。④ 但他顽固地拒绝就医。

　　这种工作狂的生活,对他精神的影响比对身体的影响更甚,悲观主义侵蚀着他。这是一种遗传病。青年时期,他想尽办法去安慰不时突发受迫害妄想的父亲。⑤ 米开朗琪罗自己比父亲的症状更重。永无休止的工作,难以承受的疲劳,使他从来得不到恢复,总是处于多疑的精

---

① 尤里乌斯二世(1443—1513),罗马教皇,为政教合一而奋斗的政治家。他出生于意大利,1471年成为枢机主教,因受教皇亚历山大六世迫害,逃往法国,1503年亚历山大六世去世后,当选为教皇。他是著名的艺术保护人,曾对拉斐尔、米开朗琪罗等的艺术创作鼓励有加,并采纳了修建圣彼得大教堂的宏伟计划。

② 1517年9月,他雕刻圣洛朗佐宫的正面和弥涅尔维的基督像时,他"病得几乎死去"。1518年9月,在塞拉维扎采石场,他因劳累过度和心情不佳而病倒。1520年拉斐尔(意大利文艺复兴时期著名的画家、雕刻家)去世时他又病了。1521年年底,一位名叫利奥纳多·塞拉约的朋友祝贺他:"居然能从一种很少有人可以幸免的大病中死里逃生。"1531年6月,佛罗伦萨被攻陷,他睡不着,吃不下,心脏和头部都感到不适。这种情况一直延续到年底。他的朋友以为他不行了。1539年,他从西斯廷教堂的脚手架上摔下来,腿部骨折。1544年6月,他突发高烧,被送到佛罗伦萨的斯特罗兹家,由他的朋友里契奥为他治疗。1545年12月和1548年1月,两次旧病复发,身体虚弱不堪,再次住进斯特罗兹家。1549年3月,他患上石粉过敏症,受尽折磨。1555年7月又患痛风症。1559年7月,石粉症复发,各种痛楚纷至沓来,身体衰弱到极点。1561年8月,再度病倒,"他不省人事,浑身抽搐"。——原注

③ 自卡拉雷写给多梅尼科·博宁塞尼的信(1517年7月)。

④ 致巴尔特·安吉奥利尼的信(1523年7月)。

⑤ 他常给父亲写信说:"您别自寻烦恼……"(1509年春)——"您老是这么烦恼让我很难过,我求求您别再这么想了。"(1509年1月27日)——"您别惊慌,也别发愁。"(1509年9月15日)他的老父亲似乎和儿子一样,经常会神经错乱,惊惶不安。1521年(下文另有交代),他突然离家出走,大声疾呼说是儿子把他赶出了家门。——原注

神误区之中。他猜疑他的敌人,猜疑他的朋友①、父母、兄弟和养子,总怀疑他们盼着他早死。

一切都使他不安②;家人对他整天心神不定感到好笑③。他自己也说,他总处于"一种忧郁甚至疯狂的状态"④。久而久之,他竟把痛苦变成了一种嗜好,似乎从中找到了一种苦涩的快感:

> 越是加害于我,我越快乐。⑤

一切的一切,乃至爱和善⑥,都成了他痛苦的主题:

> 忧伤是我的享受。⑦

没有一个人比他更乐少忧多的了。在广阔的宇宙中,他看到和感觉到的只有痛苦。世界上一切悲观情绪都概括在下面这声绝望和极度不平的呼喊之中:

> 万千欢乐比不上一种苦恼!……⑧

* * *

"他无处发泄的精力,"龚迪维说,"几乎使他与整个人类社会隔绝。"

---

① "表面是温馨的友情,其实却隐藏着损害你名誉和生命的祸心……"(致朋友里奇奥的一首十四行诗,《诗集》第44首)参看被他冤屈了的朋友托马索·德尔·卡瓦列里给他写的申辩信(1561年11月15日)。信里有这样的话:"我确信自己从未伤害过你。你太轻信那些不值得相信的人了。"——原注
② "我生活在不断的猜疑之中……不相信任何人,睡觉也睁着眼……"——原注
③ 1515年9月和10月他写给兄弟博纳罗托的信中说:"……不要对我写的噜之以鼻……不该嘲笑任何人。在这个年头,为自己的肉体和灵魂提心吊胆没有什么坏处……不管什么时候,小心一些总是好的……"——原注
④ 他常常自称为"忧郁和疯狂的人"、"年迈和疯狂的人"、"疯子和恶人"。在别的地方,他又为这种疯狂辩护,说"疯狂只对自己有害"。——原注
⑤ 米开朗琪罗:《诗集》卷42。
⑥ "爱恋着的人只要稍尝幸福便会感到美满,而不再有其他欲望;不像困苦,会增加一个人的希望。"(十四行诗卷59,第48)"任何事物都让我感到悲哀,甚至善,因为它转瞬即逝,对我心灵的伤害和压抑不下于恶。"——原注
⑦ 米开朗琪罗:《诗集》卷81。
⑧ 米开朗琪罗:《诗集》卷74。

他是孤独的。——他恨人，也遭人恨。他爱人，但无人爱他。人们对他既钦佩，又惧怕。最终他在人们心中引起了一种宗教般的崇敬。他凌驾于他的时代。于是，他稍稍平静了一些。他从高处看人，而人们则从低处看他。他始终是单身。他从不休息，连最卑贱的人都能享受到的温柔他也尝不到，他一生中连一分钟都不曾在另一个人的温柔怀抱里入眠。他从未得到过女人的爱。在这荒漠般的天地里，只有维多利亚·科洛纳的友情，曾闪过一道纯洁而冷峻的星光。周围是一片黑夜，只有他炽热的思想流星——他的欲望和疯狂的梦境——飞驰而过。贝多芬从未经历过这样的黑夜。因为这黑夜就在米开朗琪罗的内心。贝多芬的悲愤是社会的过错，他本人却天性快活，且渴望快乐。米开朗琪罗则忧郁成性，令人害怕，使人本能地躲开他。他在自己周围造成了一片空虚。

这还不算什么。最糟的并不是孤独，而是和自己过不去。他不能好好地生活，自控能力极差，总是否定自己、反对自己、摧残自己。他有天才，却长着一颗背叛这种天才的心。有人说这是他的宿命，命运使他激烈地反对自己，阻止他实施任何伟大的计划。这所谓的命运，其实是他自己。他不幸的关键，他一生的悲剧之所在——人们往往很少看到或最不敢看到的——是缺乏意志力和坚定的性格。

他在艺术上、政治上，在一切行动和思想上都优柔寡断。如果有两件作品、两个打算、两种决定，他便无所适从。尤里乌斯二世的纪念碑、圣洛伦佐宫的正门、梅迪契家族陵园等的修建足可证明。他开始，开始，总到不了头，既想又不想。刚做出选择又开始怀疑。直到生命结束，他什么也没有完成：他厌倦了一切。有人说，他的工作是别人强加给他的。有人说这种计划来回变的情况，应由他的东家负责。可是人们忘了，如果他拒绝，东家是毫无办法的。但他不敢。

他软弱，无论从哪方面说都是这样，既由于道德，也由于胆怯，亦因为过分认真。什么事他都要反复考虑，辗转不安，而换一个性格果断的人，这些考虑都可以抛开。他往往夸大自己的责任，自认为不能不干那些一般性的工作，①其实，这类事情换了任何一个工头，没准都比他干得更好。他不懂如何履行承诺，却又不肯放手让别人去做。②

他因谨慎和恐惧而变得软弱。尤里乌斯二世称他为"可怕的人"，瓦萨里③却说他是"谨慎的人"。他实在太谨慎了。这个"使所有人，甚至教皇害怕的人"④却害怕所有人。他在王公贵族面前很软弱。但却比任何人都看不起在王公贵族面前软弱的人，把他们称作"为王公贵族负重的驴"⑤。——他曾想躲开教皇，却始终没走，且十分驯服。⑥他容忍东家带侮辱性的信，回复时还低声下气。⑦ 有时，他也反抗，说话态度强硬，但最后总是让步。一直到死，他都在自我挣扎，却无力抗争。克雷芒七世是所有教皇中待他最宽厚的一个，和一般的看法相反，他知道他的弱点，对他颇有怜悯之心。⑧

他在爱情方面完全丧失了尊严。他在费博·迪·波吉奥之类混蛋面前低三下四，将托马索·德尔·卡瓦列里那样一个可爱却平庸的人称作"伟大的天才"。

至少，爱情还使这些弱点颇为感人。而这些弱点来自恐惧时，那不过是可悲的痛苦表现——若不敢说是可耻的话。他会突然惊慌失措，

---

① 为了修缮圣洛伦佐宫的正门，他在塞拉维扎采石场待了若干年。——原注
② 1514年，他接受了订单，雕塑弥涅瓦的基督像，但到1518年尚未动手。他很抱歉地说："我十分痛苦……我的行径无异于盗贼……"1501年，他签约承建锡耶纳的彼科洛米尼教堂，讲明三年内交工。六年后，即1561年，他还在为未履行合同而苦恼。——原注
③ 乔治·瓦萨里(1511—1574)，意大利著名画家和艺术史家，其著作《美术家传记》于1550年出版，引起极大轰动。
④ 见塞巴斯蒂安诺·德尔·皮翁博给他的信(1520年10月27日)。
⑤ 与瓦萨里的谈话。
⑥ 1534年，他想躲开保罗三世，但最终还是被他用工作拴住。——原注
⑦ 1518年2月2日，红衣主教尤利乌斯·德·梅迪契(即未来的克雷芒七世)给他写了一封带侮辱性的信，怀疑他被人收买。米开朗琪罗回信说，他"一心只想讨他的欢心"。——原注
⑧ 参看佛罗伦萨被攻陷后，他和塞巴斯蒂安诺·德尔·皮翁博的来往信件。克雷芒七世关心他的健康和他的苦恼。1531年还发布敕书，替他辩护，为他说好话。——原注

由于恐惧在意大利到处乱窜。一四九四年,他被一种幻象吓得逃出了佛罗伦萨。一五二九年,佛罗伦萨被围,他受命承担城防重任,而他又逃跑了,一直逃到威尼斯,几乎想逃往法国。稍后,他觉得这种行为很可耻,决心弥补,便返回被围的佛罗伦萨,一直坚守到围城结束。佛罗伦萨沦陷以后,许多人被流放,他又吓得魂不附体!竟去巴结那个刚刚处死了他的朋友——高贵的巴蒂斯塔·戴拉·帕拉——的法官瓦洛里。他甚至和朋友划清界限,与佛罗伦萨的流亡者断绝联系。[1]

他怕,同时对自己的惧怕感到羞愧。他鄙视自己,因厌恶自己而病倒。他想死。大家都以为他快死了[2]。

但他死不了,他体内有一种强烈的求生的力量,每天都周而复始,痛苦则日甚一日。如果能无所作为该多好!但是办不到。他不能不干事。他必须干事。他干了吗?干了,但却是被动地干。他像但丁笔下的罪人,被卷进激烈而矛盾的感情旋风之中。

他不得不受苦!

> 哦,哦,我真不幸!
> 在我过去的日子里,
> 没有一天属于我自己![3]

他向上帝发出绝望的呼号:

---

[1] 他侄儿给他发出警报:有人在佛罗伦萨告发他,说他和第二任佛罗伦萨大公科斯梅一世刚刚严令惩治的流亡者有来往。他回信说:"……到目前为止,我一直注意不与流亡者谈话,不与他们有任何来往。将来,我要更加注意……我不与任何人谈话,尤其是不与佛罗伦萨人谈话。如果有人在大街上和我打招呼,我只友善地点点头,然后赶快走过去。如果我知道谁是被流放的佛罗伦萨人,我根本就不还礼。"(见1548年给侄子利奥纳多的信,寄自罗马)更有甚者,他否认他生病的时候曾经得到斯特罗兹一家的照顾。"至于有人责怪我生病时曾得到斯特罗兹一家的照顾,但我不认为我是在他们家里,而是在与我有深交的路易吉·德尔·里奇奥的房间里。"(里奇奥为斯特罗兹家族工作)其实,毫无疑问,米开朗琪罗的确曾得到斯特罗兹的照应。他两年前曾送给罗伯托·斯特罗兹两座题为《奴隶》的雕像(现存巴黎卢浮宫博物馆),以感谢他的盛情接待。——原注

[2] 那是1531年,佛罗伦萨被攻陷之后,他重新归顺克雷芒七世并讨好瓦洛里。——原注

[3] 米开朗琪罗:《诗集》卷49,约写于1532年。

啊,上帝!啊,上帝!啊,上帝!
谁能比我更了解我自己?①

他之所以渴望死,是因为他认为死可以结束这种使人发狂的奴隶生活。他谈到已死的人时是多么羡慕啊!

您不必再担心生存状态和欲念的改变……
今后的日子不会再对您行使暴力,
需要和偶然不会再操纵您……
写到这里,我怎能不羡慕呢?②

死!不再活着!不再是自己。逃出天地万物的掌心!摆脱自己的幻觉!

啊!使我,使我不再回复为我自己吧!

*　　*　　*

卡皮托勒博物馆里,他不安的目光还注视着我们,从他痛苦的脸上,我似乎听见发出了这凄怆的呼声。③

他中等身材、宽肩、骨骼和肌肉发达。由于工作过于劳累,体形变了样。他走路时仰着头,后背凹陷,腹部前突。这便是荷兰画家弗朗索瓦给他画的肖像:他侧身站着,身着黑衣,肩披罗马式大氅;头缠布巾,巾上一顶宽宽的黑毡帽,压得很低。④ 他颅圆额方,眼睛上方的脑门布满皱纹,黑色的头发有点稀疏,蓬松而略带拳曲。眼睛很小,目光忧郁而锐利,颜色像牛角,经常在变化,时而泛黄,时而发蓝。鼻阔且直,中间隆起,曾被托里吉雅尼⑤一拳打破。从鼻孔到嘴角有很深的皱纹。嘴唇不厚,下唇略向前突。鬓毛很稀,牧神般的胡须不算浓密,长约四

---

① 米开朗琪罗:《诗集》卷6,约写于1504至1511年间。
② 米开朗琪罗:《诗集》卷58,1534年悼念他父亲去世的诗篇。
③ 这种描写乃根据后世众多画家、艺术家所画米开朗琪罗的肖像。——原注
④ 1564年他的遗体从罗马运回佛罗伦萨,打开棺椁时看到的就是这个样子。他像是熟睡着,头上盖着他的毡帽,脚穿带马刺的长靴。——原注
⑤ 托里吉雅尼(1472—1528),佛罗伦萨派画家,雕刻家,1511年移居英国,成为英国文艺复兴的倡导者。

至五寸,环绕着颧骨突出、两腮凹陷的脸颊。

整个脸部笼罩着忧郁和游移不定的神情,这是诗人塔索时代典型的脸庞,显得疑虑重重。凄凉的目光不由得唤起人们的同情。

＊　　＊　　＊

我们别和他斤斤计较了。就把他盼望了一生,而始终未能得到的爱给他吧。他经历过一个人所能遭受的最大苦难。他曾目睹祖国受奴役,整个意大利沦入蛮族之手达好几个世纪。他眼见自由泯灭,他所爱的人一个接一个地死去,眼见艺术的明灯一盏盏地熄灭。

在黑夜降临之际,他孤零零地留在最后。临死前,他回顾已往,甚至不能对自己说,已经做了该做的和能够做的一切来安慰自己。他似乎虚度了一生。他白白放弃了欢乐,白白为艺术这个偶像牺牲了自己。①

他活了九十岁,一辈子没休息过一天,没享受过一天真正的生活,艰苦的劳作竟实现不了一项伟大的计划。他认为最重要的作品没一件能够完成。命运嘲弄的结果,使这位雕塑家②只能完成一些他所不愿意画的绘画。曾经给他带来过希望、自豪和苦恼的伟大作品之中,有的在他生前已经被毁,如《比萨之战》的图稿、尤里乌斯二世的青铜雕像等,其他的可惜也都流产了,如尤里乌斯二世的陵墓、梅迪契家族的教堂等,留下的只是纸上谈兵的构思。

雕塑家格依贝尔蒂③在其《回忆录》里,讲述了安茹公爵手下一位德国金银匠的故事。此人"足可与希腊的古雕塑家媲美",到了晚年,却目睹耗去他毕生精力的作品被毁掉。——他看到他的全部辛劳均属徒劳,便跪下喊道:"主啊,你是天地的主宰,万物都是你的创造,别让

---

① "……热烈的幻想使我把艺术当做偶像和君王……"(《诗集》卷 147,1555—1556)——原注
② 他称自己为"雕塑家"而非"画家"。1508 年 3 月 10 日他写道:"今天,我,雕塑家米开朗琪罗开始西斯廷教堂的绘画。"一年之后,他写道:"那不是我的职业……我白白地浪费了光阴。"(1509 年 1 月 27 日)他这种想法始终未变。——原注
③ 洛伦佐·格依贝尔蒂(约 1378—1455),十五世纪前期佛罗伦萨著名的青铜雕刻家。

我再误入歧途,除了你我再也不追随其他人了!可怜可怜我吧!"他随即将所有的一切都给了穷人,从此隐居山林,了其余生……

米开朗琪罗如同那位德国金银匠,到了晚年,痛苦地看到他的一生犹如虚度,他的努力全是徒劳,他的作品不是未曾完工,便是遭到毁坏,等于一事无成。

于是他隐退了。文艺复兴时代的骄傲,宇宙间自由且至高无上的灵魂,无比自豪地与他一起返璞归真:

遁入上帝的爱的怀抱,
他正在十字架上张开双臂欢迎我们。①

《欢乐颂》壮美的呼声没有喊出。直到最后一息,依然是"痛苦颂"和让人得到解脱的"死亡颂"。他整个地被击败了。

* * *

这就是世界的征服者之一。我们在享受他天才的作品时,如同享受我们祖先的丰功伟业一样:

再也想不起
流过多少鲜血。

我愿将这鲜血摊开在所有人眼前,我愿举起英雄们红色的战旗,让它在我们头上飘扬。

---

① 米开朗琪罗:《诗集》卷 147。

上篇　搏　斗

一　力

> 大卫用他的弹弓，
> 我用我的弓箭。
> ——米开朗琪罗①

一四七五年三月六日，他出生在加森汀省的卡普雷塞镇。崎岖不平的土地，"空气清纯"②，到处是岩石和山毛榉，远处耸立着亚平宁怪石嶙峋的山脊。离此不远便是弗朗索瓦·达西斯看见基督在阿尔维尼亚山上显圣的地方。

他父亲是卡普雷塞和丘乌西的最高行政官，是个性情暴躁、焦虑不安，"敬畏上帝"的人。米开朗琪罗六岁丧母③，留下他们兄弟五人：利奥纳多、米开朗琪罗、博纳罗托、乔凡·西莫内和吉斯蒙多。④

他幼时寄养在塞蒂雅诺一个石匠的妻子那里。后来，他打趣说，皆因吃了这个乳母的奶，他才选择当雕塑家。家人将他送进学校，但他在学校里一心一意画画。"为此，父亲和叔伯们认为他没出息，经常狠狠地揍他，因为他们讨厌艺术家这个行业，觉得家里出了个艺

---

① 卢浮宫《大卫》像旁边的诗句。
② 米开朗琪罗常说他的天才得自故乡"清纯的空气"。——原注
③ 母亲名弗朗切斯卡·迪·奈丽·迪·米尼亚斯托·德尔·塞拉。数年后，父亲续弦，继母名卢克蕾基亚·乌巴尔迪尼。
④ 利奥纳多生于1473年，博纳罗托生于1477年，乔凡·西莫内生于1479年，吉斯蒙多生于1481年。利奥纳多当了教士，故米开朗琪罗成为长子。——原注

术家是一种耻辱"。[1] 就这样,他从小便备尝人生的无情和精神的孤独。

他的执著战胜了父亲的顽固。十三岁就进当时佛罗伦萨最大也最正规的多梅尼科·吉兰达约[2]画室学艺。他最早的习作便获得极大成功。据说连他师傅也嫉妒他。[3] 一年之后,两人便分道扬镳了。

此时他已厌倦绘画,而心仪另一种更壮美的艺术。他转学到洛伦佐·德·梅迪契在圣·马可公园开办的雕塑学校[4]。这位王公赏识他,让他住到王宫里,和自己的孩子们同席。就这样,他一下子置身于意大利文艺复兴的心脏,为古代的珍藏品所环绕,沐浴于伟大的柏拉图派艺术家——如马西利奥·菲奇诺[5]、贝尼维耶尼[6]、安琪·波利齐亚诺[7]等——营造的博学多闻和诗情画意的氛围中。他醉心于他们的思想,呼吸着古代的气息,怀古之情也油然而生,他成为一位崇尚希腊文明的雕塑家。在"非常疼爱他"的波利齐亚诺指引下,他雕了《马人与拉庇泰人之战》这组雕像。[8]

这件英气勃勃的浮雕里,压倒一切的是无情的力与美,反映了作者的少年气盛以及与他那些粗野的伙伴们所玩的野蛮游戏。

他和洛伦佐·迪·克雷蒂、布吉阿迪尼、格拉纳契和托里吉雅

---

[1] 据龚迪维记述。
[2] 吉兰达约(1449—1494),意大利文艺复兴前期佛罗伦萨的著名画家。
[3] 一位如此伟大的艺术家会产生这样的嫉妒心,实在令人难以置信。我无论如何不相信那是米开朗琪罗匆匆离开的原因。他直到晚年都对他的第一位老师怀着尊敬之情。——原注
[4] 学校的校长是多那太罗(1386—1446,十五世纪前半期意大利最伟大的雕塑家)的学生贝托尔多。
[5] 马西利奥·菲奇诺(1433—1499),意大利哲学家、神学家和语言学家,他对柏拉图及希腊书籍的翻译、注释促成了佛罗伦萨的文艺复兴,影响欧洲思想文化达两个世纪之久。
[6] 贝尼维耶尼(1453—1542),意大利诗人,因将菲奇诺的精神恋爱理论演绎为诗歌而闻名。
[7] 波利齐亚诺(1454—1494),意大利诗人,人文主义者。
[8] 这件浮雕在佛罗伦萨博纳罗蒂府。《欢笑牧神的面具》也是这一时期之作,正是它使米开朗琪罗赢得了洛伦佐·德·梅迪契的友谊。《楼梯上的圣母》亦是同期博纳罗蒂府中的浮雕。——原注

诺·戴·托里吉雅尼一起到卡米内教堂临摹马萨乔①的壁画,对不如他手巧的同学极尽讥讽之能事。有一天,他攻击虚荣心重的托里吉雅尼,被对方一拳打在脸上。后来,他在班韦努托·切利尼②面前吹嘘:"我捏紧拳头,狠狠地打在他的鼻子上,只觉得他的骨头和松骨像蛋卷一样被打得粉碎。就这样,我给了他一个终生难忘的纪念。"③

*　　*　　*

异教思想未能扑灭米开朗琪罗心中基督教信仰的圣火。两个敌对的世界展开了对他灵魂的争夺。

一四九○年,宣教士萨伏那洛拉开始就《启示录》作热情洋溢的宣讲。当时他三十七岁,米开朗琪罗十五岁。他看见这位矮小羸弱的宣道者,全身透着圣灵之气,在讲台上用可怕的声音猛烈抨击教皇,将上帝血淋淋的宝剑悬挂在意大利的上空,不禁吓得浑身冰凉。佛罗伦萨发抖了。人们在街上乱窜,发疯似的又哭又喊。最有钱的公民如鲁切莱、萨尔维亚蒂、阿尔比兹、斯特罗兹等,都要求加入他的教派。博学之士和哲学家如皮克·德·拉·米兰多勒、波利齐亚诺都抛开了自己的理性④。米开朗琪罗的兄长利奥纳多也加入了多明我会。⑤

米开朗琪罗同样没能逃脱这种惊恐情绪的感染。当法王查理八世逼近佛罗伦萨时,他吓坏了,因为这个丑陋的小魔头,曾被那位先知宣布为上帝之剑,居鲁士大帝⑥再世。有一个梦尤其使他惊惶

---

① 马萨乔(1401—1428),十五世纪初意大利著名画家,率先将人文主义引入艺术。
② 切利尼(1500—1571),意大利佛罗伦萨著名镂金匠和雕刻家。
③ 这是1491年前后的事。
④ 不久以后,1494年,他们相继去世。波利齐亚诺要求死后作为多明我派教徒葬在圣马克教堂(即萨伏那洛拉教堂),皮克·德·拉·米兰多勒死时穿上多明我教派的长袍。——原注
⑤ 此乃1491年之事。
⑥ 居鲁士大帝,公元前六世纪的波斯政治家和阿契美尼德王朝的开国君主,依靠外交手段和军事实力建立起一个规模空前的大帝国,不但美索不达米亚平原,包括叙利亚和巴勒斯坦地区,都成为他的领土。

不安。

他的朋友,诗人和音乐家加迪埃尔,某天夜里看见洛伦佐·德·梅迪契的阴魂①出现,衣衫褴褛,几近半裸,还戴着孝。鬼魂命他预先通知他的儿子皮埃罗,他将被逐出国土,永远难回故里。加迪埃尔把幻象告诉米开朗琪罗。后者劝他把这一切报告大公。但加迪埃尔惧怕皮埃罗,不敢这样做。另一天早上,他又来找米开朗琪罗,慌慌张张告诉他那鬼魂再次出现,穿着同样的衣衫。加迪埃尔躺着,一声不响地盯着他,那鬼魂扇了他一个耳光,责怪他没有听从命令。米开朗琪罗把加迪埃尔埋怨了一通,要他立即徒步赶往佛罗伦萨附近加莱吉的梅迪契庄园。半道上,加迪埃尔遇见了皮埃罗,拦住他报告了事情的始末。皮埃罗听后哈哈大笑,命侍从揍了他一顿。大公的总管比比埃纳对他说:"你真傻。你以为洛伦佐最爱谁,他儿子还是你?如果洛伦佐要显灵,当然是向他儿子而不是向你显!"加迪埃尔挨了一顿责备和奚落,回到佛罗伦萨,将此行的失败告知米开朗琪罗,并使他相信佛罗伦萨即将大祸临头。米开朗琪罗闻言,两天后便逃走了。②

这是米开朗琪罗第一次因迷信而惊恐情绪大发作,类似的事情后来又发生过多次,尽管他为此感到羞愧,但却不能自已。

* * *

他一直逃到威尼斯。

一离开烽烟四起的佛罗伦萨,他惊恐的情绪便冷静了下来,他折回

---

① 洛伦佐·德·梅迪契于 1492 年 4 月 8 日去世。其子皮埃罗继承王位。米开朗琪罗离开宫廷,回到父亲家。不久皮埃罗又召他回宫,命他去购买浮雕玉石和凹雕的石料。于是他雕成巨大的大理石塑像《赫剌克勒斯》,最初放在斯特罗兹府,1529 年被法国弗朗索瓦一世购藏在枫丹白露。但到十七世纪作品失踪了。这一时期,米开朗琪罗还雕成耶稣受难的木质十字架,为此他用尸体研究解剖学,用功太甚乃至大病一场(1494)。——原注
② 据龚迪维的记述,米开朗琪罗是 1494 年 10 月逃跑的。一个月之后,皮埃罗·德·梅迪契大公也因人民起义而逃跑。佛罗伦萨建立起人民政府,得到了萨伏那洛拉的支持,他预言,佛罗伦萨将把共和国扩展到全世界。这个共和国只承认一个国王:耶稣基督。——原注

波伦亚,在那儿过了一个冬天,①把那位先知和他的预言忘得干干净净。美丽的世界再度使他心醉。他阅读彼特拉克、薄伽丘和但丁的作品。②一四九五年春天,他重返佛罗伦萨,其时正值宗教节日嘉年华会,各党派斗争十分激烈。但他对周围那些你死我活的激情已经不感兴趣,而且为了挑战萨伏那洛拉派的狂热,他雕塑了著名的《熟睡的丘比特》,被时人评为颇具古风。他在佛罗伦萨住了几个月,旋即赴罗马,直到萨伏那洛拉去世,他一直是艺术家中最具异教色彩的一个。萨伏那洛拉下令焚烧散布"虚荣和邪说"的书籍、装饰品、艺术品的那一年,他雕塑了《醉酒的巴克科斯》、《垂死的阿多尼斯》和巨型的《丘比特》。③ 他的哥哥,教士利奥纳多,因相信预言而被追究。萨伏那洛拉四面楚歌。米开朗琪罗没有返回佛罗伦萨去捍卫他,萨伏那洛拉被焚而死④,米开朗琪罗不置一词。在他的书信中找不到这个事件的任何痕迹。

米开朗琪罗一声不响,但他雕制了《耶稣之死》。

死去的基督躺在永远年轻的圣母膝上,似乎睡熟了。清纯的女神和髑髅地⑤的神灵,线条中透着希腊古典艺术的朴实无华,却又渗入了一种难以言状的哀愁,浸润着这些美丽的躯体。此时忧伤已完全控制米开朗琪罗的灵魂。

*　　*　　*

让他变得忧心忡忡的,还不只是当时那种充满忧患和罪恶的景象。

---

① 他住在大贵族乔凡尼·弗朗切斯科·阿尔多弗兰迪家里,他和波伦亚的警察局有麻烦时,乔凡尼便给予援手。这时,他雕了几座宗教题材的塑像——圣彼德罗尼奥,以及为圣多明我的圣体龛制作的天使塑像,但毫无宗教色彩,仍是傲气十足的力的表现。——原注
② 彼特拉克(1304—1374),意大利诗人;薄伽丘(1313—1375),意大利短篇小说家,《十日谈》的作者;但丁(1265—1321),意大利诗人,《神曲》的作者。三位作家均系意大利文艺复兴运动的先驱。
③ 1496年6月,米开朗琪罗到达罗马。《醉酒的巴克科斯》、《垂死的阿多尼斯》(巴勒莫博物馆)和《丘比特》(南肯辛顿)均为1497年之作。全都以古希腊罗马神话为题材。这一时期,他似乎还在蒙托里奥为圣彼得教堂画了《圣弗朗索瓦五伤图》的图稿。——原注
④ 此乃1498年5月25日。
⑤ 髑髅地,耶稣受难之地。

一股专横的力量进入他内心,而且再也不放松。天才的狂热控制了他,到死也没让他喘一口气。他对胜利并不抱幻想,却发誓要赢得胜利,既是为自己的荣誉,也是为家族的荣誉。整个家庭重担压在他一人肩上。他们缠着他要钱,他没那么多钱,但傲气使他从不拒绝他们,他宁肯把自己卖掉,也要把他们索要的款项给他们。他的健康已经受到损害,营养不良,居处阴冷潮湿,工作过度劳累,他的身体开始垮下来。头疼、肋胀,父亲责备他的生活方式①,他却认为这不能怪他。

"我所受的罪,都是为你们受的。"②后来米开朗琪罗写信对父亲说。

"……所有我操心的事,都是由于爱你们才有的。"③

* * *

一五〇一年春,他回到佛罗伦萨。

四十年前,佛罗伦萨大教堂管理机构曾委托阿格斯蒂诺·迪·杜乔雕制一座先知像,作品刚刚画出草图就停下来了。这样一块巨型大理石,没有人敢接手,此时便交给了米开朗琪罗。④硕大的《大卫像》由此诞生。

据说,决定将任务交给米开朗琪罗的旗官⑤皮尔·索德里尼去看雕像时,为了表现自己有品位,曾对雕像提出若干批评,他说鼻子显得有些笨拙。米开朗琪罗于是拿了一把凿子和一点石粉爬上脚手架,用凿子轻轻晃动几下,慢慢撒下一些石粉,根本没碰那只鼻子,仍让它保持原样。然后转身问旗官:

"请看看现在如何。"

---

① 1500 年 2 月 19 日父亲给他的信。
② 1509 年春给父亲的信。
③ 1521 年给父亲的信。
④ 1501 年 8 月,他曾和红衣主教弗朗切斯科·彼柯洛米尼签订合同,承做锡耶纳大教堂彼柯洛米尼祭坛的装饰雕刻,但一直没有动工,他一生都为此事深感内疚。——原注
⑤ 旗官,中世纪佛罗伦萨共和国首脑的称号。

《耶稣之死》

《耶稣之死》局部

"现在嘛,"索德里尼说,"我觉得好多了,您让它显得活了。"

"米开朗琪罗走下脚手架,心中暗暗好笑。"①

在这件作品里,似乎可以看出默默的轻蔑。这是休憩状态下的一种骚动的力,饱含着鄙视与悲哀。这种力在美术馆的围墙之内感到窒息,它需要户外的空气,恰如米开朗琪罗所说,"需要直接照射的阳光"。②

一五〇四年一月二十五日,有菲利比诺·利比③、波提切利、佩鲁吉诺④和达·芬奇参加的艺术家委员会,认真讨论了安放《大卫》像的位置,依照米开朗琪罗的请求,决定将它立在市政议会大厦前。⑤ 这座巨像的搬迁工作,交由教堂建筑师们去完成。五月十四日晚,人们拆除了大门上方的墙壁,将这个庞然大物从板棚中移出。夜间,当地民众向石像投掷石块,想把它击碎,有关方面不得不严加防范。塑像慢慢移动,吊得笔直,以免摆动时碰到泥土。从多莫广场搬到故宫,整整花了四天。五月十八日正午,终于到达指定的地方。夜间的防护工作不敢有丝毫懈怠,尽管如此,一天晚上它仍然被石块击中。⑥

这就是佛罗伦萨人,人们不时引以为典范的佛罗伦萨人。⑦

* * *

一五〇四年,佛罗伦萨市议会使米开朗琪罗和莱奥纳多·达·芬

---

① 据瓦萨里记述。
② 一位雕塑家想要重新安排工作室的光线,以便作品显得更完美。米开朗琪罗说:"何必如此费事,最重要的,是直接受阳光照射。"——原注
③ 菲利比诺·利比(1457—1504),佛罗伦萨画家。
④ 佩鲁吉诺(1450—1523),意大利文艺复兴时期画家,拉斐尔之师。
⑤ 到 1873 年为止,《大卫》像一直留在米开朗琪罗指定的位置,后来人们把它迁移到美术研究院一个为它特建的圆亭中,因为风雨的侵蚀已经令人十分担忧了。佛罗伦萨艺术家协会当时还建议制作一个白色大理石摹本安置在原来的地方。
⑥ 见皮耶特罗·迪·马尔可·帕朗蒂的《佛罗伦萨史》。
⑦ 大卫圣洁的裸体大大触犯了佛罗伦萨人的羞耻心,阿雷蒂诺还因《最后的审判》指责米开朗琪罗下流。1545 年他写信给米开朗琪罗:"学学佛罗伦萨人的端庄吧,把他们身上可羞的部分用金叶遮起来。"——原注

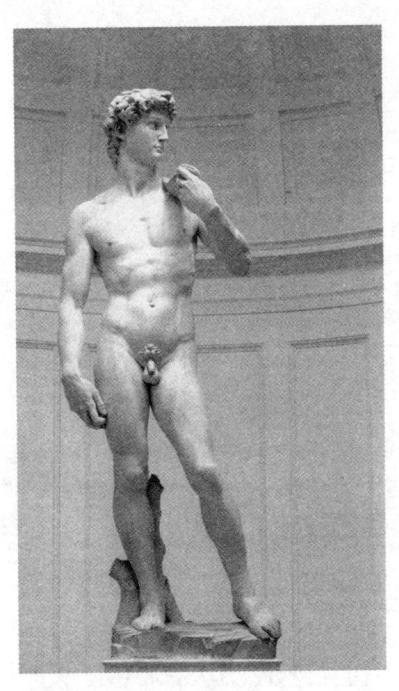

《大卫像》
（现藏佛罗伦萨学院美术馆）

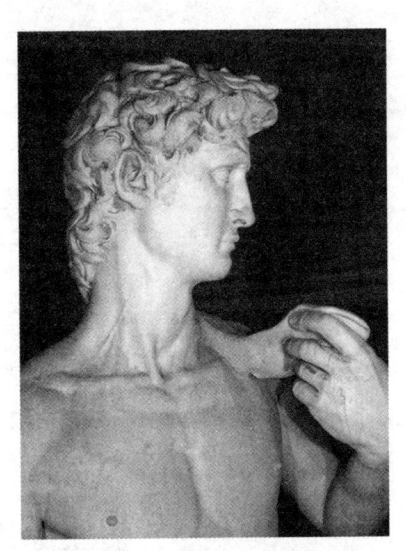

《大卫像》局部

奇成为死对头。

这两人原本不相投。同样的孤独本应使他们相互接近,他们彼此间却感到比其他人距离更远。两人中更孤独的是达·芬奇,他那时五十二岁,长米开朗琪罗二十岁。从三十岁起,他就离开了佛罗伦萨,这个城市极端的狂热让他难以忍受,他的天性柔和细腻,略有点腼腆,他那平和而又带有怀疑色彩的智慧,能接受一切,理解一切,实难与佛罗伦萨的偏激相契合。这位伟大的艺术爱好者,绝对自由且绝对孤独的人,对他的故国、宗教乃至全世界都很淡漠,只是在像他一样有自由思想的君主身边,他才感到自在。一四九九年,他的保护人卢多维克·勒·莫雷倒台,他被迫离开米兰。一五○二年,他投身恺撒·波基亚门下效力。一五○三年,这位亲王的政治生涯宣告结束,他不得不回到佛罗伦萨。在这儿,他讥讽的微笑迎面遇上米开朗琪罗的阴沉和狂热,大大激怒了后者。米开朗琪罗沉溺于他的激情和信仰之中,痛恨与之敌对的人,尤其痛恨那些毫无激情且无任何信仰的人。莱奥纳多·达·芬奇愈是伟大,米开朗琪罗对他就愈反感,而且绝不放过表示其反感的机会。

莱奥纳多长相俊美,举止温文尔雅。一天,他和一个朋友在佛罗伦萨街上闲逛,他身穿一件长达膝盖的玫瑰色上衣,修剪得极为美观的鬈曲长须在胸前飘动。在圣三一教堂附近,几个市民正聊天,他们讨论着但丁的一段诗。他们唤住莱奥纳多,请他为他们阐明这段诗的含义。正巧此时米开朗琪罗从这里路过,莱奥纳多便说,"米开朗琪罗会给你们解释这些诗句的。"米开朗琪罗以为这是有意嘲笑他,尖刻地答道:"你自己去解释吧,你这做了铜马的模子却铸不成铜马的人①,居然不知羞耻,在半路上停下。"说完,他转身走了。莱奥纳多站在那儿,脸红了。米开朗琪罗意欲未尽,还想进一步伤害他,嚷道:"那些米兰阉鸡居然相信你做得了这样的活计!"②

---

① 指达·芬奇未能完成弗朗切斯科·斯伏尔扎的雕像。——原注
② 根据当时人们的记述。

就是这样两个人,旗官索德里尼居然安排他们共同做一件工作:市政议会大厅的装饰画。这是文艺复兴两支最强大的力量之间的奇特较量。一五〇四年五月,莱奥纳多着手他的《安吉亚里战役》①画稿。一五〇四年八月,米开朗琪罗接到了《卡西纳之役》(又名《比萨之役》)的订单。佛罗伦萨为这两个对手分成了两派。——但时间把一切都扯平了,两件作品都已消失。②

* * *

一五〇五年三月,米开朗琪罗被教皇尤利乌斯二世召到罗马,从此开始了他生活中的英雄岁月。

这两位都是气魄宏大且急躁的人,只要不发生激烈的冲突,教皇和艺术家还是很相投的。他们的头脑中涌动着宏伟的计划,尤利乌斯二世要他建造一座与古罗马城相称的陵墓。米开朗琪罗为这个气势磅礴的设想而热血沸腾。他胸怀巴比伦式的计划,想造出一座山一般的建筑,上面要安放四十多座硕大无朋的雕像。教皇兴奋非凡,把他派往卡拉雷采石场,去开采所有必需的石料。米开朗琪罗在山中呆了八个月,完全为一种超人的狂热所控制。"一天他骑马游逛,看见一座俯临海岸的山头,雕塑家突发奇想,要将它整个雕成一座巨像,让海上的航行者从远处也能望见……如果他有时间,如果人们允许,他定会这样做的。"③

---

① 安吉亚里战役中,佛罗伦萨人打败了米兰人,这个画题显然是想让莱奥纳多难堪,因他在米兰有许多朋友和保护人。

② 米开朗琪罗的画稿于 1505 年画成壁画,在 1512 年梅迪契卷土重来引起的动乱中被毁。这件作品只能从零星的摹本中窥见一斑,其中最著名的是马可一安东尼的浮雕。至于莱奥纳多的那一幅,却是他自己毁掉的。他想要完善壁画的技巧,试用了一种油料,结果不能持久,1506 年他终因灰心而放弃了这件作品,至 1550 年,作品已不复存在。在这个时期(1501—1505),米开朗琪罗的作品还有《圣母》和《圣子》两座浮雕,现存伦敦皇家美术院和佛罗伦萨巴尔杰洛博物馆;《布鲁日的圣母》,1506 年被弗朗德勒商人买去;现存乌菲齐的大型胶画《圣家庭》,是米开朗琪罗精心绘制的最美的作品。他那清教徒式的严肃,英雄的格调,与莱奥纳多式艺术的柔弱倦怠形成鲜明的对比。——原注

③ 据龚迪维记述。

一五〇五年十二月,他回到了罗马,他所选的石料也开始从海路运抵,堆放在米开朗琪罗居住的桑塔-卡捷琳娜后面的圣彼得广场上。"石块堆得那么高,惊呆了所有的人,教皇为之狂喜。"米开朗琪罗开始工作,性急的教皇不断来看望他,"和他聊天,像兄弟般亲热"。为了便于来往,他命人在梵蒂冈的走廊和米开朗琪罗的住所之间搭了一座吊桥,作为他的秘密通道。

但这样的优遇并不持久,尤利乌斯二世的性格和米开朗琪罗一样不稳定。他热衷于这样那样的计划。另一个计划在他看来更能让他的荣名永垂不朽:他要重建圣彼得大教堂。这是受了米开朗琪罗的对手们的怂恿。他们人数众多,实力雄厚,为首者是一个才能与米开朗琪罗不相上下,而意志更坚强的人:乌尔比诺的布拉曼特①,教皇的建筑师和拉斐尔的朋友。在两个极其理智的翁布里亚②伟人和佛罗伦萨那位带有野性的天才之间,是不可能产生好感的。但他们之所以决心打倒他,③无疑是由于他曾向他们挑战。米开朗琪罗曾不谨慎地批评布拉曼特,也许有理也许无理地控告他在工程中舞弊。④ 布拉曼特当即决定要除掉他。

他使米开朗琪罗在教皇那里失宠。他利用尤利乌斯二世的迷信,提起人们普遍认为,生前建造陵墓是不吉利的。他居然成功地使他搁下了其对手的计划,而用自己的计划取而代之。一五〇六年一月,尤利乌斯二世决定修建圣彼得大教堂,陵墓的修建搁置了下来,米开朗琪罗

---

① 布拉曼特(1444—1514),意大利文艺复兴时期卓有成就的建筑师和画家。
② 意大利一地区。
③ 至少是布拉曼特有此决心。拉斐尔和布拉曼特交情太深了,不得不和他采取一致的行动,但没有任何证据表明拉斐尔个人有反对米开朗琪罗的行为。而后者却以确定无疑的口吻指责他:"教皇尤利乌斯和我之间的争执,全是布拉曼特和拉斐尔的嫉妒造成的。他们想要整垮我。拉斐尔这样做的确有他的理由,因为他在艺术上的那点东西,都是从我这儿学去的。"(1542年10月米开朗琪罗给某人的信)——原注
④ 龚迪维出于对米开朗琪罗盲目的友谊,也猜疑地说:"驱使布拉曼特去损害米开朗琪罗的,一是嫉妒,二是害怕米开朗琪罗对他的判断。因米开朗琪罗知道他的过失。"——原注

不仅受到羞辱,还为作品上的花费欠下不少债。① 他辛酸地诉苦了。教皇却不再接见他,他再次求见时,尤利乌斯二世让他的马弁把他赶出了梵蒂冈宫。目击这幕场景的卢奎斯主教对马弁说:

"你难道不认识他么?"

马弁对米开朗琪罗说:

"请原谅,先生,我只是奉命行事。"

米开朗琪罗回去后立即上书教皇:

"圣父,按教皇陛下的旨意,今晨我被逐出宫。现在我通知您,自今日起,如您对我有何差遣,可令人到罗马之外的任何地方找我。"

他把信发了,唤来一个住在他家的石材商和一个石匠,对他们说:

"去找一个犹太人,把我家里的一切全卖给他,然后你们到佛罗伦萨来。"

接着,他骑马出发②。教皇收到信,派出五名骑手去追他,晚上十一时许终于在波吉彭西追上了,交给他一纸命令:"接到此令,立即返回罗马,否则严惩不贷。"米开朗琪罗回答,他可以回来,只要教皇遵守诺言,否则,尤利乌斯二世永远不必希望再看到他。③

他寄给教皇一首十四行诗:

> 大人,如果俗谚说得不错,
> 那正是所谓非不能也,是不欲也。
> 你听信了谗言和无稽之谈,
> 还酬谢说假话的人。
> 至于我,我过去是,现在也是你忠实的老仆,
> 我依附你犹如光依附太阳;
> 我所浪费的时间不曾让你痛惜,

---

① "教皇改变了主意,而船只仍继续从卡拉雷运来石块,我不得不自己付钱。与此同时,我从佛罗伦萨雇来的石工也到达了罗马,我安排他们在我的住所住下,为他们准备必要的用具,我的钱花完了,处于极大的窘境中……"(1542年10月的信)——原注

② 1506年4月17日。

③ 以上叙述均引自1542年10月的一封信。

> 我愈辛苦,你愈不爱我。
> 我曾希望靠你的伟大而伟大,
> 曾希望你公正的天平和强有力的利剑
> 成为我惟一的仲裁者,而不是谎言的回声。
> 然而上天把德行投放人世后,
> 却又嘲弄它们,
> 似乎德行应该在一棵干枯的树①上等待果实。

遭受尤利乌斯二世的侮辱还不是他决定逃离的惟一原因。在给朱利阿诺·达·圣·伽洛②的一封信中,他透露了布拉曼特想派人暗杀他的信息。③

米开朗琪罗走了,布拉曼特成为惟一的大师。他的敌手逃离的第二天,他举行了圣彼得大教堂的奠基仪式④。无可缓解的仇恨使他对米开朗琪罗的作品穷追猛打,其举措是要永远摧毁他的事业。他让人将堆放在圣彼得广场的工地上、为尤利乌斯陵墓准备的石料抢劫一空。

此时,教皇正因雕塑家的反抗大为震怒,接连向佛罗伦萨市政议会发出敕令,米开朗琪罗此时正躲在佛罗伦萨,市议会把他招来,说:"你居然跟教皇捣乱,连法兰西国王也不敢这么干。我们可不愿意为了你和教皇发生争端。因此你得回罗马,我们会给你带去有相当分量的函件,说明对待你的一切不公正,无异于对佛罗伦萨市政议会不公正。"

米开朗琪罗很固执。他提出条件,要求尤利乌斯二世让他继续建造陵墓,且不在罗马而在佛罗伦萨工作。到尤利乌斯二世出征佩鲁斯和波伦亚

---

① 干枯的树喻指尤利乌斯家族族徽上的图案。——原注
② 朱利阿诺·达·圣·伽洛(1445?—1516),意大利文艺复兴时期的建筑师、雕刻家和军事工程师。
③ "这并不是使我动身的惟一原因,还有别的事,我想还是不说的好。只需告诉你,此事让我想到,如果我留在罗马,这个城市将成为我的坟墓,而不是教皇的坟墓了。这就是我突然离开的主要原因。"——原注
④ 1506年4月18日。

时,他的警告愈来愈严厉了,米开朗琪罗想溜往土耳其,那里的苏丹曾托方济各派教士请他去君士坦丁堡①,为佩拉河修建一座桥。②

终于,他让步了。一五〇六年十一月末,他心里别别扭扭地去了波伦亚,尤利乌斯二世刚刚攻陷了该城,正作为征服者入驻。

一天上午,米开朗琪罗去圣彼得罗尼奥教堂望弥撒,教皇的马弁瞥见并认出了他,把他带到正在赛泽宫用膳的尤利乌斯二世面前。教皇怒气冲冲地对他说:"本当是你到罗马来晋谒我们,你倒等着我们来波伦亚找你!"米开朗琪罗跪倒在地,高声请求宽恕,说他的行为并非出于恶意,而是因为忍受不了被逐,一怒之下才出走的。教皇端坐在那里,垂着头,满脸怒气,索德里尼派来为米开朗琪罗说情的一位主教想居间调停,说道:"望教皇陛下不要把他干的蠢事放在心上,他因愚蠢而犯错误。除了他们的艺术,所有艺术家都这样。"教皇雷霆大发,吼道:"你竟对他说连我们都不曾对他说的粗鲁话,愚蠢的是你……滚!你给我见鬼去!"他呆在那儿不走,教皇的侍从便一顿老拳撵走了他。教皇把气撒在主教身上以后,令米开朗琪罗走到他跟前,宽恕了他。③

不幸的是,为了与尤利乌斯二世和睦相处,必须听从他任意摆布。他那具有绝对权威的意志又转了向,他不再提陵墓,而要在波伦亚为自己铸造一座巨型铜像。米开朗琪罗一再申明他不懂铸铜的事,可是没用。他只好从头学起,这又是一段顽强拼搏的生活。他住在一间很糟糕的屋子,总共只有一张床,他和两个佛罗伦萨助手——拉波和洛多维科,还有铸铜匠贝纳尔迪诺,四个人睡在一起。十五个月在数不尽的烦恼中度过,拉波和洛多维科偷盗他,他和他们闹翻了。

---

① 即今伊斯坦布尔。
② 据龚迪维记载,1504年米开朗琪罗曾有去土耳其的念头;1519年,他与安德里亚堡的领主老爷有来往,后者邀请他去为他作画。——原注
③ 龚迪维的记述。

"拉波这无赖,"他写信告诉父亲,"到处说整个作品都是他和洛多维科做的,至少是与我合作的。他那颗脑袋怎么也不明白他并非这儿的主人,直到我把他撵出门,他才头一次发现他是我雇来的。我把他像畜生一样赶走了。"①

拉波和洛多维科大声抱怨,他们在佛罗伦萨散布谣言,攻击米开朗琪罗,借口米开朗琪罗食言,跑到他父亲那儿勒索钱财。

接着,铸铜匠暴露出自己是个无用的家伙。

"我原本以为贝纳尔迪诺师傅会铸铜,甚至没有火都行,我真是太信任他了。"

一五○七年六月,浇铸失败,铜像只铸到腰部。一切得从头开始。直到一五○八年二月,米开朗琪罗还在忙这件事。他的健康几乎毁在这上面了。

"我几乎没时间吃饭,"他写信向弟弟诉说,"我在极不舒服,极艰难的环境中生活;除了夜以继日地工作,我什么也不想;我已受过那么多磨难,而今还得这样忍受下去,我觉得,如果再让我做一座这样的雕像,我这条命都不够用了:简直是一桩巨人的工作。"②

这样辛苦的劳作,结局却是可悲的。尤利乌斯二世的铜像于一五○八年二月落成,可惜在圣彼得罗尼奥教堂的正门前仅仅立了四年。一五一一年十二月,铜像毁于尤利乌斯二世的敌人班蒂沃利党人之手,其碎片被阿尔封斯·德·埃斯特买去,铸成了大炮。

*　　　*　　　*

米开朗琪罗回到罗马。尤利乌斯二世命他承担另一项同样意想不到,却更加艰巨的任务。教皇命令这位根本不懂壁画技术的画家,去画西斯廷教堂的穹顶。人们会说他这是在发布不可能执行的命令,而米开朗琪罗居然执行了。

好像又是那个布拉曼特,看见米开朗琪罗回来重新得宠了,便想出

---

① 1507年2月8日给父亲的信。
② 1507年9月29日及11月10日给弟弟的信。

这一招来刁难他,好让他荣誉扫地。① 正是一五〇八年,米开朗琪罗的对手拉斐尔开始了梵蒂冈宫大厅的那组壁画,获得无与伦比的成功。② 这一来,米开朗琪罗面临的考验就更加严重了。他竭力推辞这份可怕的光荣任务,甚至建议由拉斐尔取代他,他说这不属于他的艺术,肯定是做不好的。然而教皇十分固执,他只好让步。

布拉曼特在西斯廷教堂为米开朗琪罗造了一个脚手架,还从佛罗伦萨招来几个有作壁画经验的画家给他帮忙。但前文已提到米开朗琪罗不能有任何助手,他先是说布拉曼特造的脚手架根本不能用,自己另外造了一个;至于从佛罗伦萨来的那些画家,他打心眼里讨厌他们,不作任何解释就把他们赶出门外。"一天早晨,他让人把他们画的东西一概毁掉;他把自己关在教堂里,不愿再开门让他们进来,甚至在家里也不让人见到他。看来这场玩笑持续时间够长的了,那些画家深感受辱,决定回佛罗伦萨去。"③

米开朗琪罗独自留下,只有几个工人和他在一起。④ 巨大的困难丝毫没有拦住他的大胆,他扩大了规模,决意在原定的穹顶之外,还要画周围的墙壁。

一五〇八年五月十日,宏伟的工程开始了。幽暗的岁月,他一生中最黯淡也最崇高的年代!这是西斯廷的英雄,传奇式的米开朗琪罗,他伟大的形象应当永远铭刻在人类的记忆中。

他在烦恼中受尽折磨。那时的信件表明,一种激愤的绝望情绪,并不能从他那些神奇的构思中获得满足:

"我的精神极度沮丧,整整一年我没从教皇那儿拿到一文钱。我什么也没向他要,因为我的工作还没进展到一定的程度,似乎还不够资

---

① 这至少是龚迪维的看法,但在米开朗琪罗逃往波伦亚之前,要他画西斯廷壁画的问题已经提出来了,那时布拉曼特对这个计划并不感到高兴,因为他正设法逼他离开罗马。(1506 年 5 月皮耶特罗·罗赛里给米开朗琪罗的信)——原注

② 1508 年 4 至 9 月,拉斐尔完成了签字厅著名的组画《雅典学派》和《圣礼的辩论》。——原注

③ 据瓦萨里的记述。

④ 1510 年给父亲的信中,他曾哀叹一个助手什么也干不了,"只等着别人伺候……我当然管不了这么多!"——原注

格索取报酬。工作中困难重重,皆因这并非我的本行,因此我白白浪费了许多时间而未见成效。上帝佑我!"①

他刚画完《洪水》,作品就开始发霉,人物的面貌都辨别不清了。他拒绝接着画下去。但教皇不听任何辩解,他只得继续投入工作。

在疲劳与焦虑之外,还有家人那些可恶的纠缠。他们全家都靠他养活,滥用他的钱,拼命压榨他。他父亲不断为钱的事情唉声叹气、焦虑不安。在他自己早已不堪重负的情况下,还不得不花许多时间为老父排忧解难。

> 您别着急,这不是什么性命攸关的事……只要我有,就不会让您短少什么……即令您所有的一切都让人夺走了,只要我活着,您就什么也不会缺……我宁愿一贫如洗而您好好活着,也不愿拥有世上所有的财富而您不在人世……如果您不能像别人那样获得尘世的荣誉,尽可满足于有自己的一份面包,善良而贫穷地和基督生活在一起,如同我在此地这样。我是个可怜人,但我既不为生活也不为荣誉焦虑,而是为了世界。我在极度的艰难困苦和无穷的猜忌中度日。十五年来,我不曾有一天好日子,我竭尽全力支持您,而您从未意识到,也从不相信。上帝宽恕我们所有的人!将来,我准备在我的有生之年,永远这样行事,只要我做得到!②

他的三个弟弟都盘剥他。他们指望着他的钱,指望一个好地位,毫无顾忌地挥霍他在佛罗伦萨攒下的那点小资产。他们还跑到罗马来投靠他,博纳罗托和乔凡·西莫内要他替他们盘下一家商店,吉斯蒙多则要求买佛罗伦萨附近的地产。他们根本不管他是否愿意,仿佛这都是欠他们的。米开朗琪罗知道他们在盘剥他,但他太骄傲了,不愿阻止他们。而这些家伙还不肯就此罢休,他们行为不端,趁米开朗琪罗不在的时候虐待父亲。于是米开朗琪罗大发雷霆,把弟弟们当顽童一般敲打,

---

① 1509 年 1 月 27 日给父亲的信。
② 1509 至 1512 年给父亲的信。

必要时,甚至要杀了他们。①

乔凡·西莫内:

　　常言道,对善者行善使其更善,对恶人行善会使其更恶。多少年来,我对你一直好言相劝,善行相助,只望把你引回正道,与父亲及我们大家和睦相处,而你却越变越坏……我可以对你苦口婆心,但这只会成为废话。简单说吧,你得清醒地知道,你在世上一无所有,是我出于对上帝的爱来维持你的生活,因为我相信你和旁人一样是我的兄弟。可是现在,我肯定你不是我的兄弟,因为,如果你是,就不会威胁我的父亲。你毋宁是一头畜生,我将像对待畜生般对待你。要知道,一个人眼见父亲受到威胁和虐待时,应当不惜为他冒生命危险……够了!……我告诉你,世上没有任何东西属于你,只要我再听说哪怕一点点小事,我会教你如何挥霍你的财产,我要把不是你挣来的房屋、产业一把火烧掉。你并不是你自认为的那个人。如果我来到你跟前,我会给你看一些能使你热泪滚滚的东西,让你明白你凭什么敢这样飞扬跋扈……如果你愿改过自新,尊重和敬爱你的父亲,我仍会如帮助别的兄弟一样帮助你,不久后,还可为你盘下一家好店铺。但你若不这样做,我会回来好好收拾你,让你明白自己是个什么东西,让你确切地知道自己在世上究竟拥有什么……不多说了!没说到的地方,我会用行动来补足。

　　　　　　　　　　　　　　米开朗琪罗　于罗马

　　又及:十二年来,我在意大利各地过着凄惨的生活,我忍受着种种羞辱,经受着种种磨难,因劳累而毁坏了健康,无数次拿生命去冒险,为的只是帮助我的家庭。现在我刚刚使家业略有起色,你就想把我多年来千辛万苦建立起来的事业毁于一旦!……哼!这

---

① 乔凡·西莫内对父亲施暴后,米开朗琪罗写信给父亲:"读了您最近的信,我知道了事情怎样发生及乔凡·西莫内的所作所为。十年来,我还不曾得到过这样坏的消息……如果我能够,收到信的当天我就会骑马回来,把一切都整治好。既然不能这样做,我就写信给他,如果他还不改变性情,如果他哪怕只拿走家里的一根牙签,或做了任何使您不高兴的事,请您务必告诉我,我将向教皇请假,立刻回家。"(1509年春)——原注

不算什么！如有必要，我可以把你这样的人碎尸万段。因此，你得放明白点，不要把具有与你完全不同的激情的人，逼到无路可走！①

随后，轮到吉斯蒙多：

> 我在这里过的是极度苦闷、极度劳累的生活。没有任何朋友，我也不想有……很少有时间让我停停当当用餐。别再对我说烦心的事了，我已经不能再承受分毫烦恼了。（1509年10月17日）

最后，是第三个兄弟，博纳罗托，斯特罗兹商店的店员，没完没了地肆意挥霍从米开朗琪罗那里弄来的钱，还以花得比收到的更多自诩。米开朗琪罗写信对他说：

> 我很想知道，你这个什么也不会干的人，你的钱是从哪儿来的；我很想知道，你从新圣马利亚银行支取我的二百二十八杜加金币，以及我寄回家的另外好几百金币时，是否意识到了我为养育你们操了多少心，受了多少苦。我很想知道你是否意识到了这一切！如果你有足够的聪明承认事实，就不会说"我花掉了自己那么多钱"，也不会跑到这儿来和我纠缠，拿你那些事来烦扰我，而把我过去为你们做的一切忘得干干净净。你本可以说："米开朗琪罗知道他对我们说过什么，如果他现在还没做，肯定是被什么我们不知道的事情耽搁了。耐心等等吧！"当一匹马正在尽全力奔跑时，还用马刺去激它是不好的，不能要求它跑得比它所能达到的速度还要快。可是你们过去不了解我，现在也不了解我。愿上帝宽宥你们！是他赐我恩宠，使我得以帮助你们。但只有到我不在人世时，你们才能认识到这一点。②

就是这样一个薄情寡义、充满嫉妒的环境，一边是毫无见识、只知盘剥他的家庭，一边是不断窥伺他、期待着他失败的顽强的敌手，米开朗琪罗只能在其间挣扎苦斗。在这段时期，他完成了西斯廷的英雄作

---

① 1508年7月或1509年春。
② 1513年7月30日给博纳罗托的信。

品。可是他付出了何等绝望的努力！他几乎要放弃一切再次逃跑。他相信自己快要死了。① 也许这正是他的愿望。

教皇因他的迟缓和固执地不让他看作品而发怒，这两个人高傲的性格，像两团挟带着暴风雨的乌云，不时会发生冲突。"一天，"龚迪维述说，"尤利乌斯二世问他何时能画完，米开朗琪罗按他的习惯回答：'当我能够的时候。'教皇怒不可遏，用手中的权杖打他，连连重复：'当我能够的时候！当我能够的时候！'米开朗琪罗跑回家，打点行装准备离开罗马。尤利乌斯二世赶紧派人去见他，带给他五百杜加金币，尽其所能地抚慰他，并代表教皇道歉。米开朗琪罗接受了道歉。"

但是第二天，冲突再次重演。一天，教皇终于怒气冲冲对他说："你是想要我命人把你从脚手架上扔下来吗？"米开朗琪罗只好让步，他让人撤去脚手架，展露出他的作品，这天恰是一五一二年的诸圣瞻礼节。

盛大而阴郁的节日，接待着亡灵节忧伤的幽灵，与这件骇人的作品的落成礼正好相配。作品充满掌握生杀予夺之权的神灵，神明如急风暴雨般横扫一切，吞没了所有生的力量。

二 力的崩溃

> 高大的支柱。②

从这桩赫刺克勒斯式的作品中解脱出来时，米开朗琪罗既满载荣誉，又精疲力竭。经年累月仰面朝天地画西斯廷教堂的天顶画，"他的视力已经坏到极点，以致很久以后，他读一封信或看一件东西时，必须把它们放在头顶才能勉强看清楚。"③

他拿自己病态自嘲：

> 这宗苦刑把我变成了臃肿的怪物，

---

① 1512年8月的信。
② 原文系意大利文。
③ 据瓦萨里的记述。

好似那些让水泡胀的伦巴第猫
　　……我的肚子几乎抵住下巴，胸部像鹰隼般肥厚，
　　我的胡子朝天，头倚着后背；
　　画笔上滴下的颜料，
　　给我的脸涂上了五颜六色的彩绘。
　　我的腰部缩进身体，全靠臀部维持平衡。
　　我偶尔也走路，却看不见自己的脚背。
　　我的皮肤在前身拉长而在后背缩短，
　　活像拉开的叙利亚弯弓。
　　我的智力也和身体一样古怪：
　　因为已折弯的芦苇很难耍弄……①

　　我们可别被这种幽默口吻所欺骗，米开朗琪罗因变得这般丑陋着实苦恼。像他这样的人，比任何人都醉心于形体美，丑陋简直是一种耻辱。② 在他的某些恋歌中，可以找到其自卑心理的痕迹。③ 他终生为爱情备受折磨，似乎从未得到回报，因而他的痛苦格外深。于是他变得内向，只在诗歌中倾诉他的柔情和悲苦。

　　他从童年时代就开始写诗，写诗成为他欲罢不能的需要。他的素描、信件、散页上，涂满了他反复修改加工的思想。不幸的是，一五一八年他把青年时代大部分诗稿都焚毁了，还有一些在他死前也销毁了。但留存下来的少量诗歌，已足以展现他对诗歌的激情。④

　　最早的诗似乎是一五〇四年前后在佛罗伦萨写的：⑤

---

① 米开朗琪罗：《诗集》卷9，1510年7月。
② 亨利·托德在他的《米开朗琪罗与文艺复兴的终结》第一卷中，准确地指出了米开朗琪罗这一性格特征。——原注
③ "……既然上帝把人死后的肉体交付灵魂，让它们去享受安宁或永远受难，我祈求他把我的留在你身边，尽管它在天上和在人间一样丑陋，因为一颗爱心顶得上一张漂亮的脸。"……（《诗集》卷109，第12首）"上天似乎因我在你美丽的眼中如此丑陋而震怒。"（《诗集》卷109，第93首）——原注
④ 米开朗琪罗的《诗集》于1623年首次付印，但错误很多。目前最优秀、最完整的版本，首推1897年卡尔·弗雷博士在柏林出版的《米开朗琪罗诗集》，本书引用的诗句，均以此版本为准。——原注
⑤ 在这张纸上画有战斗中的人和马。——原注

《创世记》(西斯廷大教堂穹顶画局部)

《失乐园》(西斯廷大教堂穹顶画局部)

《预言者》
（西斯廷大教堂穹顶画局部）

《黛尔菲女巫》
（西斯廷大教堂穹顶画局部）

爱啊！只要成功地抵挡住你的狂热，
我的生活便多么幸福！
唉！而今我涕泪沾襟，
皆因感受到了你的力……①

写于一五〇四和一五一一年的两首情诗，很可能是给同一位女子的，其中包含极为伤心的表白：

是谁硬把我带到你面前，
唉，唉，唉，
使我紧紧套上锁链？
而我还是自由的！②

我怎会不复属于我自己？
啊，上帝！啊，上帝！啊，上帝！
是谁把我和我自己分离？
……是谁占据我胜于我自己？
啊，上帝！啊，上帝！啊，上帝！……③

一五〇七年十二月从波伦亚发出的一封信的背面，写有一首充满青春气息的十四行诗，诗中故作风雅的肉欲表白，令人想起波提切利笔下的幻象：

鲜艳的花冠戴在她的金发上，它是多么幸运！
谁能第一个亲吻她，如同鲜花紧贴她的天庭！
下摆撒开的长袍终日紧裹她的胸脯，它真幸福！
金丝般的长发永不厌倦地轻抚她的脖颈和脸颊。
金丝织成的饰带更加走运，它温柔地轻压她的胸部，
似乎在说："我愿永远搂紧她……"
啊！……那么我的手臂又当如何！④

---

① 米开朗琪罗：《诗集》卷2。
② 米开朗琪罗：《诗集》卷5。
③ 米开朗琪罗：《诗集》卷6。
④ 米开朗琪罗：《诗集》卷7。

在一首含自省意味的带隐私性质的长诗中——在此很难精确地引述,米开朗琪罗以格外露骨的词句描述了他的爱情苦恼:

> 我一日不见到你,便处处不得安宁。
> 若是见到你,我便仿佛久旱逢甘霖……
> 每当你向我微笑,或在街上向我致意,
> 我便如火药般燃起……
> 每当你和我说话,
> 我总是红着脸,一句话说不出,
> 我强烈的欲念顷刻间无影无踪……①

接着是痛苦的呻吟:

> ……啊!无休止的痛苦,
> 撕裂着我的心,
> 想到我如此爱恋的人儿根本不爱我,
> 我怎能在人世苟活?……②

在梅迪契圣堂的圣母像画稿的白边上,还写有这样几行:

> 当阳光普照大地,
> 惟我独在黑暗中受煎熬。
> 人皆欢乐,我却躺倒在地,
> 在痛苦中呻吟、哭泣。③

在米开朗琪罗强有力的雕刻和绘画中,爱是缺席的;他只让人们看到他最具英雄气质的思想。他似乎羞于在作品中流露感情的软弱,而只在诗歌中倾诉。正是在这儿,应该探寻他粗犷外表下温柔而怯懦的内心秘密:

---

① 米开朗琪罗:《诗集》卷36。
② 米开朗琪罗:《诗集》卷13。同时期的另一首著名情诗,由作曲家巴托洛梅奥·托罗姆彭奇诺于1518年前谱曲,诗中写道:没有您,我哪有活下去的勇气?/ 我心爱的人儿,如果我启程时没能求得您到场,/ 我可怜的心仍紧随着您,用呻吟、哭泣和叹息,/ 向您表明我的受难和死的临近。/ 但离别绝不会让我忘却作为奴仆的忠诚,/ 我让我的心和你在一起,这颗心已不再属于我自己。(《诗集》卷11)——原注
③ 米开朗琪罗:《诗集》卷22。

我爱,为何我来到人世?①

*　　　*　　　*

西斯廷工程大功告成,尤利乌斯二世也去世了②。米开朗琪罗返回佛罗伦萨,回到他念念不忘的计划——尤利乌斯二世的陵墓上。他签订了七年之内完工的合同③。三年之中,他几乎全力以赴从事这项工作④。在这段相对平静——伤感而宁静的成熟时期,西斯廷时期沸腾的热情平复了下来,犹如波涛汹涌的大海重归平静,米开朗琪罗制作出了他最完美的作品,其热情与意志达到最佳均衡状态的作品:《摩西》和现藏卢浮宫的《奴隶》。⑤

然而这只是短暂的平静,生命的狂澜几乎立即卷土重来,他再度陷入黑暗。

新任教皇利奥十世力图把米开朗琪罗从颂扬其前任的事业中拉出来,转而为自己那个家族树碑立传。这对他来说只不过是自尊心问题,并不意味他对米开朗琪罗有特别的好感。以他那种伊壁鸠鲁般的气质,绝不可能理解米开朗琪罗这种忧郁的天才,⑥他的全部恩宠集于拉斐尔一身。然而完成西斯廷大教堂的人是意大利的光荣,利奥十世想要这个人成为他的奴仆。

---

① 米开朗琪罗:《诗集》卷109,第35。
② 尤利乌斯二世死于1513年2月21日,正是西斯廷天顶画完成后三个半月。——原注
③ 合同于1513年3月6日签订,新计划比当初的计划更加令人吃惊,其中包括三十二座巨型雕像。——原注
④ 在此期间,他仅仅接受了《弥涅瓦的基督》这一项额外任务。——原注
⑤ 《摩西》是计划中置于尤利乌斯二世陵墓第一层的六座巨型塑像之一,直到1545年,米开朗琪罗还在加工这件作品;《奴隶》制作于1513年,1546年赠与佛罗伦萨共和党人罗伯特·斯特罗兹,此人流亡法国时将它赠送给法王弗朗索瓦一世,现藏巴黎卢浮宫。——原注
⑥ 他并非对米开朗琪罗完全没有关爱的表示,但米开朗琪罗让他害怕,和这位艺术家在一起让他感到不自在。皮翁博给米开朗琪罗的信中说:"教皇讲起你时,仿佛是讲起他的一个兄弟,眼睛里几乎含着泪水。他对我说,你是和他一起长大的,但他不认为自己了解你和爱你,你让所有的人感到害怕,教皇也不例外。"(1520年10月27日)在利奥十世的宫廷中,人们常把米开朗琪罗当做取笑的对象,他给拉斐尔的保护人比比埃纳大主教的一封信,因措辞不当,使他的敌人们乐不可支。皮翁博告诉米开朗琪罗,"在宫里,人们只谈论你的信,它成为所有人的笑料。"(1520年7月3日)——原注

《摩西像》(梵蒂冈圣彼得大教堂)

《濒死的奴隶》　　　　　　《反叛的奴隶》

(现藏巴黎卢浮宫)

他要米开朗琪罗建造圣洛伦佐教堂——即梅迪契教堂的正门。米开朗琪罗见拉斐尔趁他不在时成为罗马的艺术权威，想要和拉斐尔一比高低，便不由自主地让人给套上了新任务的锁链。事实上，要完成新任务而又不放弃原来的工作是不可能的，这又成了他那无穷烦恼的原因。他竭力让自己相信他可以同时进行尤利乌斯二世的陵墓和圣洛伦佐教堂这两项工作。他打算把大部分工作交给助手，自己只做那些主要的雕像。然而按他的老习惯，他越来越为他的计划着迷，不久他就不能容忍和旁人分享荣誉，何况他还担心教皇收回成命，于是他央求利奥十世把这条新锁链给他锁上。①

当然，他不可能继续尤利乌斯二世的纪念性建筑了。最可悲的是，他也没能更多地完成圣洛伦佐教堂的建设。他赶走了所有的合作者还不算，以他事必躬亲的可怕怪僻，他不呆在佛罗伦萨制作他的作品，却跑到卡拉雷去监督采石工作。在那儿他遇上了各种各样的麻烦。梅迪契家族想用佛罗伦萨最近购得的皮耶特拉桑塔采石场的石材，而不乐意用卡拉雷的。由于米开朗琪罗主张用卡拉雷石材，被教皇指为受到卡拉雷人收买；②为了服从教皇的命令，他又受到卡拉雷人的刁难，他们和航运人员串通一气，从热那亚到比萨，他找不到一条船肯为他运石料。③ 他不得不在崇山峻岭之间和遍地沼泽的平原之上修筑一条道路

---

① 他在1517年7月给多梅尼科·博宁塞尼的信中说："我要把这个教堂的正门，做成全意大利的建筑与雕刻可资借鉴的一面镜子，教皇和大主教（即未来的教皇克雷芒七世，尤利乌斯·德·梅迪契）必须从速做出决定，是要我做还是不要我做。如果他们要我做，就得和我签订合同⋯⋯ 多梅尼科阁下，关于他们的意向，望给我一个明确的答复。这将给我带来最大的快乐。"——原注

② 尤利乌斯·德·梅迪契于1518年2月2日致函米开朗琪罗："我们怀疑你出于私利庇护卡拉雷人，而不愿用皮耶特拉桑塔的石材⋯⋯ 我们告诉你，不需要任何解释，圣上的旨意是全部采用皮耶特拉桑塔的石料，其他的一概不要⋯⋯ 如果你自行其是，便是违抗圣上和我们的意愿，我们有理由对你表示震怒⋯⋯ 把你的固执从头脑中清除掉吧！"——原注

③ "我为了找船一直跑到热那亚，卡拉雷人买通了所有的船主⋯⋯ 我不得不到比萨去⋯⋯"（1518年4月2日致乌尔巴诺书）；"我在比萨租的船一直没来，我想我是让人给耍了。这就是我在所有事情里的命运！啊，真该上千次地诅咒我离开卡拉雷的那个日子和那个时辰，这就是我一败涂地的缘由⋯⋯"（1518年4月18日书）——原注

做运输线。当地人不肯拿出钱来帮助筑路,工人也不懂怎样干活。采石场是新的,工人也都是新手。米开朗琪罗不禁诉起苦来:

> 我想要开山筑路,好把艺术运到此地,这真好比是做一件让死人复活的事情。①

然而他一直坚持着:

> 我所承诺的,必不惜一切代价去做;我将做出意大利从未有过的最美的作品,愿上帝助我!

多少努力,多少热情,多少才华,都白白浪费了!到一五一八年九月末,由于劳累过度,加上烦恼多多,他在塞拉维扎病倒了。他知道他的健康和梦想在这操劳的生活中已日趋衰竭。他因渴望有朝一日重新工作而焦虑,为迟迟不能如愿而悲哀。他一直为他那些未能履行的契约②受折磨。

> 我烦得要死,因为我那该死的命运总是不让我做我想做的事情……我痛苦得要死,我的行为像个骗子,尽管这不是我的错……③

回到佛罗伦萨,他心急如焚地等待石材运抵码头。谁知阿尔诺河干涸,满载石材的船只无法溯河而上。

终于,石材运到了。这次,他可以开工了吗?不,他又回到了采石场。和上次为尤利乌斯二世修建陵墓一样,在石材堆积如山之前,他固执地不肯动工。他一再推迟开工的日期,也许他是害怕。他是否不慎夸下了海口?是否过于鲁莽地签下了这项宏伟建筑的修建合同?这可不是他的本行,他上哪儿去学习这一行呢?现在,他已没有退路,不进也不能退了。

---

① 1518 年 4 月 18 日的信,1518 年 9 月致贝尔托·菲利加亚的信中又说:"山路崎岖,工人极其无知,要有耐心! 要制服高山、教化人们。"——原注
② 指《弥涅瓦的基督》和尤利乌斯二世的陵墓。
③ 见 1518 年 12 月 21 日致阿让大主教的信。在这个时期,似乎有四座巨型塑像刚刚开始动工,这是为尤利乌斯二世的陵墓设计的四座奴隶像。——原注

历尽千难万苦,仍然未能保障石材的安全运送。运往佛罗伦萨的六根整体立柱中,有四根在路上断裂,有一根在佛罗伦萨当地折断。他受到他那些工人的欺骗。

那么多宝贵的时间白白浪费在采石场和泥泞的道路上,教皇和梅迪契大主教终于不耐烦了。一五二〇年三月十日,教皇一道敕令,取消了一五一八年与米开朗琪罗签订的建造圣洛伦佐教堂正门的合同。直到派去接替他的工人队伍到达皮耶特拉桑塔,米开朗琪罗才得知这一消息,他深深地受到了伤害。

"我不跟大主教计较我在此花掉的三年光阴;"他说,"我不跟他计较我为这圣洛伦佐教堂的作品破了产;我也不跟他计较对我的侮辱:一会儿委任我做这件事,一会儿又不让我做;我只是不明白,这究竟是为什么!我不跟他计较我所损失的一切、所耗费的一切……现在,此事可归结为:教皇利奥把采石场和那些切割好的石块收回,我手中是他给我的五百杜加金币,还有人家还给我的自由!"①

可是米开朗琪罗应该指责的不是他的保护人,而是他自己。他心里很明白,这正是他最大痛苦之所在。他和自己搏斗,从一五一五到一五二〇年,正当他精力充沛、才华横溢的时期,他干了些什么?——平淡无奇的《弥涅瓦的基督》,一件毫无米开朗琪罗特色的米开朗琪罗的作品!而且还没有完成。②

一五一五至一五二〇年,伟大的文艺复兴运动最后几年中,在大动乱尚未葬送意大利的春天之前,拉斐尔创作了《画室》、《火室》、《法内西娜》等各种各样的杰作,建造了圣母宫,主持了圣彼得大教堂的修建,领导着文物的发掘、节日的庆典、纪念性建筑的建立,掌管着艺术,

---

① 见1520年的书信。
② 米开朗琪罗把这件作品的收尾工作交给他笨拙的学生乌尔巴诺,他把它给弄坏了(见皮翁博给米开朗琪罗的信,1521年9月6日)。罗马雕塑家弗里兹好歹把它修理了一通。所有这些挫折,都没能阻挡米开朗琪罗在这些令他不堪重负的工作之外寻求新的任务。1519年10月20日,他代表佛罗伦萨科学院院士致函利奥十世,请求将拉韦讷的但丁遗物运回佛罗伦萨,并请命"为这位神圣的诗人建造一座配得上他的纪念像"。——原注

创立了一个从者无数的画派,然后在他的辉煌业绩中去世。①

*　　*　　*

幻灭的苦涩,枉费时日的绝望,希望破灭,意志被摧毁,在后来那些阴郁的作品中反映了出来:梅迪契的陵墓、尤利乌斯二世纪念碑上的新雕像②。

自由的米开朗琪罗,终其一生,总是从这副桎梏转到另一副桎梏,不断更换着主人。红衣主教尤利乌斯·德·梅迪契,不久后成为教皇克雷芒七世,从一五二〇至一五三四年一直主宰着他的命运。

人们对待克雷芒七世颇多非议,但他也和所有教皇一样,想把艺术和艺术家用作显耀其家族的工具。不过米开朗琪罗对他没有太多怨言,任何一个教皇都不像这位教皇那么喜爱他。没有一个教皇曾对他的作品怀有如此持久的兴趣和热情。③ 没有人比他更了解米开朗琪罗意志的薄弱,知道必须时时给他鼓励,阻止他浪费精力。甚至在佛罗伦萨叛乱和米开朗琪罗造反以后,克雷芒对他的态度也没有改变。④ 然而平息他内心的焦虑却不取决于教皇,狂热、悲观、致命的忧郁,啮噬着这颗伟大的心。一个主人的仁慈有什么用?他毕竟是主人啊!……

"我为教皇服役,"米开朗琪罗后来说,"完全是不得已。"⑤

少许的荣名和一两件美丽的作品算得了什么?这和他的梦想相距太远了!老境将至,他周围的一切都黯淡下来。文艺复兴正在消亡,罗马即将遭受蛮族的蹂躏。一个哀神的可怕阴影渐渐压住意大利的思想。米开朗琪罗感觉到悲剧时刻的来临,他忍受着令人窒息的哀伤。

---

① 1520 年 4 月 6 日。
② 指《胜利者》。
③ 1526 年间,米开朗琪罗必须每周给他写信。
④ 皮翁博写信告诉米开朗琪罗:"他热爱你所有的作品,没有人比他更喜爱你,他谈起你时是那么亲切、慈爱,一个父亲谈起儿子也达不到这样的程度……"(1531 年 4 月 29 日)"如果你愿意来罗马,你想要什么就能有什么,大公或者王侯……在这位教皇治下你可以有自己的名分,你是主人,可以想干什么就干什么。"(1531 年 12 月 5 日)——原注
⑤ 1548 年给侄儿利奥纳多的信。

把米开朗琪罗从令他焦头烂额的困境中拔出以后,克雷芒七世决心把他的天才引上一条新路,还要就近监督他。他让米开朗琪罗承建梅迪契教堂和陵园的建筑①,要他全身心为他服务。他甚至建议他参加教派②,好送他一笔教会的俸禄。米开朗琪罗拒绝了;但克雷芒七世仍然按月给他薪俸,三倍于他要求的数额,还送给他一座邻近圣洛伦佐教堂的房子。

一切似乎很顺利,教堂的建筑也在积极进行,这时米开朗琪罗突然放弃了住房,拒绝接受克雷芒七世给他的薪金。③ 他又在经历一次灰心丧气的新危机。尤利乌斯二世的继承人不能原谅他放弃已经着手制作的作品,他们宣称要控告他,要对他的品格提起诉讼。一想到打官司,米开朗琪罗害怕了;他的良心承认对手们占着理,责备自己没有遵守诺言,他觉得在没有清偿尤利乌斯二世这笔欠账之前,绝不能接受克雷芒七世的金钱。

"我干不下去,也活不下去了,"他写道,④他恳求教皇在尤利乌斯二世的继承人面前为他居间调停,并帮助他偿还他欠他们的一切:

> 我要卖掉一切,我会竭尽所能去补偿他们。

或者,允许他全力以赴去从事尤利乌斯二世的纪念性建筑:

> 我企盼从这桩义务中解脱出来,比求生的愿望更强烈。

想到克雷芒七世一旦驾崩,他将受到敌人们的追诉,竟像孩子般绝望地哭了起来:

> 如果教皇扔下我,我也不会再活下去……我不知道我在写些

---

① 这项工程在1521年就动工了,但直到1523年11月19日尤利乌斯·德·梅迪契大主教登上教皇宝座,成为克雷芒七世后,才积极推动其建设。与此同时,米开朗琪罗还承担了圣洛伦佐图书馆的建筑工程。——原注
② 根据1524年1月2日法图契以克雷芒七世的名义给米开朗琪罗的信,这里指的是方济各教派。——原注
③ 1524年3月。
④ 1525年4月19日给教皇的管事乔凡尼·斯皮纳的信。

什么，我的脑子全乱了……①

克雷芒七世倒没把艺术家的绝望看得多么严重，只是坚持不让他中断梅迪契教堂的工作。他的朋友们也不理解他那些顾虑，都劝他别闹出拒绝薪俸的笑话。有的人对他这种欠考虑的行为很不以为然，请求他今后千万别再这么任性。② 有的人写信对他说：

> 听说你拒绝你的薪俸，放弃了你的住房，还中止了你的工作，在我看来这纯粹是疯狂行为。我的朋友，我的伙伴，你这是在和自己作对……别再管尤利乌斯二世的陵墓，收下你的俸银吧，他们给你薪俸完全是好心。③

米开朗琪罗十分固执，教皇的司库戏耍他，当真按他的请求撤销了他的薪俸。可怜的人，陷入了绝境，几个月后他不得不重新申请他曾拒绝的钱。起初他很胆怯，羞答答地说：

> 亲爱的乔凡尼，既然羽笔总是比舌头更大胆，我就把近来屡次想对您说，却又没勇气亲口说出的话写信告诉您：我还能得到月俸么？……即使我确信不再有薪俸，我也不会改变自己的安排，我将一如既往尽力为教皇工作；但我将相应地调整我的业务。④

接着，因生活所迫，他再次写信：

> 经过仔细考虑，鉴于教皇如此关注圣洛伦佐教堂这件作品，且主动给我一笔月俸，想让我更有条件加快工程进度，那么我若不接受月俸便无异于延宕工期了，所以我改变了主意。迄今不曾申请薪俸的我，现在，出于一言难尽的理由，我要提出申请了……您能否从答应我的那一天算起，把这笔钱给我……请告诉我何时能拿到这笔钱。⑤

---

① 1525 年 10 月 24 日给法图契的信。
② 1524 年 3 月 22 日法图契给米开朗琪罗的信。
③ 1524 年 3 月 24 日利奥纳多·塞拉约给米开朗琪罗的信。
④ 1524 年给教皇管事乔凡尼·斯皮纳的信。
⑤ 1525 年 8 月 29 日给乔凡尼·斯皮纳的信。

人家想给他点教训,便装聋作哑。两个月以后,他还什么也没拿到。后来他只好再三提出申请。

他在烦恼中工作,他抱怨这些烦心事把他的想象力都扼杀了:

……烦恼对我有很大影响……一个人不可能手上做一件事,脑子里想着另一件事,尤其是雕刻。听说这是为了给我点刺激,可我觉得这是一种不好的刺激,它使人退而却步。我已经一年多没拿到月俸,我在贫困中挣扎,我独自一人应对这些困难;何况麻烦事那么多,令我无暇顾及艺术,我找不到一个给我帮忙的人。①

克雷芒七世有时被他的痛苦所打动,让人向他转达深切的同情,向他保证,"只要他活一天"就一定会善待他。② 但寻事成性的梅迪契族人又来找他的麻烦。他们非但不减轻他的工作负担,反而给他压上一些新的任务。其中一座荒谬的巨像,头顶一座钟楼,手臂是根烟囱,③为这件古怪的作品,米开朗琪罗又耗费了若干时间。此外,他那些工人、泥瓦匠、车夫,受到宣传八小时工作制的诱惑,也不断和他闹纠纷。④

与此同时,他家里的麻烦事有增无减。他父亲岁数越大,脾气越坏,也越不讲理。一天,他竟从佛罗伦萨家中出逃,说是他儿子将他逐出家门。米开朗琪罗给他写了这封动人的信:

我至爱的父亲,昨天回家没看见您,我感到非常惊异。今天我听说您怨怪我,说我把您赶出了家门,我就更加惊异了。自我出生到现在,我自问不曾做过任何——无论是大还是小——使您不快的事;我所受的一切磨难,都是为爱您而受的……我一直为您着想……不几天以前,我还对您说过,只要我活着,就会以我全部精力为您做奉献,在此我不妨再对您说一次。您这么快就忘了这一切,真让我惊骇。三十年来,您已经考验了我,您和您的儿子们,都

---

① 1525年10月24日给法图契的信。
② 1525年12月25日皮埃尔·帕洛·马尔兹以克雷芒七世的名义给米开朗琪罗的信。
③ 见1525年10至12月的书信。
④ 1526年6月17日给法图契的信。

知道我一直待您很好,无论思想上还是行动上,我都已尽我所能。您怎么能到处说,是我把您赶走的呢?您难道看不出这会给我带来什么样的名声吗?现在,我的烦心事够多的了,实在不能再增添任何烦心的事;而所有这些烦心事,都是因爱您才揽上的!您真是给了我一个好回报!……唉,爱怎么着就怎么着吧!我愿意使自己相信我不断地给您带来羞辱和损害,我请求您原谅这一切,好似我真的做过这种事一样。宽恕我吧!如同对待一个生活一贯放荡、对您做尽世上所有坏事的儿子那样。我再次请求您,原谅我这个可怜人,别给我造成逐您出门的名声,名誉对我的重要性是您所意想不到的。无论如何,我总还是您的儿子吧!

这样的爱心,这样的恭顺,只能暂时安抚老人乖戾的个性。过了些时日,他又说儿子偷了他的钱,米开朗琪罗忍无可忍,写信对他说:

我不知道您究竟想要我怎么样。如果我活着成了您的负担,您已经找到了摆脱我的好办法,您不久就可以拿到您认为由我掌管的金银财宝的钥匙。您做得对,因为佛罗伦萨人人知道您是一位巨富,我一直在偷您的钱,我应该受到惩罚,为此您会受到高度赞扬!……您愿说我什么,嚷嚷什么,尽管去说,去嚷吧,就是别再给我写信,因为您让我没法工作。您逼得我想起二十五年来您从我这儿得到的一切。我不愿说起这个,但终于被逼得不能不说!……请注意……人只能死一次,他不可能死后再回来补赎他的不公正行为。您是要等到临终时才肯改正错误了,愿上帝助您!①

这,就是他从家庭得到的支持帮助。

"忍耐!"他给一个朋友的信中这样叹息着说,"但求上帝别让使他不快的事搅得我不痛快!"②

在这些痛苦忧烦中,工作难有进展。到一五二七年意大利发生政治大动荡时,梅迪契教堂的雕像一座也没有完工。③ 这样,一五二〇至

---

① 1523 年 6 月给父亲的信。
② 1526 年 6 月 17 日给法图契的信。
③ 1526 年 6 月,同一封信内谈到,一座雕像已开始,其他四座雕像和圣母像也已动工。

一五二七年这个新阶段,只是在他前一时期的幻灭和疲惫上增添了新的幻灭和疲惫。十年来,没有一件成品,没有一个完成了的草图,给米开朗琪罗带来欢乐。

三 绝 望

> 哦,哦,我背叛了他……①

对自己和对一切事物的厌恶,使他卷入了一五二七年佛罗伦萨爆发的革命。

迄今为止,米开朗琪罗在政治思想方面,同样是犹疑不定的,他在生活和艺术上一直处于这种痛苦的精神状态。他个人的感情和他对梅迪契家族承担的责任从来不曾协调一致。这位强劲的天才在行动上总是畏缩不前,他不敢对抗人世间政治和宗教的权势。他的书信总是流露出对自己、对家庭的担忧,惟恐一时冲动,说出反对某个专制行为的大胆言词而惹祸上身。② 他时时刻刻写信给家人,嘱咐他们多加小心,别多嘴多舌,一有风吹草动就赶快逃:

> 要像流行瘟疫的时候那样,尽早逃跑……性命比财产重要……安分守己,切勿树敌,除了上帝,别信任任何人,不要议论任何人的短长,因为事情的结局无法逆料……最好独善其身,不要介入任何事端。③

他的兄弟和朋友们都笑话他的惊恐不安,拿他当疯子看待。④

"你别嘲笑我,"米开朗琪罗伤心地回答,"不应该嘲笑任何人。"⑤

这个伟人无休止的提心吊胆的确没什么可笑之处,倒是他那可怜的神经很值得同情,它使他成为恐怖玩弄的对象,尽管他一直与之搏

---

① 原文为意大利文。
② 1512 年 9 月的信中,谈及梅迪契的同盟者——罗马帝国士兵劫掠普拉图一事。
③ 1512 年 9 月给弟弟博纳罗托的信。
④ "我不是你们以为的疯子……"(1515 年 9 月给博纳罗托的信)
⑤ 1512 年 9 至 10 月给博纳罗托的信。

斗,却从未战胜过。遇到危险时,他第一个举动就是逃跑,这丢脸的冲动过去以后,他会更着意强制他病态的身心去面对危险。何况他比别人更有理由恐惧,因为他比别人聪明,他的悲观主义也只会让他对意大利的厄运看得更清楚。但是,以他怯懦的天性,要卷入佛罗伦萨这场革命,真得有一种绝望的激愤,才会揭开他灵魂的底蕴。

这颗灵魂,那么战战兢兢地深藏不露,却满怀热烈的共和思想。有时候,在知己朋友面前,或情绪格外激动时,这种思想会在火热的言词中流露出来。特别是后来与他的朋友路易吉·德尔·里奇奥、安东尼奥·佩特莱阿和多纳托·吉阿诺蒂①的谈话,吉阿诺蒂在他的《关于但丁〈神曲〉的对话》中曾加以引述。② 朋友们奇怪但丁为何把布鲁图和卡西乌置于地狱最后一层,而恺撒倒在他们之上。米开朗琪罗被问及此事,便为弑君者辩护道:

> 如果你们仔细读一读前面几章,就会看出但丁非常了解暴君的天性,他知道他们该受到上帝和人类何等样的惩罚。他把他们归入"对他人施暴"一族,罚入第七层地狱,将他们投入沸腾的血海之中……既然但丁这样认为,那就不可能不认同恺撒是该国暴君和布鲁图与卡西乌杀他属正义行为的说法。因为杀死暴君的人并不是杀了一个人,而只是杀了一头人面野兽。所有的暴君都丧失了人所共有的人类之爱,他们已失去人的本性,而只有兽性。他们显然对同类没有任何爱心,否则不会强取豪夺他人之所有,也不致成为蹂躏他人的暴君……显然,杀死暴君并未犯杀人罪,既然他没有杀人,而只是杀了一头野兽,因此,杀死恺撒的布鲁图和卡西乌并没有犯罪。首先,他们杀掉的是每个罗马公民依照律法坚持要杀的人;其次,他们杀掉的不是人,而

---

① 米开朗琪罗的《布鲁图胸像》就是为吉阿诺蒂制作的。在《对话》前几年,即1536年,洛伦佐刚刚谋杀了亚历山大·德·梅迪契,洛伦佐因而被视为另一个布鲁图。——原注
② 朋友们讨论的问题是,但丁在地狱里究竟度过了多少日子,是从星期五晚到星期六晚,还是从星期四晚到星期天早晨?于是他们请教米开朗琪罗,他比任何人都熟悉但丁的著作。——原注

是一只人面野兽。①

因此，随着罗马被查理五世大军攻陷（1527年5月6日）、梅迪契王族被逐（1527年5月17日）的消息传到佛罗伦萨，唤醒了民族意识及共和观念，佛罗伦萨人揭竿而起，米开朗琪罗冲到了起义队伍的前列。同样是这个人，平日嘱咐家人远离政治犹如逃避瘟疫，此刻竟兴奋狂热到天不怕地不怕的境界。他留在瘟疫与革命肆虐的佛罗伦萨，他的弟弟博纳罗托染上瘟疫，死在他的怀抱里（1528年7月2日）。一五二八年十月，他参加了守城事宜的讨论，一五二九年一月十日，他被选为城防工作民兵组委会委员，四月六日，被任命为佛罗伦萨城防工事的总督造，任期一年。六月，他去视察比萨的城堡和阿雷佐、里窝那的防御工事。七月和八月，他被派往费拉拉，考察那儿著名的防御工程，和当地的大公、著名的防御工程专家一起讨论问题。

米开朗琪罗认定佛罗伦萨城防最重要的地点是圣米尼亚托山岗；他决定在这个地方建棱堡。但是，不知什么原因，他和佛罗伦萨的旗官卡波尼发生了冲突，后者甚至试图打发他离开佛罗伦萨。米开朗琪罗怀疑卡波尼和梅迪契余党想把他撵走，以阻碍城防工作，便干脆待在圣米尼亚托不再动弹。他病态的猜疑，助长了这个被围之城中的流言，而这一次的流言并非毫无根据，受到怀疑的卡波尼被撤职了，弗朗切斯科·卡尔杜切取代他担任旗官，同时任命让人不大放心的马拉特斯塔·巴利奥尼为佛罗伦萨守军的统领和总司令，此人后来果然向教皇献城投降。米开朗琪罗预感到这一罪行，且将他的疑虑告诉了市政厅。"旗官卡尔杜切非但不感谢他，反责骂了他一顿，责备他总是这样多疑和胆怯。"②马拉特斯塔听说米开朗琪罗告发了他，一个具有这等素质的人，为了除掉一个危险的对手，是什么事都干得出的。何况他是佛罗伦萨的总司令，其权势自然炙手可热。米开朗琪罗觉得自己完蛋了。

---

① 米开朗琪罗还小心地把暴君和世袭君王及合法的王公区别开："这里我不是指那些拥有百年权威或民意所属的大公，他们以与人民协调一致的精神统治着城市……"——原注

② 龚迪维记述，并说：卡尔杜切真应该听进这好意的忠告，因为梅迪契卷土重来时，立即处死了他。——原注

他写道：

> 我已决定无所畏惧地等待战争结束。但九月二十一日，星期二早晨，有人来到圣尼古拉城门外我所在的棱堡，悄悄对我说，如果我想逃命，就得赶快离开佛罗伦萨。他随我回到家里，和我一起用餐，为我弄来马匹，直到目送我走出佛罗伦萨才离开我。①

瓦尔奇对这些消息做了进一步的补充，他说米开朗琪罗"在三件裙式衬衣中缝进了一万二千弗洛林金币，而且他和里纳尔多·柯尔西尼及安东尼奥·米尼一起从防守最松的正义门逃离佛罗伦萨时，并非没遇到困难"。

几天以后，米开朗琪罗写道："天知道究竟是神灵还是魔鬼在驱使我。"

这是习惯性的恐怖精灵在作怪。如果人们所说的属实，他在路过卡斯泰尔诺沃时，曾在前旗官卡波尼处停留，他把自己的遭遇讲得那么惊心动魄，吓得老人几天后便一命归西②。

九月二十三日，米开朗琪罗到了费拉拉。由于精神紧张，他拒绝了当地大公的邀请，不肯住进大公的城堡，而是继续逃窜。九月二十五日，他抵达威尼斯。当地市政厅获悉，立即派遣两名使者去见他，表示愿提供一切服务以满足他的需要。但米开朗琪罗一则心有愧疚，二则性情孤僻，拒绝了人家的好意，躲到了吉乌得卡。他惟恐躲得不够远，想要逃往法国。就在他抵达威尼斯的那一天，就发了一封忧心忡忡且十万火急的信件，给法王弗朗索瓦一世在意大利采购艺术品的代理人——巴蒂斯塔·戴拉·帕拉：

> 巴蒂斯塔，我亲爱的朋友，我已离开佛罗伦萨，打算去法国。到威尼斯后，我打听了一下路径，人家告诉我，要去那儿必须经过德国国土，这对我来说既危险又困难。你还有意去趟法国么？……望能告诉我，你希望我在哪儿等你，我们好一道去……收到我这封

---

① 1529年9月25日给巴蒂斯塔·戴拉·帕拉的信。
② 据塞尼记述。

信后,望尽快给我一个回音,因为我急于到那边去。如果你不打算再去,也望告诉我一声,以便我做出决定,不惜一切代价,独自前往……①

法国驻威尼斯大使拉扎尔·德·巴依夫,赶紧写信给弗朗索瓦一世和蒙莫朗西的陆军司令,催促他们利用这个机会,将米开朗琪罗留在法国宫廷。法王立即表示,愿给米开朗琪罗提供一笔年俸和一所房屋。但信札往返毕竟需要一段时间,弗朗索瓦一世的复信到达时,米开朗琪罗已经回到了佛罗伦萨。

紧张情绪放松下来,在吉乌得卡的幽居生活中,他有了闲暇为自己的恐惧感到脸红。他的逃亡在佛罗伦萨已传得沸沸扬扬。九月三十日,市政厅宣布:所有逃亡者如在十月七日前不返回,将以叛逆罪论处。到了指定的那一天,逃亡者果然被判为叛逆,其财产一概没收。然而米开朗琪罗的名字没有列入名单,市政厅给了他一个最后期限,佛罗伦萨驻费拉拉大使加莱奥托·吉乌尼通知佛罗伦萨共和邦,说米开朗琪罗得悉命令太晚了,如能对他网开一面,他准备回来。市政厅答应原宥他,还让石匠巴斯蒂阿诺·迪·弗朗切斯科把一张安全通行证带到威尼斯交给他。巴斯蒂阿诺还转交给他十封朋友们的信,都是求他回去的。② 在这些人当中,仁厚的巴蒂斯塔·戴拉·帕拉对他的召唤尤其充满爱国热忱:

> 你所有的朋友,不管政见如何,都毫不犹豫、异口同声地劝你回来,为了保住你的性命,你的故土,你的朋友、财产和你的幸福,为了享有一个你曾热烈渴望和企盼的新时代。

他相信佛罗伦萨回到了黄金时代,毫不怀疑美好的事业已经成功。而梅迪契家族重新上台以后,这可怜人却成为第一批受害者之一。

他的话对米开朗琪罗起了决定作用。他回来了,但行动迟缓。巴蒂斯塔·戴拉·帕拉先于他到达卢奎斯,等了他许多天,简直开始

---

① 1529年9月25日给巴蒂斯塔·戴拉·帕拉的信。
② 1529年10月22日。

绝望了。① 终于,十一月二十日,米开朗琪罗回到了佛罗伦萨。② 二十三日,市政厅撤销了对他的判决,但三年之内,他不得进入议会。③ 从此,米开朗琪罗勇敢地恪尽职守,直至最后。他重返圣米尼亚托的岗位,那儿已被敌人炮击了一个月,他重新加固了山冈上的工事,创造了一些新的器械,听说他还将羊毛和被褥挂在绳上,保护钟楼幸免于难。④ 关于围城期间他最后的活动,一五三〇年二月二十二日得到的消息是,他爬到教堂的圆顶上,窥测敌人的动向,或者是检查穹顶的状况。

预感到的灾祸终于成为事实。一五三〇年八月二日,马拉特斯塔·巴利奥尼叛变,十二日,佛罗伦萨投降,当局把城市交给了教皇的使者巴乔·瓦洛里。屠杀开始了。最初几天,什么也不能阻止战胜者的报复行为,米开朗琪罗最好的朋友巴蒂斯塔·戴拉·帕拉,是第一批被杀害的。据说,米开朗琪罗躲进了阿尔诺河对岸圣尼古拉教堂的钟楼。他的确有害怕的理由,因为流言说他想要捣毁梅迪契宫。不过克雷芒七世并没失去对他的喜爱。据塞巴斯蒂安·德尔·皮翁博说,教皇知道了米开朗琪罗在围城期间的表现后,非常不高兴,但只是耸耸肩说:"米开朗琪罗不该这样,我从没有伤害过他。"⑤ 一待最初的怒气缓解,克雷芒七世立刻写信到佛罗伦萨,命人寻找米开朗琪罗的下落,且说只要他愿意继续为梅迪契陵墓工作,便可获得应有的待遇。⑥

---

① 他又写信给米开朗琪罗,再次敦促他回来。——原注
② 四天前,他的薪俸被市政厅下令取消了。——原注
③ 从他给塞巴斯蒂安·德尔·皮翁博的一封信中可看到,他还被罚缴纳1500杜加的罚金。——原注
④ 米开朗琪罗对弗朗索瓦·奥兰德说:"当教皇克雷芒和西班牙人围攻佛罗伦萨时,敌军被我安置在塔楼上的机器阻挡了许久。一天晚上,我让人在墙外覆盖了一些羊毛袋;又一天,我让人挖了一些壕沟,充填了火药,准备炸死卡斯蒂利亚人,我要让他们炸碎的肢体飞上半空……瞧瞧绘画有怎样的用途!它可以用来为制造机器和战争器械服务,可以给炮弹和火枪以适当的形状,还可以用以建造桥梁、制作云梯,尤其可以用来设计要塞、棱堡、壕沟、坑道和反坑道……"——原注
⑤ 见1531年4月29日塞巴斯蒂安·德尔·皮翁博给米开朗琪罗的信。
⑥ 据龚迪维记述,1530年12月11日,教皇便恢复了米开朗琪罗的月俸。——原注

米开朗琪罗走出他的隐蔽所,重新为他反对过的人们的荣耀工作。不仅如此,这可怜人还答应为巴乔·瓦洛里——那个为教皇干坏事的工具,那个杀害其好友巴蒂斯塔·戴拉·帕拉的刽子手,雕刻一座《拔箭的阿波罗》。不久,他还进一步和那些佛罗伦萨的流亡者断绝了关系(1544)。一个伟人可悲的弱点,竟迫使他卑怯地在凶残的物质暴力面前低头,为的是保全其艺术梦想的生命,而这种暴力恰可以任意扼杀他的梦想!他将自己的晚年完全奉献于为使徒彼得建造一座超人类的纪念碑,并不是没有道理的;和彼得一样,他不止一次听见鸡鸣而痛哭。

被逼说假话,迫不得已去讨好瓦洛里,颂扬洛伦佐和乌尔比诺大公,他痛苦和羞愧得要崩溃了。他只好全身心投入工作,把他毫无作用的狂怒发泄在工作中。① 他并没有雕刻梅迪契们的像,而是雕刻他绝望的形象。当人们提出他的尤利乌斯和洛伦佐与他们本人并不相像时,他傲慢地回答道:"十个世纪以后,谁能看出像不像?"一个,是表现行动;另一个,是表现思想。底座上的那些雕像,给它做着注释——《昼》与《夜》,《晨》与《暮》——道出了生活中全部令人精疲力竭的苦恼及其可鄙。这些人类痛苦的不朽象征于一五三一年完成。② 这真是莫大的讽刺!可惜没有人懂。意大利诗人乔凡尼·斯特罗兹看到那座妙不可言的《夜》,写下了这样的诗句:

---

① 在他一生最惨淡的这几年中,米开朗琪罗那一向为基督教悲观主义所压抑的狂放天性产生了逆反效应,他制作了一些大胆的带异教色彩的作品,如《受天鹅抚爱的勒达》(1529—1530,题材取自希腊神话,传说宙斯为勒达的美貌所迷,趁勒达在欧罗塔斯河洗澡时,化为天鹅与之相会)本是为费拉拉大公画的,后来却送给了他的弟子安东尼奥·米尼,并被米尼带往法国,据说1643年,以其色情性质为由,被诺瓦耶的苏布莱特所毁。稍后,米开朗琪罗为巴托洛梅奥·贝提尼画了一幅壁画图稿《厄罗斯爱抚维纳斯》(厄罗斯是希腊神话中的小爱神,在罗马神话中,称丘比特或阿摩尔,传说系宙斯与阿佛洛狄忒——即罗马神话中的维纳斯——所生,也有一说系战神与阿佛洛狄忒所生),后由蓬托莫画成壁画。还有几幅素描,极其放荡不羁,很可能是同一时期的作品。——原注

② 《夜》可能于1530年秋雕刻,1531年春完成;《晨》完成于1531年9月;《日》与《暮》稍后。

> 夜，你所看到的
> 妩媚地熟睡着的夜，
> 由一位天使在岩石上雕刻而成，
> 她熟睡着，
> 却充满生命活力。
> 你若唤她醒来，
> 她将和你说话。

米开朗琪罗回答：

> 睡眠是甜蜜的。
> 成为顽石却更有福，
> 只要世上还有罪恶和耻辱，
> 不见不闻，才是最大的幸福。
> 因此，别叫醒我，
> 啊！轻声说！①

在另一首诗中，他又写道：

> 人们只能在天上安睡，
> 既然那么多人的幸福只有一个人能体会。

被奴役的佛罗伦萨也与他的哀鸣相呼应。②

> 你圣洁的思想切勿迷惘，
> 相信把我从你那儿夺走的人，
> 由于心怀恐惧，
> 并不能从他的滔天罪行中获得享受。
> 些许欢乐就能使情人们无比快乐，
> 从而平息欲念，

---

① 米开朗琪罗：《诗集》卷109，第16,17。——弗雷博士推定以上两诗写于1545年。——原注
② 米开朗琪罗在想象中与佛罗伦萨及其流亡者对话。——原注

《暮》与《晨》

《夜》与《昼》

>而不幸则使希望膨胀,欲念增强。①

应该想一想罗马被掠和佛罗伦萨失陷给人们心灵带来的影响:理性的彻底破产和崩溃,使许多人从此一蹶不振。

塞巴斯蒂安·德尔·皮翁博成为一个追求享乐的怀疑主义者:

>我已到了这种地步,哪怕宇宙崩裂,我也无动于衷,我嘲笑一切……我觉得我已不是那场浩劫前的巴斯蒂阿诺,我再不能还原为过去的我。②

米开朗琪罗想自杀:

>如果允许自杀,那么,满怀信仰,却过着悲惨的奴隶生活的人,最应享有这个权利。③

他一直处于精神的高度紧张中,一五三一年六月终于病倒。克雷芒七世竭力抚慰他,却毫无效果。他命秘书和塞巴斯蒂安·德尔·皮翁博转告他切勿过劳,要有所节制,工作不妨从容一些,不时散散步,别把自己弄得像个服刑的犯人似的。④ 一五三一年秋,人们为他的生命担忧。他的一个朋友写信给瓦洛里:"米开朗琪罗衰弱且消瘦,我最近和布吉阿迪尼及安东尼奥·米尼谈过,我们认为如不仔细照料他,他将活不了多久。他工作太累,吃得太差太少,睡得更少。一年来,他老是头痛、心痛。"⑤克雷芒七世真的不放心了,一五三一年十一月二十日,教皇下令禁止米开朗琪罗在尤利乌斯二世陵墓和梅迪契陵园之外再承

---

① 米开朗琪罗:《诗集》卷109,第48。
② 见1531年2月24日皮翁博写给米开朗琪罗的信,这是罗马浩劫后写给他的第一封信:"天知道经历了那么多苦难、灾祸和危险以后,我还能这么快乐,全能的上帝以他的仁慈和恻隐之心,让我们健康地活了下来,我想到这个,真觉得是奇迹……现在,老兄,既然我们曾出入水火之中,经历了种种意想不到事变,无论如何该感谢上帝,至少要尽可能使自己安度余生。命运是那么险恶和令人痛苦,不必过多指望命运的惠顾……"当时,他们的来往信件要受检查,皮翁博还嘱咐米开朗琪罗伪造自己的笔迹。——原注
③ 米开朗琪罗:《诗集》卷38。
④ 见1531年6月20日皮埃尔·帕洛·马尔兹给米开朗琪罗的信和1531年6月16日皮翁博给他的信。——原注
⑤ 1531年9月29日乔凡尼·巴蒂斯塔·迪·帕洛·米尼给瓦洛里的信。

担别的工作,否则以逐出教门论处,为的是爱惜其健康,"以便更长久地为罗马、为梅迪契宗族以及他自己的光荣做奉献"。

他保护他,使他免受瓦洛里和一些有钱的化缘者纠缠,这些人老是向米开朗琪罗讨艺术品,强制他承担新的工作。"人家再向你求画,"教皇让人写信告诉他,"你就把画笔绑在脚上,随意画上四条线,便说:画完了。"①尤利乌斯二世的继承人对米开朗琪罗施压时,教皇还出面居间调停。② 一五三二年,乌尔比诺大公(即尤利乌斯二世的继承人)的代理人和米开朗琪罗签订了第四份契约,米开朗琪罗答应为他们制作一个新的小型陵墓模型,③三年之内完成,费用由米开朗琪罗个人负担,还要付两千杜加金币,以偿还尤利乌斯二世及其继承人过去所付的款项。塞巴斯蒂安·德尔·皮翁博在信中说,"只要在作品中闻到你的一点气息就行了。"④可悲的条款!既然米开朗琪罗所签的契约说明了大计划的破产,他就只好为此付出代价!年复一年,米开朗琪罗在他每件绝望的作品中,事实上表明了他生命的破产,人生的破产。

尤利乌斯二世陵墓的计划流产后,梅迪契陵园的计划也坍塌了。一五三四年九月二十五日,克雷芒七世驾崩,所幸米开朗琪罗当时不在佛罗伦萨。很久以来,他在佛罗伦萨一直惶惶不安,因为亚历山大·德·梅迪契大公恨他,若不是出于对教皇的尊重,早就让人把他杀了。⑤自从米开朗琪罗拒绝帮他建造一座君临佛罗伦萨的要塞,他益发怀恨在心。对米开朗琪罗这样一个胆怯的人而言,这算得上是一个勇敢之举,表明了他对祖国崇高的爱。⑥ 从这时起,米开朗琪罗便随时准备面对来自大公的一切打击。克雷芒七世死时,他凑巧不在佛罗伦萨,他认为完全

---

① 见1531年11月26日班韦努托·戴拉·沃尔帕雅给米开朗琪罗的信。
② 1532年3月15日皮翁博写信对他说,"你要是没有教皇当盾牌,他们非像毒蛇一样跳起来把你吞掉不可。"——原注
③ 这里,为陵墓交付的作品只有后来立在梵柯利圣彼得大教堂的六座未完成的雕像:《摩西》《胜利》《奴隶》和《博博利石窟的群像》等。——原注
④ 1532年4月6日皮翁博给米开朗琪罗的信。
⑤ 好几次,克雷芒七世不得不在他侄儿亚历山大大公面前回护米开朗琪罗。皮翁博曾对米开朗琪罗讲述了其中一个场面:"教皇说话时,情绪激烈,充满愤怒和不满,语气十分严厉,简直无法形容……"(1553年8月16日)——原注
⑥ 因为这样一座要塞意味着对佛罗伦萨的奴役和压迫。——原注

是托天之福。他不再回佛罗伦萨,他不打算再见到它。梅迪契教堂算是完了,它永远不会完工。我们今日所谓的梅迪契陵园,和米开朗琪罗原来的构想相距万里,只剩下极少的一点联系。它留给我们的,只有壁上装饰的大致轮廓。米开朗琪罗不仅没能完成计划中雕塑和绘画的一半,①而且他的弟子们后来努力寻回和补全他的设想时,他甚至说不清原来的设想是怎么回事了。② 他就这样放弃了他的一切事业,把一切都忘记了。

*　　*　　*

一五三四年九月二十三日,米开朗琪罗回到罗马,在那儿一直住到去世。③ 他离开这个城市已经二十一年了。在这二十一年中,他为未完工的尤利乌斯二世陵墓制作了三座雕像,为未完工的梅迪契陵园制作了七座未完成的雕像,还有洛伦佐教堂未完成的过厅,弥涅瓦圣马利教堂未完成的基督像,为巴乔·瓦洛里制作的未完成的《阿波罗》。他丧失了他的健康,他的精力,失去了对艺术、对祖国的信仰,还失去了他最爱的那个弟弟④,失去了他所热爱的父亲⑤。他为他们各写了一首痛苦感人的悼念诗,和他其他的作品一样没有写完,但充满火一般的对死亡的憧憬:

> 上天把你从我们的苦海中救出,/ 可怜可怜我吧,我这虽生若死的人!……/ 你是死去的死者,你已成为神明,/ 你不用再担心生存状态和欲念的改变。/ 写到这里,我怎能不羡慕呢……/ 命运

---

① 米开朗琪罗只为洛伦佐·德·乌尔比诺和尤利乌斯·德·内穆尔墓及圣母宫雕刻了七座雕像的一部分;计划中的江河四雕像根本没开始;为宏伟的洛伦佐墓和洛伦佐的兄弟尤利乌斯墓制作的雕像,他也让给别人做了。——原注
② 人们甚至不知道已塑好的雕像该安放在何处,也不知道他打算在空的壁龛中安放哪些雕像。受科斯梅一世之命,负责完成米开朗琪罗未竟作品的瓦萨里和阿马纳蒂曾写信问他,他竟什么也想不起来。1557 年 8 月,他在信中写道:"记忆和思想跑在了我前面,到另一个世界等我去了。"——原注
③ 米开朗琪罗于 1546 年 3 月 20 日取得罗马市民的身份。——原注
④ 博纳罗托死于 1528 年的瘟疫。——原注
⑤ 其父死于 1534 年 6 月。——原注

和时代,只给我们带来不可靠的快乐/和确切无疑的苦难,却不敢跨进你们的门槛。/没有一片云彩使你们的光明变得晦暗,/今后的日子不会再对你们行使暴力,/需要和偶然不能再操纵你们的行为。/黑夜不能扑灭你们的光辉,/白昼无论怎样明亮,也不会增加它的光度……/我亲爱的父亲,你的去世让我学习了死亡……/死,并不像人们想象中那样是件坏事。/对死者而言,在人世的最后一天,/就是在天国永生的第一日。/我希望,且相信,我能靠上帝的恩宠再见到你,/只要我的理性将我冰冷的心从尘世的污泥中拔出,/只要理性如同所有德行一样,/能在天上增进父子间至高无上的爱。①

人世间他已无所留恋,无论艺术、雄心、温情,还是任何一种冀望。他已经六十岁,他的生活似乎结束了。他孤独,不再念及他的作品,内心只想着死亡,热切渴望能最终避开"生存状态和欲念的改变"、"时代的暴力"及"需要和偶然"的专制。

唉!唉!我被已逝的生活抛弃……我有过太多等待……时光飞逝,我已垂垂老矣。我不复能在死者身旁忏悔和自省……哭也徒然,没有什么不幸能与失去的时间相比……

唉!唉!回顾以往,我找不出一天曾属于我自己!扭曲的希望,虚妄的欲求——我现在算是认识到了——把我羁绊,哭,爱,激情燃烧,悲哀叹息(没有一种致命的情感我不曾体验过),都远离了真理……

唉!唉!我不知何去何从;我害怕……如果我没弄错的话,(啊!上帝让我弄错吧!)我看到,主啊,我看到了永恒的惩罚,因为我明知有善却去作恶。我只能希望……②

---

① 米开朗琪罗:《诗集》卷58。
② 米开朗琪罗:《诗集》卷49。

下篇 放 弃

一 爱

> 我爱死亡,我的生命就在其中。①

在这颗遭蹂躏的心里,当给他带来生机的一切都舍弃以后,一种新的生活出现了。仿佛鲜花盛开的春天,燃起了明亮的爱的火焰。但这爱几乎没有任何自私和肉欲的成分。这是对卡瓦列里的俊美的神秘崇拜,对维多利亚·科洛纳的虔诚友谊——在上帝面前两个灵魂热诚的沟通;这是对成为孤儿的侄儿们慈父般的温情,对穷人和弱者的怜悯,即神圣的爱德。

米开朗琪罗对托马索·德尔·卡瓦列里的爱,一般人——不论是正派人还是不正派的人——是会感到困惑的。即使在文艺复兴末期的意大利,也会引起一些令人恼火的流言。阿雷蒂诺②写了侮辱性的讽喻诗影射此事。③ 但是阿雷蒂诺的诬蔑(他向来如此)不能伤及米开朗琪罗,"他们以自己的小人之心来捏造一个米开朗琪罗"④。

没有一个灵魂比米开朗琪罗的更纯洁,没有一种爱的观念比他的更虔诚。

---

① 原文为意大利文。
② 阿雷蒂诺(1492—1557),意大利诗人,散文家,剧作家,以其辛辣的讽刺著名。
③ 米开朗琪罗的侄孙于 1623 年首次刊印其诗集时,不敢把他致卡瓦列里的诗按原样刊出,而是设法让人以为这些诗写给一位女性。直到最近,谢弗莱和西蒙的研究中,还把卡瓦列里当做维多利亚·科洛纳的化名。
④ 根据 1542 年 10 月米开朗琪罗的一封信,收信人不详。

龚迪维说：

> 我常听米开朗琪罗谈起爱，在场的人都说他所谈的全然是柏拉图式的。就我而言，我不知道柏拉图说了些什么，但我知道，在与米开朗琪罗那么长时间的亲密交往中，我从他口中只听到最值得尊敬的言谈，这些言谈能够消除那些使年轻人心神不定的越轨欲念。

可是这种柏拉图式的理想并无文学的或冷酷的成分，米开朗琪罗迷恋一切美的事物，对柏拉图的思想也是这样。他自己知道这一点，有一天，他谢绝了友人吉阿诺蒂的邀请：

> 每当我看见一个具有某种才能或某种智力天赋的人，一个其言或其行胜过旁人的人，我都会为他着迷，我会完全献身于他，而不再属于我自己……你们都是那么才华横溢，我若结束您的邀请，必将失去我的自由；你们每个人都将分去我的一部分。乃至跳舞和弹琴的人，只要他们精通自己的艺术，也可以对我为所欲为。你们的聚会非但不能使我休息、振奋和恢复平静，反会使我的灵魂化为碎片，随风飘零，以致几天之后，我不知会死在何处。①

既然思想、言谈或声音的美都能如此这般地征服他，肉体的美对他的影响又当如何！

> 美貌的威力，怎样地刺激着我！
> 世间没有任何事物能让我这样快乐！②

这位伟大的美妙形体的创造者，同时又是一位伟大的信徒，对他而言，美的躯体是神圣的，一个美丽的躯体，是神灵在肉身覆盖下的显现。如同摩西面对火棘树丛，只能颤抖着走近它。他所崇拜的对象，恰如他自己所说，真正是他的偶像。他匍匐在他脚下，这位伟人有意识的卑躬屈节，让高贵的卡瓦列里难以忍受。更难理解的是，美的偶像常常

---

① 见多纳托·吉阿诺蒂《对话录》，1545年。
② 米开朗琪罗：《诗集》卷141。

灵魂庸俗卑鄙,如费博·迪·波吉约,而米开朗琪罗什么也看不见……真的什么都看不见么?——他是什么都不愿意看见,他要在心中完成已勾画出轮廓的雕像。

他那些美梦中最早的理想情人,是一五二二年前后的格拉尔多·佩里尼①。后来,一五三三年,米开朗琪罗迷上了费博·迪·波吉奥,一五四四年,是切奇诺·戴·布拉齐②。所以米开朗琪罗对卡瓦列里的友谊并不是专一的或排他的,但却最持久且达到了狂热程度。这位朋友不仅长得美,道德的高尚也值得他尊重。

瓦萨里曾经说:

> 他爱托马索·卡瓦列里甚于其他所有的人。卡瓦列里是一位罗马绅士,年轻,热爱艺术,米开朗琪罗曾为他画过一帧肖像,这是他一生中惟一的一帧肖像画,因为他讨厌描绘活人,除非此人的确美貌无双。

瓦萨里还说:

> 我在罗马看见托马索·卡瓦列里先生时,他不仅绝顶俊美,而且举止谈吐温文尔雅,思想出众,行为高尚,的确值得人爱,特别是当人们越来越了解他的时候。③

米开朗琪罗在罗马与他相识,那是一五三二年秋天。他写给他的第一封信充满热情的表白,卡瓦列里的复信则极其庄重:

> 收到您的来信,由于完全出乎意料而倍感珍贵。我说出乎意料,是因为我实在不配让您这样的人给我写信。至于您对我的赞

---

① 佩里尼尤为阿雷蒂诺猛烈攻击的对象。弗雷曾刊出1522年米开朗琪罗写给佩里尼的几封很温柔的信:"我读你的信时,仿佛和你在一起,这正是我惟一的愿望。"底下的署名是,"你的如儿子般的……"米开朗琪罗还有一首美丽的抒写离别和遗忘之苦的诗,仿佛也是献给他的。——原注
② 米开朗琪罗与卡瓦列里结交一年多以后,又爱上波吉奥,曾给他写过狂热的信与诗,而那个下流坯却向他讨钱;布拉齐是佛罗伦萨一个流亡者的儿子,是路易吉·德尔·里奇奥的友人,米开朗琪罗与卡瓦列里结交十年后才认识他,1544年他在罗马夭折,米开朗琪罗为他写了48首悼诗。——原注
③ 见贝内德托·瓦尔奇《讲稿二篇》,1549年。

扬,您对我的工作相当高的评价,我以为,像您这样一个举世无双的天才——我的意思是除您以外世上没有第二个,给一个刚刚起步,还十分无知的青年写信,是不大合情理的。我当然不会认为您在说谎,是的,我确信您对我的情感,正是您这样一个作为艺术化身的人,对那些献身艺术、热爱艺术的人必然会有的情感。我是这些人中的一个,在热爱艺术方面,我的确不下于任何人。我会回报您对我的盛情,我向您保证,我从未像爱您那样爱过别人,从未像希冀您的友情那样希冀过别的……我请求,在有机会为您效劳的时候,尽管吩咐我,我永远仰仗着您的帮助。

您忠实的托马索·卡瓦列里①

卡瓦列里对他似乎一直保持着这种尊敬且有分寸的感情。直到米开朗琪罗临终,他一直忠实于他,且为他送终。他一直为米开朗琪罗所信任,且被认为是惟一能对他施加影响的人,他罕有的长处就是永远为他朋友的伟大与利益尽心竭力。是他使米开朗琪罗决定完成圣彼得大教堂的木雕模型,是他为我们保存了米开朗琪罗为卡皮托勒山②的建筑所画的图样,并努力使之实现。最后,也正是他,在米开朗琪罗死后,按亡友的意愿,监督工程的实施。

但米开朗琪罗对他的友谊犹如一种爱情的疯狂。他给他写一些癫狂的信,把他当偶像般顶礼膜拜。③ 他称他为"强有力的天才,……一个奇迹,……本世纪的光明";他恳求他"不要蔑视他,因为他不能与他相比,没有人能达到他的高度"。他把他的现在与未来全部献给他,他又说道:

不能把我的过去也奉献给你,不能更长久地为你效劳,于我是一桩无尽的痛苦,因为来日不多,我太老了……④我不相信有什么

---

① 此信写于1533年1月1日。
② 卡皮托勒山,朱庇特神殿所在地。
③ 卡瓦列里的第一封信,米开朗琪罗是当天就回复的。这封信留下了三份兴奋若狂的草稿,其中一份的补白中,米开朗琪罗写道:"一个人献给另一个人的礼物,确有一个名词,但为体统起见,这封信里就不用了。"这个词显然就是"爱情"。——原注
④ 1533年1月1日给卡瓦列里的信。

东西能摧毁我们的友谊,我这样说有点出言不逊——因为我远不如你。……我可能忘记你的名字,犹如忘记我赖以生存的食粮,是的,比起滋养着我的身体和灵魂的你的名字,我更易忘记那毫无乐趣的、仅仅使我的肉身得以存在的食粮。你的名字使我全身心充满甜蜜,只要想着你,我就感觉不到痛苦,也不畏惧死的来临。①我的灵魂掌握在我把它给予的人手中……②如果我必得停止思念他,我相信我会当场死去。③

他送给卡瓦列里最精美的礼物:

令人惊叹的素描,用红黑铅笔画的精美头像,是他想要教他素描时勾画的。他还为他画了一幅《该尼墨得斯被化为鹰的宙斯掠到上空》④,一幅《被鹰啄食肝脏的提堤俄斯》⑤,还有法厄同驾着太阳神的金车坠落,⑥儿童的酒神节等,所有的作品都美妙非凡,难以想像的完美。⑦

他还寄赠他一些十四行诗,有时极美,但经常显得晦暗,其中一些不久就在文学圈内广为传诵,闻名于全意大利。⑧ 人们说下面这首十四行诗是"十六世纪意大利最美的抒情诗":

你的慧眼,使我看到了,

---

① 1533 年 7 月 28 日给卡瓦列里的信。
② 给巴托洛梅奥·安吉阿利尼的信。
③ 给塞巴斯蒂安·德尔·皮翁博的信。
④ 该尼墨得斯是希腊神话中特洛亚王的儿子,为宙斯所爱,掠去当侍酒童子。
⑤ 提堤俄斯系希腊神话中的巨人,宙斯和瑞亚的儿子,因强奸勒托,被宙斯罚入地狱受被鹰啄食肝脏的酷刑。
⑥ 法厄同系希腊神话中太阳神之子,一天,他驾太阳神的驷马金车出游,因不善驾驭,离地球太近,几乎将地球烧毁,被宙斯用雷击毙。
⑦ 据瓦萨里的记述。
⑧ 瓦尔奇将其中两首发表了,后又在他的《讲稿二篇》中刊出。米开朗琪罗对自己的爱并不保守秘密,他讲给巴托洛梅奥·安吉阿利尼和皮翁博听。对这样的友情没有人大惊小怪。切奇诺·戴·布拉齐去世时,里奇奥对所有的人嚷嚷他的爱和绝望:"啊!我的朋友多纳托!我们的切奇诺死了,整个罗马在为他哭泣,米开朗琪罗为我设计他的纪念碑。我求你为他写墓志铭,再寄给我一封能给我慰藉的信,悲哀已经使我六神无主了。"(1544 年 1 月里奇奥给多纳托·吉阿诺蒂的信)——原注

我这盲眼所不能见的柔和光线；
你的足，
助我承受
我这行动困难的双足难以承受的重负；
你的智慧，
使我感到正向天上飞升；
你的意志，
包括了我所有的意志。
我的思想在你的心中形成，
我的话语在你的呼吸中诞生，
我只身一人犹如月亮，
惟有太阳照射到它时，
人们才能看见它在天上。①

另一首更著名的十四行诗,是赞颂完美友谊的最美的诗篇之一：

如果两个情人之间，
存在着贞洁的爱情，
最高的敬爱,同等的处境，
如果残酷的命运打击一个也打击另一个，
如果同一种精神、同一种意志驾驭着两颗心，
如果两个肉身的同一灵魂成为永恒，
以它的双翼将两人都带往上空，
如果爱神以它的金箭
一下子同时射中两颗心,燃起它们的激情，
如果一个热爱另一个,谁也不爱他自己，
如果两人都把他们的欢愉和快乐寄望于同一憧憬，
如果千千万万的爱情都不及这桩爱情的百分之一，
那么一个气恼的举动，

---

① 米开朗琪罗：《诗集》卷109,第19。

会不会永远割断和解除他们的联系?①

这种忘我,这种全身心融入他之所爱的献身热情,并非总是这么平静安详。忧郁重又控制了他,为爱情着魔的灵魂,在呻吟中挣扎。

> 我哭泣,我在燃烧,我已被毁,
> 我的心沉浸在痛苦中……②

他对卡瓦列里说:

> 你带走了我生的欢乐,③

对这些过于热情的诗,那位"温和的被爱的主"——卡瓦列里,却报以冷淡而平静的感情。这种过分夸张的友谊使他暗中不快,米开朗琪罗求他原谅:

> 我亲爱的主,你别因我的爱而生气,这不过是谈及你身上最优秀的品质,因为一个人拥有思想才智,全靠他能热爱他人的思想才智。我从你美丽的容貌中所想望、所获得的,绝非常人所能理解。谁要想理解就得先理解死亡。

不用说,这种对美的激情毫无虚假的成分。然而这有着热烈、癫狂,④却又纯洁端正的爱的狮身人面怪物,没有流露丝毫令人不安的迷惘心态。

这种病态的友谊——可说是为了否定生命的虚无,试图创造他所渴望之爱的绝望的努力——之后,幸而有一位女性明朗安详的友情(这位女性善于理解这个孤独的、在世上迷失了方向的老小孩),给他那垂死的灵魂注入了些许平静、信心、理性,以及令人伤感的对生与死的承受。

---

① 米开朗琪罗:《诗集》卷44。
② 米开朗琪罗:《诗集》卷52。
③ 米开朗琪罗:《诗集》卷109,第18。
④ 在一首十四行诗中,米开朗琪罗要把他的皮蒙在他所爱的人身上,还要变成他的鞋子,载着他去踏雪。

* * *

  一五三三和一五三四年间,米开朗琪罗对卡瓦列里的友情发展到巅峰①。一五三五年他开始结识维多利亚·科洛纳。

  她生于一四九二年。她的父亲是帕利阿诺地方的领主,塔利阿柯佐亲王法布里齐奥·科洛纳。她的母亲阿涅丝·德·蒙特费特罗,是乌尔比诺亲王——伟大的费德里戈的女儿。其家族属于意大利最高贵的门第之一,也是受文艺复兴精神熏陶最甚的家族之一。十七岁时,她嫁给了佩斯卡拉侯爵,帕维亚的征服者,大将军费朗特·弗朗切斯科·达瓦洛斯。她爱他,他却完全不爱她。她长得不美。从纪念章的浮雕上,人们看出她长着一张男性的脸,显得很有主见,略有些严厉,额头很高,鼻子长且直,上唇较短且后缩,下唇稍稍前突,嘴紧闭,下巴突出。认识她且为她作传的菲洛尼科·阿利卡纳塞奥尽管措辞委婉,仍让人明白她的长相颇丑。"她嫁给佩斯卡拉侯爵的时候,"他说,"正致力于提高自己的聪明才智,因为她不算很美,于是她研修文学,以获得不朽的美,这种美不会像别的美那样易于消逝。"她是热切追求心智发展的人,在一首十四行诗中,她写道:"粗俗的感官,不能促成产生纯洁爱情和高贵心灵的和谐,既不能唤起她的欢愉,也不会使她痛苦……明亮的火光,使我的心灵升华,它上升得那么高,以致卑下的思想会使它难受。"从任何一个方面,她都不适于为那位引人注目且纵欲无度的佩斯卡拉所爱;然而,毫不理智的爱情却要她始终爱他,为他受苦。

  她忍受着残酷的折磨,她丈夫甚至在自己家里欺骗她,对她不忠实,闹得整个那不勒斯传得沸沸扬扬。可是,当他一五二五年去世时,她丝毫没有因此减轻痛苦。她遁入宗教和诗歌,在罗马,稍后在那不勒斯,过着修道院式的生活。② 一开始她并没有弃绝尘世的意思,她只不过是寻求孤独,以便沉浸在爱情的回忆中,如她在诗中所吟咏的。她和意大利所有的大作家都有来往,如萨多莱特、班博、卡斯蒂廖讷,后者把

---

① 尤其是 1533 年 6 至 10 月,米开朗琪罗离开卡瓦列里回佛罗伦萨期间。——原注
② 当时她的精神导师是维罗纳的主教马泰奥·吉贝尔蒂,宗教改革运动的前驱之一,他的秘书即诗人弗朗切斯科·贝尔尼。

他的《侍臣》手稿赠送给她,阿里奥斯托在他的《疯狂的奥兰多》里称颂她,还有保罗·若维、贝尔纳多·塔索、洛多维科·多尔切等。自一五三〇年以来,她的十四行诗在整个意大利传诵,在当时的女作家中,惟有她享有这份光荣。隐居到伊西亚后,在那发出悦耳声响的大海中,在那荒僻而美丽的岛上,她仍然不倦地歌唱她那已经改头换面的爱情。

可是一五三四年以后,宗教把她整个俘获了。宗教改革思想,试图改革教会,同时又避免教会分裂的宗教自由思想征服了她。我们不知道她是否在那不勒斯认识了胡安·德·瓦尔戴斯①,但她确实被锡耶纳的贝尔纳迪诺·奥基诺②的宣道鼓动了起来。她是皮耶特罗·卡内塞基③、吉贝尔蒂、萨多莱特、高贵的雷吉纳尔德·波莱,以及改革派最伟大的高级教士,一五三六年建立**教会改革协会**的红衣主教加斯帕雷·孔塔里尼④的朋友,孔塔里尼主教曾徒劳地设法与新教徒达成妥协,他居然敢写出这样大胆的语句:

> 基督的律法是一种自由的律法……凡以一个人的意志为准绳的政府均不能称之为政府,因它实质上倾向于恶,而且为无数情欲所驱动。不!任何最高权力都是理性的权力。其目的是以正确的途径,引导服从它的人达到正确的目标:幸福。教皇的权威,也是理性的权威。一个教皇应该知道,这权威是行使于自由人的。他

---

① 胡安·德·瓦尔戴斯,西班牙王查理五世的私人秘书之子,自1534年起成为那不勒斯宗教改革运动的领袖,发表过许多演说和著作。他死于1541年,据说他在那不勒斯的信徒有三千余人之众。——原注
② 贝尔纳迪诺·奥基诺,著名的宣教师,嘉布遣教派的副司铎,1539年成为瓦尔戴斯的朋友,他在那不勒斯、罗马、威尼斯等地进行大胆的宣传,1542年,因被控为路德派将被治罪,遂从佛罗伦萨逃往费拉拉,转道日内瓦,在那里加入了新教。他是维多利亚·科洛纳的知己,离开意大利时,在一封密信中,把自己的决心告诉了她。——原注
③ 皮耶特罗·卡尔内塞基,克雷芒七世的秘书,也是瓦尔戴斯的朋友与信徒,1546年被列入异教罪人名单,1567年在罗马被处火刑。他和维多利亚·科洛纳过从甚密。——原注
④ 加斯帕雷·孔塔里尼,威尼斯的世家子弟,曾出任威尼斯驻荷兰、英国、西班牙等国的大使,1535年被教皇保罗三世任命为红衣主教。1541年出席北欧的国际宗教会议,他始终未能与新教徒达成谅解,同时又受到天主教徒的猜疑。失望归来,1542年8月死于波伦亚。——原注

不应该随心所欲地下命令,或禁止,或豁免,而只应根据理性的规则、神明的戒律和爱——一种将一切引向上帝,引向共同幸福的准则行事。

维多利亚是这个理想主义小团体最狂热的分子中的一员,这个小团体联合了意大利最纯粹的良心。她和费拉拉的勒内、纳瓦尔的玛格丽特的通信,被后来变成新教徒的皮埃尔·帕洛·维尔杰里奥称作"一道真理的光"。但是,由残忍的卡拉法①领导的反改革运动开始以后,她陷入致命的怀疑中。她和米开朗琪罗一样,有一个狂热却软弱的灵魂:她需要信仰,她无力抗拒教会的权威。"她持斋、节食以苦修,饿得只剩皮包骨。"②她的朋友,红衣主教波莱③叫她克制智者的高傲,强迫自己归顺,在神的面前忘掉自我,这才使她渐渐平静下来。她以一种献祭的热忱做着这一切……但愿她只是拿自己献祭!然而她却要朋友们和她一起牺牲,她背弃奥基诺,把他写的东西交给罗马异教裁判所。和米开朗琪罗一样,这伟大的灵魂被恐惧吓破了胆。她把良心的责备埋入一种绝望的神秘主义中:

您看见我处在无知的混沌之中,迷失于错误的歧路;为了寻求休息,肉体一直不停地活动;为了觅得平静,灵魂总是动荡不宁。上帝要我意识到,我一文不值,要我明白,一切在于热爱基督。④

她呼唤死亡,犹如呼唤解放。——一五四七年二月二十五日,她告别了人世。

---

① 卡拉法,基耶蒂的主教,于1524年创立台阿廷教派,从1528年起,在威尼斯组织反宗教改革的团体。他先是作为红衣主教,继而作为教皇保罗四世,无情地打击新教徒,严厉惩治改革运动的参与者。——原注
② 1566年卡尔内塞基在异教徒裁判法庭的供词。——原注
③ 雷吉纳尔德·波莱,出生于约克家族,因与英王亨利八世发生冲突而逃离故土,1532年途经威尼斯,成为孔塔里尼的挚友,后由保罗三世任命为红衣主教和圣彼得教区的教皇特使。其人和蔼可亲,后来终于屈服于反改革运动,且劝说许多打算改信新教的孔塔里尼派的自由思想者重新皈依天主教。从1541年到1544年维多利亚·科洛纳完全听从他的指导。1554年,波莱作为教皇特使返回英国,成为坎特伯雷大主教,1558年去世。——原注
④ 1543年12月22日维多利亚致红衣主教莫罗内。——原注

* * *

正当她受瓦尔戴斯和奥基诺的神秘主义自由思想影响最深的时候,她认识了米开朗琪罗。这个女子,忧伤,苦恼,永远需要一个可依傍的向导,同时也永远需要一个比她更软弱、更不幸的人,以便在他身上倾泻洋溢在她心中的母爱。她在米开朗琪罗面前藏起她的惶恐不安,表面上显得安详、持重,稍有点冷淡,她将自己求之于人的平静传递给了米开朗琪罗。他们的友谊始于一五三五年,自一五三八年秋趋于亲密,但完全建立在对神的信念上。那时维多利亚四十六岁,米开朗琪罗已六十三岁了。她住在罗马平乔山下的圣西尔维斯特罗修道院。米开朗琪罗住在卡瓦洛山附近。每星期日,他们在卡瓦洛山圣西尔维斯特罗教堂聚会。修士阿姆昂勃罗吉奥·卡泰里诺·波利蒂给他们朗读《圣保罗书简》,他们一起讨论。葡萄牙画家弗朗索瓦·德·奥朗德在他的四部《绘画对话录》中,为我们留下了这些谈话的记忆。这些生动的画面,反映了他们之间严肃而亲切的友谊。

弗朗索瓦·德·奥朗德第一次去圣西尔维斯特罗教堂,看见佩斯卡拉侯爵夫人和几个朋友在那里聆听诵读圣书。米开朗琪罗当时不在场。诵读完毕后,可爱的夫人微笑着对画家说:

"和讲道相比,弗朗索瓦·德·奥朗德大约更乐于听米开朗琪罗的谈话。"

弗朗索瓦被这句话刺伤,傻呵呵地回答:

"怎么,夫人,阁下您以为我除了绘画,对其他任何事情都麻木不仁么?"

"别多心,弗朗索瓦先生,"拉唐齐奥·托洛梅说,"侯爵夫人恰恰深信画家在任何方面都很优秀。我们意大利人多么敬重绘画!她说这句话可能是想让您听听米开朗琪罗的谈话,好使您更加高兴。"

弗朗索瓦尴尬地道了歉,侯爵夫人对她的一个仆人说:

"到米开朗琪罗那儿去,告诉他宗教仪式结束后,我和拉唐齐奥先生还呆在教堂里,这儿舒适凉快,如果他愿意耗费一点时间,我们将获益匪浅……但是,"她深知米开朗琪罗的性格孤僻,便补充道,"别告诉他西班牙人(应为葡萄牙人)弗朗索瓦·德·奥朗德也在这儿。"

等待仆人回来的时候,他们商量用什么办法把谈话引到绘画上,而不让他察觉他们的意图。因为他一旦发现他们的用意,会立刻拒绝继续谈下去。

静寂了片刻,有人敲门了。这么快就有了回音,大家都很担心大师不来。原来我的福星高照,使住在附近的米开朗琪罗正巧往圣西尔维斯特罗教堂的方向走,他沿着埃斯齐丽娜街往台尔梅斯走去,一路上和他的学生乌尔比诺聊着哲学。我们派去的仆人遇见他,便把他带来了,此刻正是他本人站在门槛上。侯爵夫人立起身,站着和他谈了好一会儿,才请他在她和拉唐齐奥之间就座。

弗朗索瓦·德·奥朗德坐在他旁边,可是米开朗琪罗根本没有注意到他的邻座,奥朗德大受刺激,愤愤地说:

真是,要让人看不见他的最好办法,就是直挺挺站在这个人的眼前。

米开朗琪罗吃惊地瞧着他,立刻向他道歉,态度十分谦恭:

对不起,弗朗索瓦先生,我真的没看见您,因为我的眼睛一直望着侯爵夫人。

侯爵夫人稍稍顿了一下,这时开始用一种怎样吹嘘都不算过分的艺术,谈起这样那样的事情,巧妙而且谨慎地避开绘画的话题。真像是围攻一座防守严密的城市,既费力又需施巧计。米开朗琪罗则像一个强壮且保持警惕的被围困者,处处设岗,扯起吊桥,遍布陷坑,警惕地在房门和墙壁上都安排了驻军。但侯爵夫人最终还是把他攻下了。真的,没有人能抵抗住她。

"那么,"她说,"应该承认,当我们用与他同样的武器,即诡计,去攻击米开朗琪罗时,我们总是失败的。所以,拉唐齐奥先生,如果想要使他开口不得,由我们来下结论,就应当和他谈诉讼,教皇的敕令,或者……绘画。"

这巧妙的绕弯把话题引向了艺术领域。维多利亚和米开朗琪罗谈

及她计划建造的宗教建筑物,米开朗琪罗立刻自告奋勇去察看场地,草拟图样。侯爵夫人回答:

> 我可不敢对您提出这么多的要求,虽然我知道您在一切问题上都听从抑强扶弱的救世主的教导……因此,了解您的人都尊重米开朗琪罗的为人,更甚于尊重他的作品,而不似那些不了解您的人,只称颂您最弱的一部分,即您用双手制成的作品。不过我也没少赞扬您经常抽身躲到一旁,避免参与我们无聊的谈话,您并不是老画那些向您求画的王公贵人,而是几乎把整整一生都奉献给一件伟大的作品。

对这些恭维话,米开朗琪罗谦虚地表示婉谢,并表达了他对那些多嘴且有闲者——大贵人或教皇的反感,在他终其一生还完成不了任务时,这些人居然自以为可以把他们的社会强加于一个艺术家。

接着,谈话转到艺术的最高主题上,侯爵夫人以虔诚的严肃态度对待这个问题。对她而言,如同对米开朗琪罗一样,一件艺术品,就是信念的行动表现。米开朗琪罗说:

> 好的绘画,必走近神并与之结合……它只是复制了神的完美形象,只是神的画笔、音乐、旋律的影子……因此画家成为一个伟大而灵巧的大师还不够,我想他的生活也应当尽可能是圣洁的,以便圣灵能控制他的思想……①

日子就这样在圣西尔维斯特罗教堂里,在庄严平静、真正神圣的谈话中度过。有时,朋友们喜欢到花园里继续谈,弗朗索瓦·德·奥朗德描绘道:"在喷泉旁,在月桂树的浓荫下,我们坐在石凳上,背靠爬满常春藤的墙壁。"在那儿,他们俯瞰罗马,整个古城展现在他们脚下。②

---

① 奥朗德:《罗马城绘画对话录》第一部分。
② 奥朗德:《罗马城绘画对话录》第三部分。那天,教皇保罗三世的侄儿奥克塔夫·法尔奈兹娶亚历山大·德·梅迪契的寡妇为妻,包括十二驾古式彩车的盛大仪仗队从纳沃内广场通过,观者如潮。米开朗琪罗和朋友们则藏身在高处圣西尔维斯特罗教堂的宁静中。——原注

遗憾的是,这些美妙的谈话没有延续多久,佩斯卡拉侯爵夫人的宗教信仰危机使之突然中断。一五四一年,她离开罗马,把自己幽禁在奥尔维耶托的一个隐修院,继而又转至维特尔贝隐修院。

但她常常离开维特尔贝回到罗马,仅仅是为了看望米开朗琪罗。他为她超凡脱俗的气质而着迷,她则使他得到抚慰。他收到且保存着她的许多信,这些信充满圣洁而温柔的爱,恰如这样一个高洁的心灵所能写出的。①

按照她的意愿,他画了一幅裸体的基督像,基督已从十字架上放下来,如果没有两个天使扶掖着他的胳膊,他会像一具毫无生气的尸体般倒在圣母脚下。圣母坐在十字架下面,痛苦的脸上淌着泪,她张开双臂,举向上天。在十字架的木头上,可以看见这样一行字:Non vi si pensa quanto sangue costa.② 由于对维多利亚的爱,米开朗琪罗还画了一幅十字架上的基督,和人们惯常表现的不同,基督不是死的,而是还活着,他把脸转向圣父,喊道:"Eli!Eli!"他的身体并未瘫软,而是痉挛着在临终时最后的痛苦中挣扎。

现藏卢浮宫和大不列颠博物馆的两张出色的素描《复活》,很可能也是受维多利亚的启发创作的。卢浮宫的那一张,大力士般的基督,正在奋力掀开盖在坟墓上的沉重石板,他还有一条腿埋在墓穴里,抬着头,举着臂,在热情冲动中欲奔向上空,令人想起卢浮宫所藏的《奴隶》。回到上帝身边!离开这个世界,离开他不屑一顾的这些愕然且惊骇的人们!终于,终于摆脱这可厌的人生!……大不列颠博物馆的那张素描比较宁静祥和,基督已经走出坟墓,翱翔在天上,健壮的身躯在轻抚他的熏风中飘浮,两臂交叉,头向后仰,双目紧闭,犹如心醉神迷,他像阳光一样,上升到那光明的世界。

维多利亚就这样为米开朗琪罗的艺术重新开启了信仰之门。不仅

---

① 龚迪维记述。
② 意大利文:再也想不起流过多少鲜血。——这幅画启发米开朗琪罗后来创作了一系列圣母哀恸耶稣之死的作品,如佛罗伦萨的《圣母哀恸基督》(1550—1555)、隆达尼尼的《圣母哀恸基督》(1563),还有在帕莱斯特里纳发现的《圣母哀恸基督》(1555—1560)。——原注

如此,她还激励他的诗才,那由于对卡瓦列里的爱而被唤醒的诗才。①她不仅为对宗教怀有阴暗预感的米开朗琪罗揭示了宗教的默启,而且恰如托德所说,还为他在诗歌中歌唱宗教激情作了示范。在他们结交的初期,维多利亚就写出了《灵性的十四行诗》。她一面写,一面寄送给她的朋友。②

他从这些诗中汲取到一种温柔的慰藉,一种新的活力。在一首回赠她的优美的十四行诗中,他表白了动人的感激之情:

令人幸福的精灵,以热烈的爱
使我垂死的衰老心灵保持活力,
在你的善举和乐趣中,
于诸多高贵的生灵之间,
竟对我另眼相待。
过去你这样出现在我眼前
现在你又这样显现于我的心灵,
为的是给我以安慰……
你想到了生活在忧患中的我,
我也当感谢得之于你的恩惠。
如果我以为送给你几幅微不足道的绘画

---

① 这时,米开朗琪罗想到出版自己的诗集。此前,他一直没把他写的东西当回事,是他的朋友路易吉·德尔·里奇奥和多纳托·吉阿诺蒂给他出了这样的主意。由吉阿诺蒂操办出版事宜。1545 年前后,米开朗琪罗从自己的诗稿中遴选了一部分,朋友们替他重新抄录。但是,1546 年里奇奥去世,1547 年维多利亚去世,使他改变了想法,他觉得这无非是一种毫无意义的虚荣。因此他的诗在他生前一直没有出版,只有很少一部分在瓦尔奇、吉阿诺蒂、瓦萨里等人的著作中引用。但他的诗到处传抄,其中有不少已被一些大作曲家谱成了乐曲。瓦尔奇曾在佛罗伦萨学士院朗读并介绍他的一首十四行诗,誉之为具有"古代诗人的清纯和但丁的丰富思想"。米开朗琪罗深受但丁影响。吉阿诺蒂说:"没有人比他更理解但丁,没有人比他更熟悉但丁的著作。"米开朗琪罗对其他意大利古典作家同样熟悉,如著名诗人彼特拉克、卡瓦尔坎蒂,法学家兼诗人皮斯托亚的奇诺等。他的诗风格简洁精炼,而使之富有活力的思想感情则是柏拉图式热烈的理想主义。——原注

② 1551 年 3 月 7 日,米开朗琪罗在信中告诉法图契:"十余年前,她送给我一本羊皮封面的小书,收有 103 首十四行诗,她在维特尔贝寄给我的 40 首还不在内。"——原注

就足以回报你那些美丽且生动的创作,
那真是最大的耻辱和妄自尊大。

一五四四年夏,维多利亚回到罗马,住进圣安娜修道院,直到去世。米开朗琪罗不时去探望她。她深情地思念他,总想暗地送他一些小礼物,好让他的生活稍稍惬意和舒适一些。可是这位多疑的老人"不愿接受任何人的礼物",①哪怕送礼者是他的至爱,他拒绝了她的馈赠。

她死了。他眼睁睁看着她死去,他所说的几句感人肺腑的话,表明他们之间伟大的爱情是何等纯洁和克制:

"我看着她死去,而我不曾如吻她的手那样吻她的额和脸,每念及此,我都感到悲痛欲绝。"②

"维多利亚之死,"龚迪维说,"使他长时间处于痴骏状态,似乎失去了知觉。"

"她希望我成就大的事业,"后来他哀痛地说道,"我也一样,死亡夺去了我一个伟大的朋友。"

他为她的死写了两首十四行诗。一首渗透着柏拉图学派的思想,仿佛黑夜中划过一道闪电,表现了一种狂热的理想主义和极其高雅讲究的风格。米开朗琪罗把维多利亚喻为神明的雕刻家手中的锤子,它使物质材料中迸发出崇高的思想:

> 如果我粗重的锤子,把坚硬的岩石
> 时而打造成这样,时而打造成那样,
> 这是握着它的那只手在引导和操纵,
> 锤子接受着手的运动,驱动它的是一种外力。
> 但神明的锤子在上空举起,
> 仅凭它自身的力量,
> 创造着自身的和其他事物的美丽。

---

① 据瓦萨里记述,某次他与好友路易吉·德尔·里奇奥发生龃龉,原因是后者送给他礼物。米开朗琪罗指责他:"你过分的好意,比你偷盗我更让我难堪。朋友之间应平等相处,如果一个施与多,一个给得少,就会发生争执了。好比一个是征服者,另一个绝不会原谅他。"——原注

② 据龚迪维记述。

没有任何别的锤子能不用锤子就打造自己，
惟有它能使其他所有的一切富有活力。
作坊里的锤子举得越高，
打击在铁砧上就更有力，
神锤高举在上空，直达天庭。
只要神锤助我，便能引导我的作品获得完美的结果。
迄今为止，在这大地上，它仍是惟一的。①

另一首十四行诗更温柔，且宣告了爱情对死亡的胜利：
当那引起我频频叹息的人儿，
从人世，从她自身，从我眼前消逝，
对她有过恰当评价的天理为之愧疚，
所有见过她的人为之哭泣。
死亡啊，而今你且慢得意！
你扑灭了这一太阳的光辉，她却衍生出别的！
爱战胜了，使她在大地，在天庭，
在圣者的行列中重生。
万恶的不公正的死亡，
自以为磨灭了她灵魂的美丽，
遏制住了她德行的回响。
她的诗文却得出相反的结论：
它们使她比生前焕发出更明亮的光华，
死亡让她征服了以往未能征服的天国。

* * *

在这严肃而平静的友谊中，米开朗琪罗完成了他最后的伟大绘画与雕塑作品：《最后的审判》、保利内教堂的壁画和尤利乌斯二世的陵墓。

---

① 米开朗琪罗曾说："在这世上，惟有维多利亚能以她至高的德行激起他人的德行，没有人能像她那样给人鼓励。"——原注

《最后的审判》(西斯廷大教堂壁画)

米开朗琪罗于一五三四年离开佛罗伦萨赴罗马时,心想克雷芒七世一死,他终于可以摆脱其他工作,安安静静完成尤利乌斯二世的陵墓,卸下他这辈子一直压在良心上的重担之后再死去。哪知他刚到罗马,立刻被新主人的锁链缚住。

保罗三世召见他,要他为他工作……米开朗琪罗拒绝了,说他不能这样做,因为合同规定他必须受乌尔比诺大公的约束,直到尤利乌斯二世的陵墓完成为止。教皇发怒了,说道:"三十年来,我一直有这个愿望,现在我成为教皇了,难道愿望还不能得到满足么?我可以撕掉那张合同,无论如何,我要你为我服务。"①
米开朗琪罗差一点又要逃跑。

他想躲进热那亚附近的一座修道院,那里的主教阿莱里亚是他的朋友,也是尤利乌斯二世的朋友,他或许能在邻近的卡拉雷采石场很方便地完成他的作品。他也曾想过躲到乌尔比诺,那是个安静的去处,他希望那儿的人能因怀念尤利乌斯二世而善待他。他已经派去一个人,想在那里买一所房子。②

但是,正当要做出决定的时候,他又像往常一样拿不定主意,他在担心行动的后果,他本可借助某个折中方案从那儿溜走,却仍为永恒的幻想,永远破灭的幻想所蒙骗。他重又让人捆绑着,继续承受着沉重的负荷,直至生命终止。

一五三五年九月一日,保罗三世一道敕令,任命他为使徒宫雕塑与绘画的总建筑师。此前,从四月以来,米开朗琪罗已经接受了《最后的审判》的工作。③ 从一五三六年四月至一五四一年十一月,也就是说,正是维多利亚在罗马小住的时候,他全副精力都投入了这件作品。在从事这项宏伟事业的过程中,大概是一五三九年,老人从脚手架上摔下来,腿部受了重伤。"他又痛苦又气恼,不让任何医生为他治疗。"④他讨厌医生,听说亲友中有

---

① 据瓦萨里记述。
② 据龚迪维记述。
③ 1533 年,他已经想过,用这样一幅巨型壁画占满西斯廷教堂入口处的墙壁。——原注
④ 据瓦萨里记述。

人冒失地求医时,他的信中便表现出一种可笑的担心。

所幸他跌下以后,佛罗伦萨的巴乔·隆蒂尼,他的朋友,一个极聪明的医生,他爱慕米开朗琪罗,对他极为同情,一天,他去敲米开朗琪罗的房门,没有人应声,他上楼,挨个房间去找,一直找到米开朗琪罗睡觉的那一间。艺术家一看是他,老大不高兴。但巴乔却再也不愿离开,直到把他治愈为止。①

和从前的尤利乌斯二世一样,保罗三世也来看他作画,参加意见。他的司仪长比阿吉约·达·切塞纳陪着他。一天,教皇问司仪长对作品有何看法。这位比阿吉约,据瓦萨里说,是一个极迂腐的人,宣称在这样一个庄重的场所,画上这么多下流的裸体是极不恰当的;还说这种画只好装饰浴室或者旅店。米开朗琪罗给激怒了,待他走出门,便凭着记忆,把他画进了地狱,成为弥诺斯的形象,在一座魔鬼的山中,一条巨蛇缠着他的腿。比阿吉约到教皇面前告状,保罗三世嘲弄地说:"倘使米开朗琪罗把你放在炼狱,我还可以想想办法救你;可是他把你放进了地狱,那我就无能为力了:在地狱里肯定是没救的了。"②

认为米开朗琪罗的绘画下流的,可不止比阿吉约一个人。意大利正在整肃世风,那时离韦罗内塞③因《西门家的最后晚餐》被异教裁判所传讯已为时不远。不少人在《最后的审判》面前大呼有伤风化,叫得最响的是阿雷蒂诺。这位海淫海盗的作家,想要给纯洁正派的米开朗琪罗上修身课,④给他写了一封无耻的答尔丢夫式⑤的信,指责他描绘"一些让娼家也会脸红的东西"。他向新设立的异教裁判所控告其亵渎宗教的罪行。"因为,"他说,"侵害他人的信仰,其罪恶更甚于自己无信仰。"他请求教皇毁掉这幅壁画;他指控米开朗琪罗是路德派教

---

① 据瓦萨里记述。
② 据瓦萨里记述。
③ 韦罗内塞(1528—1588),威尼斯画派的著名画家,运用色彩的大师。
④ 这是一种报复行为。阿雷蒂诺多次向米开朗琪罗索要艺术品,米开朗琪罗未予理睬,他曾为《最后的审判》设计了一幅草图,也被客客气气地拒绝了。因此他要米开朗琪罗因蔑视他而付出代价。——原注
⑤ 阿雷蒂诺的喜剧《伪君子》,是莫里哀的《答尔丢夫》的源头。

徒,卑鄙地暗示他道德败坏,①临了还谴责他偷盗了尤利乌斯二世的钱。这封信侮辱和败坏了米开朗琪罗灵魂深处最珍视的虔诚、友谊、爱惜名誉等情操,他读时不禁报以轻蔑的微笑,又因受辱而痛哭,对这封卑鄙的讹诈信,米开朗琪罗不予理睬。他大概想起了自己提及某些敌人时,以压倒人的蔑视说过的话:"不值得和他们去斗,胜了他们也不是什么了不得的事情。"到阿雷蒂诺和切塞纳对《最后的审判》的意见日益得势,他仍不置一词,也不采取任何行动去阻止他们。他的作品被视为"路德派的垃圾",他什么也不说。保罗四世想要除掉他的壁画,②他依然什么也不说。到达尼埃尔·沃尔台雷奉教皇之命,来给他的主人公们"穿裤子"时,③他还是什么话也不说。人家征询他的意见,他毫无怒气地回答,语气中交织着嘲讽和怜悯:"告诉教皇,说这只是小事一桩,很容易整治,只要圣上愿意把世界整治一下,修理一幅画不过是举手之劳而已。"他知道,在和维多利亚虔诚的交谈中,在这颗纯洁无瑕的灵魂庇护下,自己是怀着何等热诚的信仰完成这幅画的。他羞于为这些寄予了他的英雄思想的纯洁裸体辩护,以反驳那些下流的猜度和伪君子及小人的含沙射影。

西斯廷的壁画完工以后,④米开朗琪罗以为终于有权去完成尤利乌斯二世的陵墓了。而不知足的教皇却逼着这位七十岁的老人画保利内教堂的壁画。⑤ 他差一点没能制作预定安放在尤利乌斯二世陵墓的几座雕像,那是用来装饰其小圣堂的。米开朗琪罗庆幸自己得以和尤

---

① 信中还含沙射影地侮辱了无辜的格拉尔多·佩里尼和托马索·德尔·卡瓦列里。——原注
② 1596年,教皇克雷芒八世也曾想把《最后的审判》涂掉。——原注
③ 这是1559年的事。沃尔台雷把他的修改工作称作"穿裤子"。沃尔台雷是米开朗琪罗的朋友,还有另一个朋友,雕塑家阿马纳蒂,同样认为表现裸体很下流。在这件事情上,他的信徒们也不支持他。——原注
④ 《最后的审判》落成礼于1541年12月25日举行,全意大利、法国、德国、弗朗德勒,各处都有人来参加。——原注
⑤ 这些壁画包括《圣保罗谈话》、《圣彼得殉教》等,米开朗琪罗从1542年着手工作,1544和1546年两次因患病中断,1549至1550年间才勉为其难地完成。瓦萨里说,"这是他一生中最后完成的一组绘画,且付出了极大的努力,因为绘画,特别是壁画,对老年人是很不相宜的。"——原注

《最后的审判》(局部)

《最后的审判》(局部)

利乌斯二世的继承人签订了第五份,也是最后一份合同,根据这份合同,他交付出已经完成的那些雕像,①并出资雇用两名雕刻家完成陵墓的扫尾工作。这样一来,他便永远卸下了其他一切义务。

他的苦难还没有到头。尤利乌斯二世的继承人贪婪地不断索要他们认定他以往收下的预付款。教皇让人告诉他,不要为这些事分心,专心做好保利内教堂的事情。他回答道:

> 但是,我们是用脑子而不单是用手作画。做事不动脑子的人是要丧失荣誉的。因此只要我有这些操心事,我就做不出好作品……我这辈子给捆在这座陵墓上了,我因在利奥十世和克雷芒七世面前竭力表明自己无罪而葬送了全部青春,我因为过分讲良心而毁了自己。这就是我的命运使然!我看见许多人年收入高达两三千埃居;我呢,历尽艰辛,却仍然贫穷。而别人还把我当窃贼!……在人前——我不说在神面前——我自认为是个诚实的人,我从未欺骗过任何人……我不是窃贼,我是佛罗伦萨的士绅,出身高贵,是一个受尊敬的人的儿子……当我不得不在那帮混蛋面前自卫时,我真要发疯了!②

为了补偿他的对手,他亲手制作了《行动生活》和《冥想生活》这两座雕像,虽说合同上并没要求他这样做。

一五四五年一月,尤利乌斯二世的纪念建筑终于在文柯利的圣彼得教堂落成。最早的美妙规划现在剩下了什么?只有《摩西》,原计划中只是一个陪衬的雕像,现在却占据了中心的位置。一个伟大计划的讽刺画!

毕竟,这件事了结了。米开朗琪罗从他一生的噩梦中解脱了出来。

二 信 念

亲爱的主啊,我的太阳,

---

① 这组雕像首先是《摩西》和两座《奴隶》,后米开朗琪罗觉得《奴隶》对这一简缩了的建筑不适宜,便换了另两座雕像:《行动生活》和《冥想生活》。——原注
② 1542 年 10 月的一封信,收信人不详。

消除了我无谓的盲目烦恼。①

维多利亚死后,他曾想回佛罗伦萨,"在父亲身边,休息他疲惫的筋骨"。他这一生侍奉了几代教皇以后,想将余年奉献给上帝。也许他是受到女友的推动,想要完成她最后的一个遗愿。维多利亚去世前一个月,一五四七年一月一日,米开朗琪罗被保罗三世任命为圣彼得大教堂的总建筑师兼总监,全权负责教堂的修建。他接受这项任务并非没有困难,也不是教皇的坚持,才使他下决心以七十余岁的老迈之身,担负起这副他从未承受过的重担。他把这看成一种责任,是神交给他的使命:

"许多人认为,我也相信,是上帝把我安置在这个岗位上的,"他写道,"不管我多么老,我都不愿放弃,我是出于对上帝的爱而效劳的,我所有的希望都寄托在上帝身上。"②

为了这项神圣的事业,他不接受任何薪酬。

这件事情上,他又得和众多的敌人交手。如瓦萨里所说,敌人就是"圣·伽洛的党羽"③,还有所有的管理员、供应商、工程承包人等,他揭出他们营私舞弊的劣迹,而圣·伽洛过去一直装聋作哑,从不过问。瓦萨里说:"米开朗琪罗把圣彼得教堂从窃贼和强盗手中解救了出来。"

一个反对他的联盟渐渐形成。为首的便是那个厚颜无耻的建筑师纳尼·迪·巴乔·比吉奥,瓦萨里指责他曾盗窃米开朗琪罗,现在又一心要排挤他。他们散布流言,说米开朗琪罗对建筑全然外行,只会浪费金钱,毁坏前人的作品。教堂建筑管理委员会也参与反对他们的总建筑师,于一五五一年发起组建一个正式的调查组,由教皇亲自主持。监察人员和工人们在两位红衣主教——萨尔维亚蒂和切尔维尼的支持下,都来控告米开朗琪罗。米开朗琪罗不屑于为自己辩解,他拒绝和他

---

① 原文为意大利文。
② 1557年7月7日给侄儿利奥纳多的信。
③ 安东尼奥·德·圣·伽洛从1537年直至1546年去世,一直是圣彼得大教堂的总建筑师。他一向是米开朗琪罗的敌人,为了梵蒂冈的城堡设计,两人曾针锋相对,互不相让。

们辩论。"我没有义务把我应该做,或想要做的事,"他对红衣主教切尔维尼说,"通知您,或其他任何人。你们的任务是监督财务支出,剩下的事仅仅与我有关。"①他那改不了的骄傲禀性,从不肯把他的计划告诉任何人。对那些怨声载道的工人,他的回答是:"你们的任务是干泥瓦活、木工活、斫石、筑墙,执行我的命令,干你们的本行。至于弄清我脑子里的想法,你们永远做不到,因为这是侵犯我的尊严。"②

他这套办法当然激起了更多的怨恨,如果没有教皇们的保护,他一刻也支撑不下去。③ 因此,尤利乌斯三世晏驾,红衣主教切尔维尼成为教皇以后,米开朗琪罗差一点就要离开罗马。然而马尔赛鲁斯二世刚登基就驾崩,由保罗四世继位。④ 最高权威的保护重新确立,米开朗琪罗也就继续奋斗下去。他认为如果放弃作品,就会丧失名誉,灵魂的得救也会成为问题。

"我是不由自主地挑上这副担子的,"他说,"八年来,我白白在无尽的烦恼和劳累中耗得筋疲力尽。如今,工程已颇有进展,可以开始建造穹顶了,这时我若离开罗马,作品将前功尽弃,这于我不啻为一大耻辱,也是灵魂的一大罪孽。"⑤

他的敌人们当然不肯善罢甘休,争斗有时竟会酿成悲剧。一五六三年,圣彼得教堂工程中最忠诚于米开朗琪罗的助手,皮埃尔·路

---

① 据瓦萨里记述。
② 据博塔里记述。
③ 1551年调查结束后,米开朗琪罗转身对主持会议的教皇尤利乌斯三世说:"圣父,您看看我赢得了什么!如果我所忍受的烦恼无助于我的灵魂得救,我就算是白白浪费了时间,白白受了苦。"教皇把手搁在他肩上,说道:"别担心,你是双赢,灵魂和肉体你都赢了。"——原注
④ 保罗三世死于1549年11月10日;和他一样看重米开朗琪罗的尤利乌斯三世于1550年2月8日至1555年3月23日在位;1555年5月9日切尔维尼成为教皇,号称马尔赛鲁斯二世,登基刚几天就去世;1555年5月23日,保罗四世登基成为教皇。——原注
⑤ 1555年5月11日给侄儿利奥纳多的信。1560年,因受朋友们批评意见的影响,他要求"解除他领教皇之命,十七年来义务承担的重负",然而他的辞呈未能获准,保罗四世下令再次肯定了他的权力。这时他才下决心答应卡瓦列里的要求,制作穹顶的木制模型。此前他一直把全部计划藏在自己头脑里,不愿向任何人透露。——原注

易吉·加埃塔,被诬盗窃而入狱;他的工程总管,切萨雷·达·卡斯台杜朗特被刺身亡。米开朗琪罗的回应是,任命加埃塔接替切萨雷的职位。管理委员会赶走了加埃塔,任命米开朗琪罗的敌人纳尼·迪·巴乔·比吉奥担此职务。米开朗琪罗大怒,不再去圣彼得教堂视事。人们传播流言,说他已经辞职。管委会迅即任命纳尼取代他,纳尼也立时摆起主管的架势。他指望使这个疾病缠身,离死不远的八十八岁高龄的老者以灰心丧气告终。可他对这位敌手估计不足。米开朗琪罗当即去找教皇,表示若不还他以公道,他就离开罗马。他要求重新做调查,证明纳尼的无能和欺骗,把他赶走。这是一五六三年九月,他去世前四个月的事,[1]就这样,直到他最后的时日,他还在与嫉妒和仇恨搏斗。

我们不必为他抱屈,他知道怎么自卫,直到临死的时候,他还能——如他以往对他兄弟乔凡·西莫内所说——"把这个败类碎尸万段"。

* * *

除圣彼得大教堂的巨型作品,还有其他一些建筑工程占用着他的暮年:卡皮托勒教堂、圣马利亚·德利·安杰莉教堂、佛罗伦萨洛伦佐教堂的楼梯、皮亚门,尤其是佛罗伦萨的圣乔凡尼教堂——他的宏伟计划中的最后一个,也和其他宏伟计划一样流产了。

佛罗伦萨人曾请求他在罗马为该邦建造一座教堂,科斯梅大公还亲自给他写了一封极尽恭维的信。米开朗琪罗为乡恋之情所激励,以年轻人般的热情投入了这项工作。他对同乡们说,"如果他们能实现他的设计方案,无论罗马人还是希腊人都将无法和他们媲美。"瓦萨里说,"他从来不曾说出这样的话,以前没有,以后也没有,因为他是极其谨慎的。"佛罗伦萨人接受了他的方案,未做任何修改。米开朗琪罗的一个朋友,蒂贝里奥·卡尔卡尼,在他的指导下制作了一个教堂的木制

---

[1] 米开朗琪罗死后第二天,纳尼就去求科斯梅大公,要求继任米开朗琪罗在圣彼得教堂的职位。——原注

模型,"这是一件罕见的艺术珍品,无论就其壮美、富丽,还是多姿多彩而言,都从未见过这样的教堂。人们开始建造,花了五千埃居,尔后,钱没有了,工程停顿下来,米开朗琪罗伤心到极点。"①教堂始终没有建成,连模型也不知去向了。

这是米开朗琪罗对艺术创作的最后失望。行将就木之际,他怎能幻想刚刚起步的圣彼得大教堂有朝一日能够建成,他的作品中还能有一件永存于世吗?如果他能做主,很可能他自己就会把一切都砸碎。他最后一件雕塑,佛罗伦萨教堂里的《耶稣降下十字架》,②表明他对艺术已冷漠到何等地步。他之所以还在继续雕刻,已不再是出于对艺术的信仰,而是出于对基督的信仰,因为"他的精神和力使他不能不创造"③。但作品一旦完成,他就会将它砸碎。(1555)"若不是他的仆人安东尼奥恳求将它赐给他,这件作品就全毁了。"④

这就是米开朗琪罗最后的岁月对自己的作品漠不关心的表现。

* * *

自维多利亚死后,再没有任何伟大的情感照亮他的生命。爱已离他而去:

> 爱的火焰没在我的心中停留,
> 我已折断灵魂的翅膀,
> 巨大的病痛(衰老)总能驱除微不足道的忧伤。⑤

他失去了他的弟弟们和最好的那些朋友。路易吉·德尔·里奇奥

---

① 据瓦萨里的记述。
② 1553年,他开始制作这件他所有的作品中最动人的作品,因为它最亲切,人们觉得他在其中只谈到他自己,他痛苦着,完全沉没在痛苦之中。此外,那个扶着基督的老人,面容痛苦,仿佛就是他本人。——原注
③ 瓦萨里语。
④ 蒂贝里奥·卡尔卡尼从安东尼奥手中买下了这件作品,并请求米开朗琪罗允许他将它修复。米开朗琪罗同意了,卡尔卡尼整理了群像,但他去世了,作品最后仍未完成。——原注
⑤ 米开朗琪罗:《诗集》卷81,约写于1550年。然而他暮年的某些诗表明,他的火焰并没有完全熄灭,他所谓的"燃过的朽木"仍可有火焰蹿出。——原注

死于一五四六年，塞巴斯蒂安·德尔·皮翁博死于一五四七年，他的弟弟乔凡·西莫内死于一五四八年。最小的弟弟吉斯蒙多——他和他一向联系不多——死于一五五五年。他将他对亲情的需要和易怒的情感一齐倾泻在成为孤儿的侄儿们——他最爱的弟弟博纳罗托的两个孩子身上。一个女孩，叫切卡（弗朗切斯卡），一个男孩，叫利奥纳多。米开朗琪罗把切卡安置在修道院，给她置办了行装，供给她一切食宿费用，不时去看她。她出嫁的时候，①他给了她一份产业②做嫁妆。他亲自负责利奥纳多的教育。博纳罗托去世时，这孩子才九岁，长篇大论的通信，令人想起贝多芬和他侄儿的通信，表明他是何等严肃地在尽父辈的责任，当然也时有勃然大怒的情况发生。利奥纳多经常会考验他伯父的耐心，而这耐心却不是很大的。这年轻人糟糕的书法就足以使米开朗琪罗暴跳起来，他认为这是对他不敬：

> 收到你的信，没有一次不是读信之前就让我恼怒万分。不知你从哪儿学来这样的书法！简直是毫无情意！……我相信，即便是给世界上最大的一头驴写信，你也会写得更认真一些……我把你最近的来信扔进火里了，因为我没法读它，也没法回信。我已对你说过，现在不妨再说一遍，每次我收到你的信，总是不等读信就要发怒。从今往后，你别再给我写信了。你有什么事要对我说，就去找个会写字的人替你写，我的脑子需要派别的用场，不能耗费于猜测你那些无法辨认的字迹。③

天性多疑，加上兄弟之间的种种纠葛，使他益发多心，他对侄儿的讨好和奉承并未寄予太多幻想，在他看来，这种情感主要是冲着他的银箱，那小子知道，自己是他的继承人。米开朗琪罗老实不客气地对他挑明了这一点。有一次，他病重垂危，听说利奥纳多去了罗马，干了些不得体的事，十分恼怒，写信对他说：

> 利奥纳多！我病倒时，你跑到乔凡·弗朗切斯科先生那儿打

---

① 1538年，她嫁给了米凯莱·迪·尼科洛·圭恰尔迪尼。
② 即他在波佐拉迪科地区的产业。
③ 伯侄间的通信始于1540年。

听我是否还留下了什么。难道你有了我放在佛罗伦萨的钱还不够么？真是有其父必有其子,你父亲把我赶出了佛罗伦萨我自己的家！须知我已备下了一份遗嘱,根据遗嘱你别再指望从我这里得到什么。去你的吧！别再到我跟前来,永远别再写信给我！①

这怒气丝毫不能触动利奥纳多,因为通常随之而来的是温情的信和这样那样的礼物。② 一年以后,他为赠送三千埃居的诺言所吸引,重新赶赴罗马。米开朗琪罗被他这种情急的表现所刺痛,写道：

> 你这么急匆匆地赶到罗马来,我不知道倘我处于贫困之中,连面包都不够吃的时候,你能否这样快地赶来！……你说你来是出于责任,是因为爱我。是啊！蛆虫的爱！如果你真的爱我,你会写信对我说："米开朗琪罗,留着你的三千埃居,自己花吧！你已经给了我们那么多钱,足够我们用了,你的生命对我们来说比财产更重要……"但是,四十年来,你们靠我养活,我却从来不曾从你们那里听到一句好话……③

利奥纳多的婚姻又是一大严重问题。此事让伯侄二人操心了六年之久(自1547至1553年)。利奥纳多惦记着伯父的遗产,表现得温顺听话。他接受他的一切劝告,让他去挑选、评议,自己不表示任何意见,似乎什么都无所谓。反之,米开朗琪罗十分投入,仿佛是他自己要结婚。他将婚姻视为一件严肃的大事,其中爱情是最次要的条件,财产也不在他的盘算之中,他认为最重要的,是健康和名声。他提出苛严的建议,毫无诗意,坚定且讲求实际：

> 这是一项重大的决策：你得牢记,在男人和女人之间,必须有十岁的差距；注意你所选择的女子不仅要贤惠,而且要健康……人

---

① 1544年7月11日给侄儿的信。
② 1549年,米开朗琪罗病倒,首先是通知侄儿,说已将他写入遗嘱。遗嘱大体是这样的：我将所有的一切,遗留给吉斯蒙多和你。你,我的侄儿,和我的兄弟吉斯蒙多享有同等的权利,两人中任何一人如无另一人的同意,不得私自处分我的财产。——原注
③ 1546年2月6日给侄儿的信。

们和我谈起好几个,有的我满意,有的不行。你考虑考虑,如果这里面有你中意的,就来信告诉我,我再告诉你我的意见……你有选择这个或那个的自由,只要对方出身高贵,有教养。为了今后和睦相处,与其有巨额奁产,还不如没有妆奁。一个佛罗伦萨人告诉我,有人向你提过吉诺里家的女儿,你也很中意。可我不愿意你娶一个只要有钱备下奁产,就不会把女儿嫁给你的父亲的女儿。我希望选择愿将女儿嫁给你,而不是嫁给你的财产的人……惟一需要你仔细考察的,是她灵魂和肉体的健康、血统和品行的纯正,还要了解其父母是何等人,因为这很重要……你得用心找一个必要时不齿于洗濯碗碟、管理家务的女人……至于美貌,既然你肯定不是佛罗伦萨最漂亮的男子,你就不必担心,只要她不是残废,不是丑得吓人就行……①

搜寻了许久,似乎觅得了那只珍奇的鸟。可是在最后一刻,又发现了足以造成严重障碍的缺点:

听说她是近视眼,在我看来这不是小毛病。因此我什么也没应承。既然你也没有表态,我看你还是作罢吧,假如你确信真有其事的话。(1551 年 12 月 19 日)

利奥纳多泄气了。他奇怪伯父干吗非要他结婚不可。米开朗琪罗回答:

不错,我希望你结婚。这是好事,是为了我们家族香火不断。我知道,即使我们这一族绝灭了,对世界不会有任何影响,但是每种动物终归要努力保存自己的族类。因此,我盼着你结婚。②

终于,米开朗琪罗也厌倦了。他开始觉得自己可笑,老是他在忙活侄儿的婚事,利奥纳多本人倒漠不关心。他宣称再也不插手这件

---

① 1547 至 1552 年间的信。
② 他又补充道:"如果你觉得自己不太健康,那就听其自然吧,不必再给这个世界增添其他的不幸者了。"——原注

事了:

> 六十年来,我一直操心你们的事,现在我老了,我该想想自己的事了。

正是此时,他听说侄儿和卡桑德拉·里多尔费订了婚。他很高兴地祝贺他,答应送给他一千五百杜加金币。利奥纳多结婚了,米开朗琪罗向年轻夫妇写信致贺,许诺送给卡桑德拉一条珍珠项链。然而快乐不能阻止他提醒侄儿,"虽然他不太了解这些事,但他觉得利奥纳多把女人带回家以前,应该把所有的金钱问题作个明确的安排。因为在这些问题上,常常埋有不和的种子。"作为结尾,他添上了一个带有嘲讽意味的劝告:

"好吧!现在,好好过日子,也要好好动脑子,因为寡妇的数量总是比鳏夫多。"①

两个月以后,他给卡桑德拉寄去的,并不是曾许诺的项链,而是两枚戒指,一只镶着钻石,另一只镶着红宝石。卡桑德拉谢了他,随信寄去了八件衬衣。米开朗琪罗回信道:

> 这些衬衣真好,尤其是布料,我很喜欢。但我不高兴你们为我花钱,因为我什么也不缺。我感谢卡桑德拉为我做的一切,告诉她我可以给她寄去在这儿能找到的一切,无论是罗马的产品还是其他地方的。这次,我只寄了点小东西;下次,我会送给她更好的、更讨她喜欢的东西。只是你得告诉我。②

不久,孩子诞生了:第一个,按米开朗琪罗的意思,取名博纳罗托(1554);第二个,取名米开朗琪罗,可惜出生不久就夭折了(1555)。一五五六年,老伯父邀请年轻夫妇到他在罗马的家里做客,他一直深情地和家庭同甘共苦、悲喜与共,但从不让家人操心他的事情,乃至他的健康。

---

① 1553 年 5 月 20 日的信。
② 1553 年 8 月 5 日的信。

　　　　　＊　　　＊　　　＊

除了和家庭的联系,米开朗琪罗还有不少知名的或出类拔萃的朋友。① 尽管他性格孤僻,但若以为他像贝多芬一样,表现得像个多瑙河的农民,那就大错特错了。他是意大利的上层人物,有很高的文化修养和世家子弟的优雅气质。他的青少年时代是在圣马可花园,在卓越伟大的洛伦佐身边度过的。从那时起,他就和意大利的大贵族、亲王、主教、文人②、艺术家③中所有的佼佼者有联系。他和诗人弗朗切斯科·贝尔尼斗智④,和贝内代洛·瓦尔奇通信,和路易吉·德尔·里奇奥、多纳托·吉阿诺蒂交换诗稿。人们收集研究他的谈话、他对艺术的深刻论述,还有无人能与之匹敌的对但丁的理解和看法。罗马的一位贵

---

① 在他漫长的生涯中,有备受冷落的孤独时期,也有充满友情的时期。1515 年在罗马,有一伙具有自由思想、生气勃勃的佛罗伦萨人:多梅尼科·博宁塞尼、里奥纳多·塞拉约、乔凡尼·斯佩蒂亚勒、巴托洛梅奥、 韦拉扎诺、乔凡尼·杰莱西、卡尼吉阿尼等。稍后,在克雷芒七世治下,有弗朗切斯科·贝尔尼和塞巴斯蒂亚诺·德尔·皮翁博等思想精英,皮翁博是他忠诚却有害的朋友,是他向米开朗琪罗报告了外界有关他的流言,并挑起他对拉斐尔的仇恨。特别是,在维多利亚·科洛纳时期,有路易吉·德尔·里奇奥等一圈人。里奇奥是佛罗伦萨一商人,在银钱事务方面常充当他的顾问,是他最亲密的朋友。在他家里,米开朗琪罗遇见了多纳托·吉阿诺蒂、音乐家阿尔卡德尔特和漂亮的切奇诺。他们都爱好诗歌、音乐和美食。因里奇奥为切奇诺的死悲痛欲绝,米开朗琪罗为他写了 48 首悼诗;里奇奥则每收到一首诗,就寄给米开朗琪罗许多美食……1546 年里奇奥死后,米开朗琪罗几乎不再有朋友,而只剩下信徒了:瓦萨里、龚迪维、达尼埃尔·德·沃尔台雷、布隆齐诺、莱奥内·莱奥尼、班韦努托·切利尼等。他从他们那里感受到强烈的求知欲,他则对他们表示出动人的关切。——原注
② 如马基雅弗利。
③ 他在艺术界当然朋友最少。但晚年有不少信徒环绕着他。他对大部分艺术家都没有好感,和达·芬奇、佩鲁吉诺、弗朗奇亚、西纽雷利、拉斐尔、布拉曼特、圣·伽洛等关系都不好。他对自己的艺术太执著,不可能像爱自己的艺术那样去爱他人的艺术;他也太真诚,不可能假装爱他其实不爱的东西。不过,1545 年提香访问罗马时,米开朗琪罗对他十分谦恭有礼。总的说来,他更愿意和文学界、实业界,而不是艺术界交往。——原注
④ 他们交换许多充满友谊和戏谑的小诗。贝尔尼高度评价米开朗琪罗,称他为"柏拉图第二",他曾对别的诗人说:"安静点吧,你们这些音韵的工具! 你们说的是字词,惟有他言之有物。"——原注

妇①写到他时说,在他愿意的时候,他是"一位温文尔雅,很有魅力的绅士,这样的人品在欧洲都很罕见"。在吉阿诺蒂及弗朗索瓦·德·奥朗德写的《对话录》中,可以看出他周到的礼貌和待人处事的习惯。从他给亲王们的某些信中,甚至能看出他不难成为一位无懈可击的廷臣。社会从未规避他,是他自己要和社会保持距离,他全凭自己去赢得生活的胜利。对意大利而言,他是天才的化身。到他艺术生涯的最后几年,已是伟大的文艺复兴运动硕果仅存的巨人,他是文艺复兴的代表人物,整个世纪的光荣都体现在他身上。不仅艺术家们将他视为超人②,王公们在他的权威面前,也得礼让三分。法王弗朗索瓦一世和卡捷琳娜·梅迪契向他致敬。③ 科斯梅·德·梅迪契大公想任命他为贵族院议员,④他到罗马的时候,以平起平坐的礼节对待米开朗琪罗,请他坐在他身边,和他亲密地交谈(1560年11月)。科斯梅大公的儿子弗朗切斯科·德·梅迪契接待他时,把帽子拿在手中,"对这位旷世奇才表示莫大的敬意"(1561年10月)。人们对他"崇高的德行"如对他的天才一般敬重。他的晚年像歌德、雨果一样为荣誉所环绕。但他是另一类型的人,既不像歌德那样渴望成为众所周知的人,也不像雨果那样尊重资产者;他独立不羁,不受社会和现存秩序的约束。他蔑视光荣,蔑视社会,若说他为教皇们服务,那只是"迫不得已",且不说他还毫不讳言"甚至教皇们和他谈话或派人去请他时,有时也招他厌烦和生气",而且,"哪怕他们下命令,他要是没安排出时间,照样不去"。⑤

---

① 指阿尔让蒂娜·玛拉斯皮纳夫人。
② 龚迪维的《米开朗琪罗传》,是这样开头的:"自从上帝赐我恩宠的那一刻,不仅让我见到了那独一无二的雕塑家、画家,米开朗琪罗·博纳罗蒂——这是我所不敢有的奢望,而且让我有幸聆听他的谈话,感受他的真情与信念,出于对这份恩宠的感激,我要手收集他生命中值得赞颂的一切,以便他人以这样一位伟人为榜样。"——原注
③ 1546年,弗朗索瓦一世曾写信给他;1559年,卡捷琳娜·德·梅迪契给他的信中说:"我和全世界都知道,他在这个世纪比任何人都卓越。"因此要请他雕一座亨利二世骑在马上的像……——原注
④ 1552年,科斯梅大公有此动议,米开朗琪罗置之不理,使大公大为不悦。——原注
⑤ 见弗朗索瓦·德·奥朗德:《关于绘画的对话》。

当一个人因天性和教育的结果,成为憎恨虚礼俗套的人,倘若不让他按适合于自己的方式生活,那就太不通情理了。倘若他既不向你要求什么,也不招惹你那个群体,为什么你要去招惹他呢?为什么要强迫他去迁就那些与他的远离社会相抵触的无聊小事呢?不顾及自己的天才,而只想取悦于一般傻瓜的人,绝不是一个高尚卓越的人。①

他和社会只保持必不可少的联系,或者单纯思想文化上的交往。他不让人进入他的内心世界,教皇、王公也好,文人、艺术家也好,在他的生活中都只占很小的位置。甚至他们当中他真正抱有好感的一小部分人,他也很少与之建立持久的友谊。他爱他的朋友,很宽厚地对待他们,但是他的暴躁、骄傲和多疑,常常把那些最感激他的朋友变成他的死敌。有一天,他写了这样一封优美而感伤的信:

可怜的忘恩负义者,天性就是如此,你在他陷于困境时帮助他,他说你给予他的他早就给过你了。你给他工作以示关心,他认为你是不得不委托他做这件事,因为你自己不会。他受到的所有恩惠,他都说施恩者是迫不得已。如果这些恩惠太明显,他不可能加以否认时,忘恩负义者会长时间地等待着,直到有朝一日给他好处的人犯了一个明显的错误,他便抓住借口说他的坏话,而且就此摆脱他所欠下的所有情分。人们总是这样对待我,可是没有一个艺术家来求我时,我不给他一些好处的,而且总是出自真心。尔后,他们便借口我脾气古怪,性格癫狂,把我说成精神病患者,只会干错事,借此诬蔑、诽谤我:这就是对所有善良人的奖励。②

*　　　*　　　*

在他自己家里,他有一些相当忠实的助手,但大都是平庸的人。人们猜测他挑选平庸之辈,是为了要他们充当驯服工具,而不是合作者,何况,这是合理合法的。但是,龚迪维说:

---

① 见弗朗索瓦·德·奥朗德:《关于绘画的对话》。
② 1524年1月26日给皮埃罗·贡蒂的信。

许多人责备他不愿教他那些助手,事实不是这样:相反,他很愿意教他们,倒霉的是他不是遇上低能儿,就是遇上有能力而没有恒心的人,他们刚跟他学了几个月,就自以为是大师了。

毫无疑问,他对助手的要求首先是绝对的服从。对那些桀骜不驯的人,他冷酷无情;而对那些谦恭而忠实的信徒,则无比的宽厚仁慈。懒惰的乌尔巴诺"简直不愿干活"①,而他还振振有词:因为他一干活,就会笨手笨脚地把作品弄坏,乃至根本无法补救,弥涅瓦的《基督像》就是一例。某次他生病,受到米开朗琪罗慈父般的照顾,所以他称之为"亲爱的,最好的父亲般"的米开朗琪罗。② 皮埃罗·迪·吉阿诺托被他"爱之若子";西尔维奥·迪·乔凡尼·切帕雷洛转到安德烈·多里亚处服务时,伤心地恳求重新回到他这儿来;安东尼奥·米尼的动人故事,是米开朗琪罗对待助手们慷慨大度的一例。据瓦萨里描述,米尼在他的学徒中,算是很有毅力,却不大聪明的一个。他爱着佛罗伦萨一个穷寡妇的女儿。按他父母的意见,米开朗琪罗要他离开佛罗伦萨。安东尼奥愿意去法国,米开朗琪罗送给他一份可观的大礼:"所有的素描,所有的画稿,还有《勒达》③,包括为此做的全部模型,无论是蜡制的还是粘土制的。"他带着这批财宝动身了(1531)。但是,打击米开朗琪罗宏伟设想的厄运,更严峻地落到了他卑微的朋友身上。安东尼奥到了巴黎,想将《勒达》面呈法国国王。弗朗索瓦一世当时不在,他便将画寄存在一个朋友,意大利人朱利亚诺·博纳科尔西那里,回到自己所在的里昂。几个月后,他返回巴黎,《勒达》却不见了:原来博纳科尔西私自把它卖给了弗朗索瓦一世。安东尼奥气坏了,没有了经济来源,无法自卫,流落在这异域的城市中,于一五五三年末忧愤而死。

在所有的助手中,米开朗琪罗最喜爱,且因他的关爱而成为不朽

---

① 瓦萨里描写米开朗琪罗那些助手:"皮耶特罗·乌尔巴诺聪明,却不用功;安东尼奥·米尼用功却不聪明;阿斯卡尼奥·戴拉·里帕·特兰索内也肯用功,但一事无成。"——原注
② 米开朗琪罗对他手指上的一点小伤口也要担心。——原注
③ 即《天鹅抚爱勒达》,原系应费拉拉大公的请求而作,因费拉拉驻佛罗伦萨大使对他不敬,米开朗琪罗便没有给他。

的,则是弗朗切斯科·达马多雷,别号乌尔比诺,来自卡斯台尔·杜朗台。他从一五三○年来到米开朗琪罗工作室,在米开朗琪罗指导下修建尤利乌斯二世的陵墓。米开朗琪罗为他在自己身后的前途操心。

"如果我死了,你怎么办?"他问他。

"那我就去给别人干。"乌尔比诺回答。

"喔,可怜的人!"米开朗琪罗说,"我要把你救出苦海。"

于是他一下子给了他两千埃居,这样的馈赠只有皇帝和教皇才做得到。①

可是乌尔比诺死在了他前面②。他死后第二天,米开朗琪罗写信给他的侄儿:

> 乌尔比诺死了,昨天傍晚四点左右。我是那样伤心和心烦意乱,我还不如和他一道死去,反倒好过些。我深爱着他,他也值得我爱:这是一个高尚、正直且忠诚的人。他的死令我痛不欲生,我无法觅回平静的心情。

他的痛苦是那样深,以致三个月后,在写给瓦萨里的一封著名的信里,这痛苦仍使他备受煎熬:

> 吉奥尔吉奥,我亲爱的朋友,我本无心提笔,为了给你回信,权且胡乱写几行。你知道,乌尔比诺死了,这对我是极残酷的折磨,却也是上帝赐予我的极大恩惠。就是说,他活着的时候,使我也能存活,他一死,教我也懂得了死,并非不乐意而是很乐意死。他在我身边二十六年,我一直觉得他十分忠实、可靠。我让他挣得了一些财产,现在正想把他当做我老来的依傍,他却离我而去,只给我留下在天堂与他相见的希望。既然上帝使他幸福地死去,就表明他一定会在天堂。对他说来,比死更难以忍受的,是让我苟活在这充满谎言的世界上,在数不清的烦恼之中。我身上最精华的部分已随他而去,剩下的只有无穷尽的苦难。③

---

① 据瓦萨里记述。
② 乌尔比诺死于 1555 年 12 月 3 日。
③ 1556 年 2 月 23 日的信。

在情绪紊乱之际,他请侄儿来罗马看望他。利奥纳多和卡桑德拉很为他的忧伤担心,来罗马后,发现他极其衰弱。乌尔比诺临终前托孤给他,请他担当孩子们的监护人,其中一个是他的义子,以他的名字命名。他从这一职责中汲取了新的力量。①

* * *

他还有其他一些奇特的友情。顽强的天性,猛烈对抗一切强加于人的社会约束,常有一种反其道而行之的需要。他喜欢和一帮思想单纯的人厮混,这种人常有些出人意料和不拘一格的奇想:他们是些与众不同的人。一个托波利诺人,卡拉雷地方的采石匠,"自以为是位出众的雕刻家,从不放过一条驶往罗马的运石船,每次都要带给米开朗琪罗三四件他制作的小小的人像,往往逗得他捧腹大笑";梅尼盖拉,瓦尔达尔诺的画家,"不时到米开朗琪罗这里来,要他画一张圣洛克或圣安东尼,然后他涂上颜色,拿去卖给乡下人。而米开朗琪罗,连王侯们向他讨得一点小作品都很不容易,却肯按照梅尼盖拉的指示画那些素描,这些作品中,还有一个精美的带耶稣像的十字架";一个理发匠,也混迹于画家之中,米开朗琪罗为他画了一幅《圣弗朗索瓦五伤图》;他的一个罗马工人,为尤利乌斯二世陵墓工作,自以为不知不觉间已经成为大雕塑家,因为顺从地遵循米开朗琪罗的指示,居然在白石中雕出一座美丽的人像,把他自己都吓呆了;还有一个外号叫拉斯卡的滑稽的镂金匠皮洛托;游手好闲的因达柯,这个奇怪的画家,"他爱聊天的劲头,正好和厌恶作画的程度差不多",他常说,"老是工作,不会寻乐,是不配做基督徒的";尤其是那个可笑但从无恶意的朱利亚诺·布加尔迪尼,米开朗琪罗对他有特殊的好感。

朱利亚诺天性善良,生活方式简单质朴,既无恶念亦无欲念,让米开朗琪罗无限喜爱。他惟一的缺点是太爱自己的作品。但米

---

① 他给乌尔比诺的遗孀科尔内莉娅写了一些充满关切的信,答应将小米开朗琪罗接过来抚养,"要给予他比给予侄儿利奥纳多的孩子们更多的爱,要教给他乌尔比诺希望他学会的一切。"科尔内莉娅于 1559 年再嫁,米开朗琪罗永远不原谅她。——原注

开朗琪罗往往把这看成他的幸福,因为他自己之所以十分不幸,正是由于任何作品都不能使他完全满意……有一次,奥塔维亚诺·德·梅迪契要朱利亚诺为他画一幅米开朗琪罗的肖像。朱利亚诺开始工作了,他要米开朗琪罗一声不响地端坐了两小时之后,嚷道:"米开朗琪罗,来瞧瞧,你起来吧,我已经抓住你脸部的主要特征了。"米开朗琪罗站起身,看了肖像,边笑边问朱利亚诺:"你搞什么鬼?你把我的一只眼嵌进太阳穴了,瞧瞧吧!"朱利亚诺听了他的话,大感意外。他把肖像和他的模特来回瞧了好几遍,大胆地回答:"我不觉得是这样,可你再去坐下吧,如果是这样,我将修改。"米开朗琪罗知道他是怎么回事,便微笑着在他对面坐下,朱利亚诺对他、对绘画反复看了一阵,然后站起来,说道:"这只眼就是我画的这个样子,是自然使它显得如此。""那好吧,"米开朗琪罗笑道,"这是自然的错,继续吧,不用吝惜颜料。"①

这样的宽容,米开朗琪罗对待其他人是不大会有的,却慷慨地施于这些小人物,其间未尝不含有拿这些可笑的人寻开心的玩笑式的幽默,同时也包含着对这些以大艺术家自居的可怜疯子的怜悯之情。或许他们也令他回想起自己的疯狂。这里面,确有许多既滑稽又悲凉的讽刺成分。

三 孤 独

> 我的灵魂,死神说了些什么……②

他就这样单独和那些卑微的朋友——他的助手和那些痴狂的人——生活在一起,与之相伴的,还有更加卑微的朋友——他的家畜,他的母鸡和猫。③

---

① 据瓦萨里记述。
② 原文为意大利文。
③ 1553年,米开朗琪罗不在家的时候,安吉阿利尼写信告诉他:"母鸡和公鸡老爷都很得意洋洋,但猫们看不见你显得颇忧伤,虽说它们并不缺吃的。"——原注

实际上,他很孤独,愈来愈孤独。"我一直是一个人,"一五四八年,他写信对侄儿说,"不和任何人说话。"他不仅渐渐脱离社会,而且对人类的利害、需求、乐趣、思想,也都淡漠了。

他最后的激情,把他和那个时代的人们联结在一起的共和主义的激情,也泯灭了。一五四四年和一五四六年两次大病期间,在共和主义者和流亡者斯特罗兹家受他朋友里奇奥照料时,他又一次,也是最后一次放射出风暴般的闪光。米开朗琪罗病愈时,请流亡法国里昂的罗伯托·斯特罗兹去提醒法王履行诺言:他补充说,如果弗朗索瓦一世能使佛罗伦萨恢复自由,他将自费为他铸造一座骑马铜像,立在佛罗伦萨的议会大厦广场上。① 一五四六年,为感谢斯特罗兹所尽的东道主之谊,他把两座《奴隶》像赠送斯特罗兹,后者又转献给了弗朗索瓦一世。

但这只是政治狂热的一次爆发——最后一次爆发。一五四五年他和吉阿诺蒂的谈话中,好几次表露出类似托尔斯泰的斗争无用论和勿抗恶思想:

> 敢于杀掉某个人是一种极端轻率自负的行为,因为我们无法判断他的死能否生出善,他的存在是否有碍于善的产生。所以我很受不了那种人,他们认为若不从恶——即杀戮——开始,就不可能获得善果。时代在变,新的事件不断产生,欲念也在转化,人类厌倦了……总之,总会有人们没有料想到的事情发生。

同一个米开朗琪罗,当初为刺杀暴君者辩护;如今却斥责那些幻想以行动改变世界的革命者。他知道自己曾是他们中的一员,他以苦涩心情责备的正是他自己。像哈姆雷特一样,他现在怀疑一切,怀疑他的思想、他的怨恨,怀疑他曾经信仰的一切。他放弃了行动。

"这个老实人回答,"他写道,"'我不是政坛人士,我是个正直的人,一个凭良知行动的人。'他说的是真话。但愿我在罗马的工作如同政治一样不需要我多操心。"②

事实上,他已不再仇恨什么了。他不能恨。因为要恨也晚了:

---

① 见 1544 年 7 月 21 日里奇奥给罗伯托·迪·菲利波·斯特罗兹的信。——原注
② 1547 年给侄儿利奥纳多的信。

不幸的我,已倦于太漫长的等待,
不幸的我,达到我所渴望的已经太迟!
而今,你可知晓?
一颗勇敢、高傲而高贵的心已经懂得宽恕,
他对侮辱他的人将报以爱。①

*　　*　　*

他住在特拉扬广场上的马赛尔·德·柯尔维。他在那儿有一座房子,带有小花园。他和一个男仆、一个女佣,还有他那些家畜占据着这所住宅。他和仆人们在一起过得并不舒服。据瓦萨里说,这些仆人"个个粗心大意,且不讲卫生"。米开朗琪罗经常换仆人,经常叫苦不迭。② 他和仆人之间的纠葛,绝对不比贝多芬少。他的《手记》和贝多芬的《谈话记录册》一样,留下了这些家务争端的痕迹:一五六〇年,他打发走一个叫吉罗拉玛的女仆后,不禁嚷道:"但愿她根本没有来过!"

他的卧室像坟墓般幽暗。"蜘蛛们在里面忙碌,纺造着它们小小的织物。"③在楼梯中段,他画了一幅肩扛棺材的死神像。④

他像穷人一样过日子,吃得很少,⑤而且"睡不着觉,常常夜里起身,用凿子工作。他用硬纸板给自己做了一顶头盔,中间插上蜡烛,戴在头上,这样,既给工作照明,两只手还不受妨碍"。

他愈老,就愈孤独。整个罗马城都入睡的时候,他却躲在那儿打夜

---

① 《诗集》卷109,第64。可能写于1536年,亚历山大·德·梅迪契被洛伦奇诺刺杀以后。米开朗琪罗在此设想了诗人和一个佛罗伦萨流亡者的对话。——原注
② 1550年8月16日,他给侄儿利奥纳多的信中说"我想找一个善良且爱卫生的女仆,但十分困难,这种人全都那么肮脏和放荡……"——原注
③ 米开朗琪罗:《诗集》卷81。
④ 棺材上写有这样一首诗:"我告诉你们,告诉将灵魂、肉体和思想同时交给了人世的你们,在这黑暗的匣子里,你们便拥有了一切。"——原注
⑤ 瓦萨里说:"他吃得极少,年轻时只吃一点面包和酒,为的是用全部时间工作。上年纪以后,从画《最后的审判》开始,他习惯于喝些酒,但仅仅是在晚上,一天的工作结束以后,而且极有节制。尽管他富有,却像穷人一样过活。他从来不,或很少和朋友一起吃饭,也不愿接受任何人的馈赠,因为这让他觉得受惠于人就必须报答。俭朴的生活使他总是很清醒,只需要很少的睡眠。"——原注

工,这于他已是一种需要。寂静于他是恩惠,黑夜则是他的朋友:

> 噢,夜,噢,温柔的时刻,
> 尽管一片黝暗,而一切奋斗
> 最终都能在此达到平和,
> 那称颂你的人有眼光也善理解,
> 那赞美你的人判断力很出色。
> 你剪除了所有为潮湿的阴影和休息
> 所渗透的疲乏的思虑;
> 你经常把我从尘世带往高空
> 我所希冀的去处。
> 哦,死亡的阴影,
> 治愈痛苦的至高无上的良药,
> 你阻挡住灵魂和心灵的卑鄙敌人,
> 使我们有病的肌体重获健康,
> 你拭干我们的泪水,卸去我们的疲劳,
> 洗掉善良人的怨恨和憎恶。①

一天夜里,瓦萨里去看望这位老人,他独自呆在凄凉的屋子里沉思,面对着他那悲怆的《圣母哀悼耶稣》。

瓦萨里敲门,米开朗琪罗站起身,拿着蜡烛去开门。瓦萨里想要看看雕像,米开朗琪罗的蜡烛掉到地上,熄灭了,让他什么也看不见。乌尔比诺去找另一支蜡烛时,大师转身对瓦萨里说:"我太老了,以致死神常来拽我的裤腿,要我随她同去。有一天,我的躯体也会像这支蜡烛一样倒下,像它一样,熄灭我的生命之光。"

死的念头吸引着他,一天比一天更阴暗,也更诱人。

他对瓦萨里说:"我的任何想法,无不刻有死亡的印记。"②

死现在似乎成了他生命中惟一的幸福:

---

① 米开朗琪罗:《诗集》卷78。
② 1555 年 6 月 22 日给瓦萨里的信。

当我的过去重现在眼前,
　　——这是常有的事,
我这才认清了人类的谬误和过错。
　　喔,虚伪的人世!
谁若相信了你的谄媚和虚妄的快乐,
必为自己的灵魂备下悲痛忧伤的苦果。
有过亲身体验的人非常明白,
你经常许诺你没有,也永不会有的
　　安宁与福祉。
因此在世上羁留最久的人,是最不受恩宠者;
寿命较短的人,
则比较容易回到天国……①

漫长的岁月把我引向最后的时日,
我很晚才看出你的逸乐,啊,人世。
你许诺你所没有的太平,
你许诺尚未出生便已死去的安宁……
是经验让我明白和让我说:
出生后旋即死去的,
才是上天所选中的人。②

他的侄儿利奥纳多,为儿子的出生大宴宾客,受到米开朗琪罗严厉的呵责:

这样的铺张令我不快。当整个世界都在哭泣的时候,不应该欢笑。为了某个人的出生举行庆典是一种麻木不仁的表现。应该把他的喜悦,留到一个活够了的人死去的那一天再发泄。③

翌年,当侄儿的次子幼年夭折时,他竟写信道贺。

---

① 米开朗琪罗:《诗集》卷109,第32。
② 米开朗琪罗:《诗集》卷109,第34。
③ 1554年4月给瓦萨里的信。

* * *

　　大自然,迄今为止一直为他喷涌的激情和颖慧的天赋所忽略,①却成为他晚年的一种慰藉。一五五六年九月,阿尔贝大公的西班牙军队威胁罗马,米开朗琪罗出逃,途经斯波莱泰,在那里驻足五周,置身于橡树和橄榄树林中,尽情享受秋日的灿烂。十月末,他被召回罗马,临行还依依不舍。他写信告知瓦萨里:"大半个我还留在那里,因惟有在树林里才能觅得真正的安宁。"②

　　回到罗马后,八十二岁高龄的老人赋诗一首,歌颂田园和田园生活,对照城市的虚妄欺骗,这已是他最后的诗作,但却充满了青春朝气。③

　　但是,如同在艺术中一样,他在自然中探寻的仍然是神,他日甚一日地向上帝靠近。他一直是有信仰的。虽说他不受教士、僧侣的蒙骗,也不受善男信女们的愚弄,而且一有机会就刻薄地挖苦他们,④可是对他的信仰似乎从未有过丝毫怀疑。他的父亲和兄弟们生病或临终的时候,他首先操心的总是他们的圣事。⑤ 他把自己遇上的一切好事和没有遇上的倒霉事,统统归功于祈祷。在孤独中,他多次发作神秘主义的

---

① 米开朗琪罗虽在乡间度过不少岁月,却一向忽视自然,在他的作品中,描绘风景的十分罕见。这一点和同时代的达·芬奇、拉斐尔、佩鲁吉诺、提香等人大异其趣。当然,他也瞧不起当时十分时髦的弗朗德勒风景画。——原注
② 1556年12月28日给瓦萨里的信。
③ 米开朗琪罗:《诗集》卷163。这是一首未完成的长诗,诗的开头是这样写的:看着大胆的山羊登上悬崖,时而在这儿,时而在那儿吃草,真是一种新的赏心乐事。——原注
④ 1548年,他的侄儿利奥纳多曾想加入朝山进香的行列,米开朗琪罗阻止了他,劝他不如把这笔钱用于施舍。"因为,把钱交给教士们,天知道他们拿去派什么用场!"他为侄儿张罗婚事时,一个女信徒找他,劝他为利奥纳多娶一个信女,米开朗琪罗写信告诉侄儿:"我回答她,她最好还是回家纺纱织布,不要这样围着人转,拿神圣的事做交易。"他还写过辛辣的讽刺诗,攻击罗马的宗教骗子和买卖圣物的人。——原注
⑤ 1516年11月23日,他为父亲的病致信博纳罗托,1548年1月为兄弟乔凡·西莫内之死致信利奥纳多,都是关心他们是否做了忏悔,是否行了圣礼。他对祈祷有无限的信心,"他相信祈祷比所有的药物都有效"。(1549年4月25日给利奥纳多的信)——原注

狂热崇拜,偶然给我们留下了其中一次的记忆:当时的一篇报道,描述了这位西斯廷英雄心醉神迷的脸,夜深人静之际,在罗马家中的小花园内,他独自一人在祈祷,痛苦的眼睛乞求地望着繁星点点的上空。①

　　有些人试图让人相信他对圣徒、圣母的礼拜十分淡漠,这不符合事实。他生命的最后二十年全部奉献给圣彼得大教堂的修建,他最后一件作品,因他去世而未能完成的,是圣彼得的雕像,把这样一个人说成新教徒是滑稽可笑的。别忘了他还好几次想去朝山进香,一五四五年想去朝拜孔波斯泰雷的圣雅各教堂,一五五六年想去洛雷特,还参加了圣乔凡尼·代柯拉托(即圣约翰·巴蒂斯特)协会。像所有伟大的基督徒一样,他活着和死去都和基督在一起。他写信告诉父亲,从一五一二年起,"我和基督一同过着清贫的生活";临终时,他要求人们让他回忆基督的受难。自从和维多利亚·科洛纳建立友谊,特别是在她死后,这种信仰益发热诚。同时他的艺术几乎完全专注于颂扬基督的受难,他的诗也沉溺于神秘主义的氛围。他撇弃艺术,投入了十字架上的殉道者张开的臂膀:

> 在波涛汹涌的海上,一叶脆弱的扁舟
> 把我的生命,送达共同的彼岸,
> 在那儿,人们卸下所有虔敬和渎圣的作品,
> 为的是对它们作出解析和评判。
> 因此,使我将艺术视为偶像,视为君主的热情幻想,
> 今日看来是多么大谬不然;
> 我清楚地看到所有人为准备自身苦难的欲求,
> 在我走近双死(指精神和肉体的死亡)之际,
> 它们此刻究竟意味着什么?

---

① 据弗拉·贝内德托记述:1513年,利奥十世登基的第一年,秋天的一个夜晚,米开朗琪罗在罗马家中的小花园里,抬眼祷告上苍。突然,他看见美妙的流星奇观,构成三角形的三道光,一道向东,如剑刃般射出明亮平滑的寒光,末端弯成钩状;另一道呈绛红色,红中带蓝,一直展向罗马;还有一道呈火红色,有分岔,非常长,长到可达佛罗伦萨……米开朗琪罗看到这神圣的征兆,忙进屋拿出纸笔、颜料,画下这幅图景,待他画完,异象也消失了。——原注

那爱情的念头,虚妄的寻乐意图,
一个确定无疑,另一个却预示着灾难。
无论绘画还是雕塑,都不能抚慰我的灵魂,
它已转向神圣的爱,
这神圣的爱正在十字架上
为迎接我们而张开了双臂。①

* * *

在这个老人不幸的心灵中,信仰与受难使之绽开了最清纯的花朵,这就是神圣的恻隐之心。

被仇敌们诬为吝啬、贪婪之徒②的这个人,终其一生,从未间断施惠于穷人,无论是认识的,还是不认识的。他不仅对他的老仆和他父亲的仆人表露了动人的感情,而且经常周济穷人,尤其是那些羞于启齿的穷人。他的父亲,老博纳罗蒂死后,他的一个名叫莫纳·玛格丽塔的老女佣由他收留,后来她的死让他十分悲伤,"仿佛死了亲姐妹一样";③他还帮助一个在西斯廷教堂造脚手架的可怜木工,为他女儿出嫁资……④他喜欢让侄儿、侄女参与他的施舍活动,启发他们的爱心,有时他让他们替他施舍,且不让他们说出他的名姓,因为他愿意隐姓埋名地做好事。⑤"他喜欢行善,而不喜欢显出是行善。"⑥出于一种美好细

---

① 米开朗琪罗:《诗集》卷147,约写于1555至1556年。
② 这些流言主要是阿雷蒂诺、班迪内利散布的。米开朗琪罗虽然生活俭朴,习惯于攒钱,但他不记账,亦不清楚财产究竟有多少。他大把大把地施舍,他的家族一直花他的钱,他对朋友们、仆役们的馈赠,往往是只有帝王才会拿出的珍贵礼物。他的作品,大部分是送掉的而不是卖掉的;他为圣彼得大教堂工作完全是义务的。没有人比他更严厉地斥责贪财的癖好,他写信对弟弟说:"贪财是一大罪恶。"瓦萨里把米开朗琪罗一生中赠送给朋友和信徒的作品列举出来,说:"这个将每件各值好几千金币的作品随意送人的人,我不懂人们怎能把他当做一个贪财的人。"——原注
③ 见1533年给乔凡·西莫内的信和1540年11月给利奥纳多的信。
④ 据瓦萨里记述。
⑤ 1547年8月给侄儿的信:"你来信说,为了爱上帝,你愿意给那女人四个金币,这让我很高兴。"1549年3月29日的信中说:"要注意,应该把钱给那些真正需要的人,而且不是为了友谊,而是为了对上帝的爱……不要说出钱是从哪儿来的。"——原注
⑥ 龚迪维语。

腻的情感,他尤其顾念那些贫穷的少女,总是设法暗中送给她们小小的奁产,让她们能够结婚或进修道院。

"设法了解有女儿要出嫁或送修道院而急需钱用的人——我说的是那种需要钱,却又羞于乞讨的人,"他写信对侄儿说,"把我寄给你的钱给他,但要暗中给,而且要防备受欺骗……"①

此外,又写道:

"告诉我,你还认识别的陷于经济困境的高尚市民么,特别是家中有女儿的家庭。为了灵魂的得救,我很乐意给他们帮忙。"②

---

① 1547年8月给利奥纳多的信。
② 1550年12月20日给侄儿利奥纳多的信。

尾　声

死

>　　……归宿,即死亡……①
>　　　　——米开朗琪罗

死,如此被渴望,而又这样姗姗来迟——
　　因为,对不幸者而言,死总是显得懒洋洋……②

它来了。

严格的僧侣般的生活,固然使他保持了结实的体格,却未能免除疾病的入侵。一五四四年和一五四六年两次患恶性疟疾以后,他一直没有完全复原,结石、痛风,各种各样的痛楚终于把他击垮了。他暮年的一首凄惨的谐趣诗里,描写了他那为病痛所侵蚀的可怜身体:

>　　我独自凄惨地生活,
>　　好似树髓裹在树皮之中……
>　　我的声音仿佛关闭在皮囊里的胡蜂……
>　　我的牙齿已经松动,
>　　犹如乐器上的按键……
>　　我的脸丑得吓人……
>　　我的耳朵里不断响嗡嗡:

---

① 原文为意大利文。
② 米开朗琪罗:《诗集》卷73,第30。

>一只耳里,蜘蛛在结网;
>
>另一只耳里,蟋蟀整夜在吟唱……
>
>重伤风引起的哮喘,使我不能入眠……
>
>瞧瞧赐予我光荣的艺术,
>
>把我导向了怎样的结局。
>
>可怜的老朽,死亡若不快来救我,我就完了……
>
>疲劳已将我肢解,撕裂,击碎,
>
>死,就是我所等待的最后归宿……①

"亲爱的吉奥尔吉奥,"一五五五年六月,他写信对瓦萨里说,"从我的字迹,你可以看出我已经到二十四点了……"②

一五六〇年春,瓦萨里来看他,觉得他极为衰弱。他很少出门,几乎不睡觉,一切都让人感到他将不久于人世。他愈是衰老,愈是温柔,动不动就掉眼泪。

"我去看望了我们伟大的米开朗琪罗,"瓦萨里写道,"他没想到我会去,表现出的那份热情,犹如一个父亲重新找到了丢失的儿子。他搂着我的脖颈,亲个没完,快活得哭了起来。"③

然而他丝毫没有丧失他清晰的思维和活力。在瓦萨里所说的这次会面中,他就艺术的多方面问题与他谈了许久,还对瓦萨里的工作提出好些建议,接着又骑马陪他去圣彼得教堂。④

一五六一年八月,他得过一次病。连续三个月,他赤着脚工作,到他突然感到疼痛时,已经痉挛着跌倒在地。仆人发现时他已失去知觉。卡瓦列里、班迪尼和卡尔卡尼也赶来了。这时,米开朗琪罗已苏醒过来。几天以后,他又开始骑马外出,为皮亚门绘制图稿。

性情古怪的老人说什么也不让旁人照顾他。朋友们得知他孤单单地遭受新的疾病折磨,只有粗心大意、不太认真的仆人和他在一起,都十分难过。

---

① 米开朗琪罗:《诗集》卷81。
② 1555年6月22日给瓦萨里的信。二十四点意谓终点。
③ 1560年4月8日瓦萨里给科斯梅·德·梅迪契的信。
④ 此时他已85岁。

他的继承人,利奥纳多,从前因伯父健康不佳跑到罗马来,挨过他一顿臭骂,如今再也不敢贸然往这儿跑了。一五六三年七月,他托达尼埃尔·沃尔台雷问米开朗琪罗,是否乐意让他来看他,而且,预见到多疑的米开朗琪罗对他的来意会有怎样的猜疑,特地补充说,他的买卖顺利,他现在很富有,不再需要什么了。狡黠的老人让人回答他,既然如此,他很高兴,他将把留在手上的少量钱财分给穷人。

一个月后,对答复不太满意的利奥纳多,又托人表达了对他的健康及周围仆人的担心。这一次,米开朗琪罗回了一封怒气冲冲的信,表明这位离死期仅六个月的八十八岁高龄的老人,还有多么强的生命力:

> 从你的来信,我看出你相信了某些心存嫉妒,却无法偷盗我,又不能任意摆布我的坏蛋们的谎言。这是一群无赖,你居然会傻到听信他们所说的有关我的情况,似乎我成了个小孩子。去他们的吧!这些人只会给人带来烦恼,整日除了嫉妒便是鬼混。你信中说担心仆役们让我受罪,我呢,我告诉你,我所得到的服侍,无论从哪方面说,都是不可能更忠诚、更周到的了。至于你隐隐提到的偷盗问题,我也可以告诉你,家里所有的人,都让我很放心,我对他们很信任。因此,你尽可专心干你自己的事,不要为我的事情操心。必要时,我自会保护自己,我可不是小孩子。你自己保重吧!①

牵挂他的遗产的,远不止一个利奥纳多,整个意大利都是米开朗琪罗的遗产继承人。尤其是托斯卡纳大公和教皇,惦记着不让圣洛伦佐和圣彼得教堂的建筑图纸和素描丢失。一五六三年六月,在瓦萨里推动下,科斯梅大公命他的大使阿维拉尔多·赛里斯托里密奏教皇:鉴于米开朗琪罗日渐衰老,需要暗中监视他的起居以及所有出入他家中的人。在突然去世的情况下,必须立即将他所有的财产登记造册:素描、图稿、文件、金钱等,并警惕有人在他死后最初的混乱中,趁机拿走什么东西。为此,他们采取了一些措施。不用说,这一切都是在米开朗琪罗

---

① 1563 年 8 月 21 日给利奥纳多的信。

本人毫不知情的情况下进行的。①

这些谨慎的措施并非是无益的。时刻已经到了。

米开朗琪罗最后写的一封信写于一五六三年十二月二十八日。一年来,他几乎不再亲自写信,而是口授、签名。达尼埃尔·德·沃尔台雷为他处理信件往来事宜。

他一直工作。一五六四年二月十二日,他站了一整天,做他的《圣母哀悼基督》②。十四日,他发烧了。蒂贝里奥·卡尔卡尼闻讯赶去,在家里没找着他。虽然下着雨,米开朗琪罗竟到田野里散步去了。他回来时,卡尔卡尼对他说,这样的天气外出是不明智的。

"有什么办法?"米开朗琪罗回答,"我病了,而我不论在哪儿都得不到休息。"

他说话时的犹疑,他的目光、脸色,都让卡尔卡尼十分不安。他立刻写信给利奥纳多:"结局即便不会马上到来,可我担心已经不远了。"③

同一天,米开朗琪罗让人把达尼埃尔·德·沃尔台雷请来,要他留在自己身边。达尼埃尔找来了医生费德里戈·多纳蒂。二月十五日,他按米开朗琪罗的意思,写信给利奥纳多,告诉他可以来看他的伯父,"但一路要多加小心,因为路况很糟"④。

"八点刚过,我从他那儿走开,"他补充道,"他神志清楚,思绪平静,只是为一种顽固的痹症所苦。他是那么不舒服,本来下午三点到四点之间,他极想骑马外出,如同平日天气好的时候每天傍晚习惯于做的那样。可是天气寒冷,他头晕,腿部虚弱无力,只得折回,坐在炉边的扶手椅上。他觉得坐在这儿远比卧床惬意。"

忠实的卡瓦列里守在他身边。

直到去世的大前天,他才答应躺到床上。当着朋友和仆人们,他神

---

① 瓦萨里记述。
② 指隆达尼尼府的那座未完成作品。
③ 1564 年 2 月 14 日卡尔卡尼给利奥纳多的信。
④ 1564 年 3 月 17 日达尼埃尔·德·沃尔台雷给瓦萨里的信。

志清楚地口授了遗嘱。他将"灵魂交给上帝,肉体留给尘土",他要求"至少死后回到"他亲爱的佛罗伦萨。接着,他

> 从可怕的暴风雨转入极其甜美的宁静。①

这是二月的一个星期五,约下午五时,正是日落时分……②"他生命的最后一天,亦即进入和平天国的第一天!……"③

他终于休息了。他到达了他所企盼的目标:超越了时间。

> 幸福的灵魂,在他那儿,时光不再流逝!④

---

① 米开朗琪罗:《诗集》卷152。
② 这是1564年3月18日,星期五。当时在场的有托马索·德尔·卡瓦列里、达尼埃尔·德·沃尔台雷、狄奥梅德·莱奥尼、医生费德里戈·多纳蒂和格拉尔多·费德利西米,还有仆人安东尼奥·德尔·弗朗切斯。三天以后,利奥纳多才到达罗马。——原注
③ 米开朗琪罗:《诗集》卷109,第41。
④ 米开朗琪罗:《诗集》卷59。

这就是他神圣的痛苦生涯

我若是他,会有怎样的宿命,
他艰辛痛苦的颠沛流离和他的美德
给这个世界带来了福运!①

在这个悲剧故事结束时,我却因一种顾虑而惴惴不安。我自问,当我想要给受苦的人们列举一些受苦的伙伴作为他们的精神支柱时,会不会在这些人的痛苦之上,又加上那些人的痛苦。是否还是应当像别人那样,只表现英雄们英雄的一面,而掩盖其悲哀的深渊?

——然而不!这是实情!我从不向朋友们许诺以谎言换取的幸福,其实幸福,是要不惜一切代价去争取的。我许诺给他们的是事实,哪怕是以幸福为代价得来的,铁一般的事实,它所刻下的,是那些永恒的灵魂。它的气息是无情的,却又是纯洁的:让我们软弱的心灵沐浴其中吧。

伟大的灵魂有如峻拔的山峰,那里风疾云绕,却比别处让人呼吸得更加顺畅、有力。纯净的空气,可洗涤心灵的污垢;一旦云开雾散,便能俯瞰人类世界。

这座巍峨的高峰,耸立在文艺复兴时期的意大利,我们从远处就能望见它险峻的轮廓,隐没在无垠的天空。

我并不认为一般人都能生活在高山之巅。但不妨一年一度登高礼拜。他们可以在那儿更新肺部的气息和脉管中的血液。在高处,他们会感到更加接近永恒。待回到人生的平原,他们将满怀勇气面对日常的搏斗。

罗曼·罗兰

---

① 原文为意大利文。

托尔斯泰传

一百年前，俄罗斯一位伟人为我们这一代点燃了一支最纯真的火炬，照亮了我们的青春。在即将结束的十九世纪阴霾蔽日的黄昏，他像一颗能抚慰人的星星，以他的目光吸引并安慰我们年少的心。法国有许多人不仅将托尔斯泰看做一位受人爱戴的艺术家、朋友、知己等等，还将他视为欧洲艺术中惟一真正的朋友。我就是其中之一。在缅怀他的同时，我愿向他表示由衷的感激和敬爱之情。

　　我永远忘不了我初次听说托尔斯泰的那些日子。那是一八八六年。经过几年默默地发芽生长，俄罗斯艺术的美妙鲜花忽然绽开在法兰西大地之上。托尔斯泰和陀思妥耶夫斯基作品的译本来势迅猛地同时在所有的出版社印行。从一八八五到一八八七年，巴黎出版了《战争与和平》、《安娜·卡列宁娜》、《童年与少年》、《波利库什卡》、《伊万·伊里奇之死》、高加索短篇小说和民间故事。在几个月、几个星期之内，我眼前出现了整个伟大人生的作品，反映出一个民族，一个崭新的世界。

　　我刚刚进入高等师范大学。我和我的同学人人各有一套主张。我们这个小圈子里，有现实主义者和讽刺家，如哲人乔治·杜马①，有热情歌颂意大利文艺复兴的诗人如苏亚雷斯②、有古典传统的忠实信徒、司汤达派和瓦格纳派、无神论者和神秘主义者。我们争论不休，互不相让。但几个月之后，我们的矛盾几乎都在喜爱托尔斯泰作品这一点上统一了。每人喜爱的理由各各不同，因为每个人都在其中找到了自己，而对所有人来说，那是生命的一种启示，一道通往无垠宇宙的大门。我

---

①　乔治·杜马(1866—1946)，法国心理学家。
②　苏亚雷斯(1868—1948)，法国作家，《人就是这样的》一书的作者。

们周围,在我们的家庭、我们的外省,来自欧洲边陲的这个伟大声音都获得了同样的、有时甚至是意想不到的好感。有一次,我听见我故乡尼弗奈有几个对艺术根本不感兴趣、几乎从不看书的市民居然兴致勃勃地谈论《伊万·伊里奇之死》。

我在一些著名评论家的文章里曾看到这样的观点,即托尔斯泰思想中的菁华都来自我们的浪漫派作家,如乔治·桑和雨果。且不说根本受不了乔治·桑的托尔斯泰是否有可能接受她的影响,也不必讳言卢梭和司汤达对他确有影响这个事实,但若不相信托尔斯泰的伟大人格和使我们深受吸引的魅力应归功于他的思想,则是大谬不然了。艺术活跃其中的思想是有限的。艺术的力量不在思想本身,而在于如何去表现这些思想,如何去表现他个人的特点、艺术家的印记和他独特的生活气息。

托尔斯泰的思想是否来自别人,这一点有待讨论。反正在欧洲还从没听见过他那样的声音。当我们听到我们长期企盼且迫切需要的这种心灵乐音时,不由得心情激动,其原因除了上述那句话还能有什么解释呢?流行的说法对我们的感受不起作用。大部分人和我一样,只是在读过托尔斯泰的作品之后,才接触到欧仁·梅肖·德·沃居埃[①]谈俄罗斯小说的那本书,他对托尔斯泰的赞赏比我们逊色多了。德·沃居埃先生主要以文学家的眼光去品评作品,而我们认为单单欣赏其作品还不够,我们置身于他的作品之中,他的作品成了我们自己的作品。是我们的,因为其中有热烈的生活气息和真诚的青春感受;是我们的,因为那里有带讽刺意味的醒悟、无情的远见和死亡的纠缠;是我们的,因为那里有对博爱和人类和平的梦想,有对文明谎言的猛烈声讨;还因为他的现实主义、神秘主义、自然的气息、对无形力量的感觉、对无限的目眩神迷般的感受。

这些作品对我们犹如维特[②]之于他的同代人:犹如我们的力量、弱

[①] 欧仁·梅肖·德·沃居埃(1848—1910),法国作家,曾发表研究俄罗斯小说的专著。

[②] 指歌德的《少年维特的烦恼》中的维特。

点、希望与恐惧的一面明镜。我们不打算调和这些矛盾,尤其不打算将这颗包罗万象的心纳入狭隘的宗教或政治范畴,不会像某些效法保罗·布尔热①的人那样,在托尔斯泰去世的第二天便将这位曾经写出《战争与和平》的荷马式诗人归入党派的褊狭激情,仿佛我们的小团体一日间就能成为衡量天才人物的准绳!……托尔斯泰是否属于我这一派,和我有什么关系?我会先弄清楚但丁和莎士比亚属于哪一派,才去呼吸他们的气息和接受他们的启迪么?

我们不会像今天的评论家那样,认为"有两个托尔斯泰,一个是转变以前的,一个是转变以后的。一个好而另一个不好"。对我们而言,只有一个托尔斯泰,我们始终敬爱他,因为我们本能地感觉到,在这样的人心里,一切都站得住,一切都前后关联。

*　　*　　*

过去我们凭本能感觉而未加解释的事,今天我们可以用理智来证明。这完全做得到,因为现在托尔斯泰漫长的生命已经到达了终点,毫无遮掩地展示在大众眼前,变成了思想宇宙的太阳。我们首先感到惊讶的是,他的为人自始至终一点没变,尽管有人不时在这儿那儿设置障碍,尽管托尔斯泰本人由于热情洋溢,当他爱和信的时候总倾向于相信自己是第一次爱,第一次信,以为这才是他生命的开始。开始,重新开始。他身上发生过多少次同样的改变和同样的斗争啊!我们不能说他的思想是一贯的。他的思想从来没有统一过。但可以说,他的思想中始终有各种同样的因素,时而相互妥协,时而彼此对立,但彼此对立的时候居多。托尔斯泰的思想和心灵中,统一从来是不存在的,统一只存在于他内心感情的搏斗之中,存在于他的艺术和生命的悲剧之内。

艺术和生活是统一的。作品与生活的关联从没有像在托尔斯泰身上那么紧密。他的作品几乎总带有自传的性质。从他二十五岁的时候起,他的作品便让我们一步步地紧随他冒险生涯的各种不同经历。他

---

① 保罗·布尔热(1852—1935),法国作家、批评家。

从二十岁以前一直到去世为止的《日记》①,以及他提供给比鲁科夫的笔记②,补充了我们对他的认识,不仅使我们看到他内心逐日的变化,也看到了他的天才植根的世界以及启发他思想的人物。

他的家族历史悠久,堪称世家(托尔斯泰和沃尔孔斯基两姓),是非常高贵和古老的家族,其渊源可以自豪地上溯到留里克③,世系中有彼得大帝④的重臣、七年战争⑤的将军、拿破仑战役的英雄、十二月党人⑥和政治流放犯。《战争与和平》一书中好几位很有特点的典型人物,就来自对家族的回忆,如老公爵博尔孔斯基的原型就是他的外祖父,叶卡捷琳娜二世时代伏尔泰式刚愎自用的末代贵族的代表;尼古拉·格雷戈里维奇·沃尔孔斯基公爵的原型是他母亲的一个堂兄弟,此人在奥斯特利茨一役负伤,被人从拿破仑眼皮底下像救安德烈公爵那样救了回来;他的父亲和尼古拉·罗斯托夫⑦有点类似;而他母亲则宛若那位温柔的玛丽郡主,其貌不扬而眼睛很美,她仁慈的光辉照耀着整部《战争与和平》。

他不大了解他的父母。因此我们知道,《童年》和《少年》中动人的叙述很少属实。母亲去世时,他还不到两岁,只能通过哥哥小尼古拉·伊尔捷尼耶夫含泪的讲述,才能依稀忆起母亲的慈容,她满脸洋溢着灿

---

① 托尔斯泰的日记除了几次中断,尤其是 1865 年和 1878 年之间中断过一段相当长的时期之外,几乎可以说十分完整。——原注
② 比鲁科夫为了给托尔斯泰作传,收集、编辑及注释了托尔斯泰的《生活与作品》、《回忆录》、《回想录》、《书信集》、《日记选》、《传记资料汇编》,并由托尔斯泰本人对全部资料进行了校订。比斯托克根据这些手稿译成了法文,共四卷,由《法兰西信使报》社出版。——原注
③ 留里克,公元九世纪俄罗斯帝国的奠基人。传说伊戈尔王即留里克之子。
④ 彼得大帝,公元十八世纪以雄才大略、文治武功著称于世的俄国沙皇。
⑤ 七年战争,1756 至 1763 年间发生在欧洲、美洲、印度及海上的一次争夺殖民地及商业霸权的战争,英、普鲁士和汉诺威为一方;法、奥、俄、萨克森、瑞典、西班牙为另一方,最后普鲁士、英国取得了胜利。
⑥ 十二月党人,俄国的贵族革命者,因于 1825 年 12 月(俄历)发动反对沙皇专制制度的武装起义,故名十二月党人。
⑦ 尼古拉·罗斯托夫也参与了拿破仑的那些战役,1814 至 1815 年间曾被关押在法国。——原注

烂的微笑,在她周遭洒下无尽的欢乐……

唉!如果我在痛苦的时刻看见这种笑容,我便不知道什么是哀愁了……①

但他母亲无疑已将自己毫无保留的坦率、对舆论的满不在乎和编造故事的奇妙天赋都传给他了。

对父亲,他多少还记得一点。此人和蔼、诙谐、眼神忧郁,在他的土地上过着淡泊的、与世无争的生活。托尔斯泰九岁丧父。父亲之死使他"第一次意识到苦涩的现实,感受到了绝望"②。小小年纪的他,第一次与恐惧的幽灵相遇。他一生中有时要与这个幽灵搏斗,有时则对它加以改装和颂扬……这种焦虑不安的心情在《童年》的最后几章有令人难忘的描绘,在那里面,这部分记忆被用于叙述母亲去世和下葬时的情景。

他们一共五个孩子,住在亚斯纳亚·波利亚纳③那座古老的宅子里。列夫·尼古拉耶维奇④一八二八年就出生在这里,直到八十二年后去世,一直没有离开。最小的那个孩子是女儿,名叫玛丽,后来当了修女(托尔斯泰去世前逃出家庭,离开家人,就是躲到她那里去的)。其余三个孩子是:谢尔盖,长得可爱但有点自私,"其真诚的程度是我从未见过的";德米特里,热情、专一、大学时代狂热地投身宗教事业,不顾一切地节衣缩食,访贫问苦,收容伤残人,后又突然放荡不羁,接着又痛悔不已,为一个在妓院认识的青楼女子赎身并与之同居,二十九岁患肺病去世⑤;长兄尼古拉,是兄弟中最受宠爱的一个,从母亲身上继承了想象力,善讲故事⑥,诙谐、腼腆而机智,后当了军官,派驻高加索,在那儿染上酗酒的习惯,他充满基督徒的爱心,身居陋室,与穷人分享

---

① 见《童年》第2章。中译本见《托尔斯泰文集》第1卷,人民文学出版社出版。
② 见《童年》第27章。
③ 亚斯纳亚·波利亚纳,莫斯科南部距图拉镇十几公里的小村,所在之省份为俄罗斯色彩最浓厚的省份,居民清一色为俄罗斯人。
④ 即托尔斯泰。列夫·尼古拉耶维奇是他的名字。
⑤ 托尔斯泰的小说《安娜·卡列宁娜》中列文的兄弟便以他为原型。
⑥ 他曾写过一部《猎人日记》。

自己的一切。屠格涅夫谈到他时说,"他在生活中真正做到了谦逊克己,不像他兄弟列夫只从理论上探讨而已"。

有两位热心肠的女人照顾这五个孤儿:塔季扬娜姑姑①。托尔斯泰说,"她有两种优秀的品质:镇定和爱"。她一生只知有爱,永远为他人奉献一切……

> 她使我懂得了,爱是一种精神上的快乐……

另一位是亚历山德拉婶婶。她总是助人为乐,而不愿有求于人,有仆人也不用。惟一的嗜好是阅读《使徒行传》,再就是与朝圣者和天真的人聊天。这些天真的男女中,有不少人住在他们家里。其中一位会唱圣诗的女朝圣者是托尔斯泰妹妹的教母,另一位男的叫格里沙,只会祈祷和哭泣……

> 啊,伟大的基督徒格里沙!你信仰虔诚,常感上帝之临近,你爱心热烈,不需理性指挥,话语自会汩汩流出,你赞颂神的荣光。
> 如果言语难以表达,你便泪流满面,伏地不起!……②

这些卑微的人对托尔斯泰成长的影响不是显而易见的吗?看来晚年的托尔斯泰早已在他们身上出现和形成了。他们的祈祷,他们的爱心,在孩子的心灵中播下了信仰的种子,而老来不过是收获罢了。

除了格里沙,托尔斯泰在《童年》里没有提及其他对他心灵成长起过作用的那些谦卑的人。然而透过这本书可以感觉到,托尔斯泰那颗童心,"那颗充满爱的纯洁心灵,像一道明亮的光,总是看到别人的优点",总是充满温柔的感情!他幸福,却想着他所知道的那惟一的不幸者,他流泪,总想为他做些奉献。他亲吻一匹老马,为了曾经使它受苦而求它原谅。他因爱他人而感到幸福,哪怕别人并不爱他。此时他未来的才华已露端倪:他有想象力,常为自己想象的故事伤心落泪;他那从不休息的大脑,总是努力去思索人们内心之所想;他早熟的观察力和

---

① 其实她不过是一个远房亲戚。她和托尔斯泰的父亲曾经彼此爱恋。但她后来悄然退出了,像《战争与和平》中的梭尼亚一样。——原注
② 见《童年》第12章。

列夫·托尔斯泰的出生地——托尔斯泰庄园

记忆力①;他锐利的目光,能在丧礼参加者的脸上看出他们是否真的悲痛。他自己说,他五岁时便已经第一次感到,"人生并非一种享乐而是十分沉重的苦役"②。

幸而他很快就忘记了这种想法。这时,他陶醉在俄罗斯民间故事、带有幻梦色彩的神话传说和圣经故事之中,尤其是高尚的圣约瑟行传,直到晚年,他还视之为艺术典范而向人推荐。还有《一千零一夜》,每天晚上,在他祖母房里,总有一个盲人坐在窗台上为他娓娓述说。

*　　*　　*

他在喀山上学③,成绩平平。别人对他三兄弟有这样的评语④:"谢尔盖想学也能学;德米特里想学但学不好;列夫既不想学也学不好。"

他称自己的少年时代为荒漠时期。一片黄沙,吹来阵阵炽热的狂风。关于这个时期,《少年》,尤其是《青年》中有不少内心的独白。他很孤独,头脑总处于狂热状态。一年中,他为自己寻觅并探索了各种学说。⑤ 他曾是斯多噶主义者,故意让自己经受肉体的折磨;又曾是伊壁鸠鲁的信徒,纵欲享受;⑥接着又相信灵魂能够转世;最后坠入荒唐的虚无主义,相信如果迅速转身,便可面对面地看见虚无。他分析自己,分析……

我只想着一件事,我想着我所思考的一件事……

---

① 在1878年写的自传体笔记中,托尔斯泰说他清楚地记得襁褓时在木桶里洗澡的感受。(见《儿时记趣》)
② 见《儿时记趣》。
③ 从1842到1847年。
④ 比他大五岁的尼古拉已在1844年毕了业。——原注
⑤ 他爱作形而上学的谈话。他说,"因为这种谈话比较抽象,隐晦到以为说出了自己之所想,其实是说非所想。"(见《少年》第27章)——原注
⑥ 斯多噶主义,指古希腊罗马哲学的一个重要学派,创始人是芝诺。该学说强调人的社会职责和义务,强调以心灵平静和坚持道德价值的行为准则。世人常以其代表坚忍和苦行主义;伊壁鸠鲁(前341—前270),古希腊哲学家,唯物主义的感觉论者,提倡一种"乐生"哲学,世人常以其代表纵欲享受。

无休止的分析，像一部空转的推理机器，这种危险的习惯，据他说，"往往给他的生活带来危害"，但他的艺术却从中汲取了无限的源泉。①

这种游戏使他失去了一切信念，至少他认为是这样。从十六岁起，他再也不祈祷，再也不去教堂了。② 但信仰并未泯灭，而只是孕育着：

可是，我仍然有信仰。信什么？我说不清。我仍然信上帝，或者换句话说，我不否认上帝的存在。但上帝是什么样？我不知道。我不否认基督和他的学说。但这种学说是什么，我也说不出。③

有时候，他会忽发善念，想把马车卖掉，把钱分给穷人，拿出十分之一的家财为他们谋福利，遣散家里的仆人⋯⋯"因为他们像我一样都是人。"④他曾在一次病中⑤写下《生活守则》。天真地给自己规定："学习并钻研一切：法律、医学、语言、农业、历史、地理、数学，在音乐和绘画方面要达到最完美的水准⋯⋯"他确信，"人的宿命在于不断地完善自己。"

然而，在少年的欲念、强烈的感官需要和自尊心⑥驱使下，这种自我完善的信念不知不觉地偏离了轨道，失去了无私的性质，变得讲求实用且物质的了。他之所以想完善他的意志、体魄和精神，那完全是为了征服世界，获得别人的爱戴⑦。他想要人人都喜欢他。

---

① 尤其是他早期的作品，如《塞瓦斯托波尔杂记》。
② 此时他正饶有兴趣地阅读伏尔泰的作品(《忏悔录》第1章)。——原注
③ 《忏悔录》第1章。
④ 《青年》第3章。
⑤ 指1847年3至4月。
⑥ 《少年》中，涅赫柳多夫说："人所做的一切均出于自尊。"1853年，托尔斯泰在《日记》中写道："我的一大缺点是骄傲。一种扩大了的毫无理智的自尊。⋯⋯我野心勃勃，如果要我在荣誉和我喜爱的德行之间选择，我认为我会选择前者。"——原注
⑦ "我希望所有人都了解我和爱我。我希望所有人只要听到我的名字便对我刮目相看，而且感谢我。"(《青年》第3章)——原注

做到这一点可不大容易。他那时长得像猴子一样丑:脸又长,模样粗野,短发长得很低,一双小眼睛看人的时候狠巴巴的,深眼窝,阔鼻,厚嘴唇向前突出,还有一副兜风耳。① 他自知长得丑,从小就伤心欲绝②,由此产生成为"体面人"的理想③。为了和别的"体面人"一样,他也去赌博,糊里糊涂地欠了一身债,那真是彻头彻尾的放荡④。

有一个因素救了他,就是绝对的真诚。

"你知道为什么我爱你胜过爱其他人吗?"他的朋友涅赫柳多夫对他说,"因为你有一种惊人而罕见的品质:坦率。"

"是的,我连说出来自己都感到脸红的事也照说不误。"⑤

在他行为最放荡的时候,他也能头脑清晰地对自己作出毫不留情的批判。

"我像畜生一样生活,"他在《日记》里写道,"我完全堕落了。"接着,按照他酷爱分析的习惯,他仔细写下了他犯错误的原因:

1. 优柔寡断,或缺乏魄力;2. 自己骗自己;3. 操之过急;4. 妄自菲薄;5. 心绪不佳;6. 是非不分;7. 好模仿;8. 浮躁;9. 缺乏深思熟虑。

这种独立判断的做法,他在念大学时候已经用来批判社会习俗和思想上的迷信。他看不起大学传授的知识,不愿做正规的历史研究,因思想大胆而被停学。在这个时期,他发现了卢梭:《忏悔录》、《爱弥儿》。这简直是当头棒喝。

---

① 以上描述系根据 1848 年他二十岁时的一幅肖像。——原注
② "我想象一个像我鼻子这样阔、嘴唇这样厚、眼睛又这样小的人在世界上是找不到幸福的。"(《童年》第 17 章)另外他还悲伤地谈到自己"没有表情的脸,软弱、怯懦,优柔寡断,缺乏高贵的气质,粗手大脚,十足一个庄稼汉。"(《青年》第 1 章)——原注
③ "我把人类分为三级:体面的人,只有这种人值得尊敬;不体面的人,这种人让人看不起,招人讨厌;最后一种是贱民,现在没有了。"(《青年》第 31 章)——原注
④ 尤其是 1847 年到 1848 年他在彼得堡那段日子。——原注
⑤ 《与保罗·布瓦耶先生的谈话》,见 1901 年 8 月 28 日巴黎《时代》杂志。——原注

>我崇拜他,将他的肖像似圣像一样挂在脖子上。

他最初写的几篇哲学论文都是评论卢梭的(1846—1847)。

然而大学和"体面人"都已令他厌烦,于是他回到亚斯纳亚·波利亚纳村自己的家园(1847—1851),与老百姓恢复了接触,他打算帮助他们,为他们做好事,教育他们。这一时期的经历在他的初期作品《一个地主的早晨》(1852)中有所述及,那是一部优秀的小说,主人公便是他最爱用的化名涅赫柳多夫公爵[①]。

涅赫柳多夫二十岁。他放弃上大学,想为他的农户谋福利。为他们办了一年好事之后,他来到村里,却遭到嘲笑和冷遇、根深蒂固的不信任、因循守旧、浑浑噩噩、为非作歹、忘恩负义。他的一切努力都白费了。他绝望地回到家中,想起一年前的梦想、自己的抱负、想到他以前的理念,即"爱和善是这个世界上惟一可能的幸福和真理"。他认为自己失败了,心中羞愧,万念俱灰。

>他坐在钢琴前,手指下意识地轻抚琴键,弹出了一个和弦,接着第二个,第三个……他弹了起来。和弦并不完全有规律,往往很平淡,甚至很庸俗,丝毫显露不出音乐的才华,但他从中感到了一种难以名状而略带哀愁的乐趣。每当和声变化,他便心中一动,等待下一个和声的出现,他以想像模模糊糊地弥补了自己的不足,觉得耳边响起了合唱和交响乐的声音……而他主要的欢乐却来自强行加入的想象,虽然毫不连贯,但异常清晰地使他看到了过去和将来变幻莫测的形象和画面……

他又看到了刚才和他谈话的那些下流、多疑、爱撒谎、懒惰和固执的乡下人。但这次他只看见他们的长处,而不再看见短处了。他用爱的直觉进入他们的内心,看到他们的忍耐、乐天知命、逆来顺受,看到他

[①] 在《少年》、《青年》(1854)、《军旅相遇》(1856)、《射手日记》(1856)、《卢塞纳》(1857)和《复活》(1899)等作品中都有这个人物出现。但必须注意,这个名字指的人物各不相同,托尔斯泰没有赋予他们相同的体貌特征。在《射手日记》的结尾是自杀身亡的。这个名字是托尔斯泰的不同化身,有时是好人,有时又相当坏。——原注

们对家庭的感情、一贯真心实意地依恋过去的原因。他想起他们勤勤恳恳、辛苦而有收获的劳动……

他喃喃地说道："这真美……为什么我不能成为他们中间的一员呢？"①

整个托尔斯泰活灵活现地显现在这第一篇小说的主人公身上②，他眼光清晰，幻觉依然。他以地地道道的现实主义眼光去观察，可是只要闭上眼睛，梦想和对人类的爱重又在他心中涌现。

*　　*　　*

但一八五〇年的托尔斯泰不像涅赫柳多夫那么有耐心。亚斯纳亚让他很失望；对那里的老百姓和上层人物也已感到厌倦。他扮演的角色成了沉重的负担，简直无法再坚持下去。另外，债主们也纠缠不休。一八五一年，他逃往高加索，去投奔当军官的哥哥尼古拉。

一到天朗气清的山区，他精神为之一振，又恢复了对上帝的信仰：

> 昨夜③，我几乎通宵不眠……我向上帝祈祷，而祈祷时心中那种惬意简直无法形容。我默诵了传统的经文之后又祈祷了很长时间。我期待着非常伟大、非常美好的东西出现……到底是什么？我说不清。我想与上帝融为一体，求他宽恕我的过失……不，不必请求了，我觉得，既然他赐予我这幸福的一刻，就等于原谅我了。我继续恳求，同时又觉得无事可求，我既不能也不懂得恳求。我感谢他，不是用言语，也不是用思想…… 这样过了不到一个小时，我又听到了罪恶的声音。原来我睡着了，又梦见了名利和女人，真是毫无办法。没关系，我感谢上帝赐予我这幸福的时刻，让我看到了自己的渺小和伟大。我想祈祷，却又不懂得如何祈祷，想要大彻大悟，却又不敢。我还是听从上天的安排吧。④

---

① 引自《一个地主的早晨》。
② 此小说与《童年》同时发表。
③ 1851 年 6 月 11 日在高加索的斯塔里—伊乌特军营。——原注
④ 见《日记》。

列夫·托尔斯泰和他的哥哥尼古拉

肉体并没有被征服(永远没有);斗争继续在内心秘密地进行,在七情六欲与上帝之间进行。托尔斯泰在《日记》中记录了三个吞噬他的魔鬼:

  1. 赌博欲。可以克服。
  2. 情欲。很难克服。
  3. 虚荣心。这是最可怕的一种欲念。

  正当他梦想奉献自我,一心只为他人的时候,肉欲和其他莫名其妙的想法又向他袭来,眼前又出现了某个哥萨克女人的形象,或者胡思乱想,"如果他左面的胡子翘得比右面的高,那多叫人失望啊!"①——"管他呢!"上帝在此,绝不离他左右。即使斗争激烈也会绝处逢生,因为一切生机都动员起来了。

    我想,我轻率地决定到高加索去的想法其实来自上苍。是上帝的手在引导我。为此,我对他感恩不尽。我觉得,我在这里变好了。我确信可能发生在我身上的一切都是为我好,因为那是上帝的意旨……②

  这是大地在春天感谢神恩的歌。大地开满鲜花。一切都十分美好。一八五二年,托尔斯泰的天才初次开花结果,写出了:《童年》、《一个地主的早晨》、《袭击》、《少年》;他感谢生命之神使他有这样的收获。③

*　*　*

  《童年》于一八五一年秋天在蒂弗利斯着手写作,一八五二年七月二日在高加索的皮亚蒂戈尔斯克完成。奇怪的是,当时托尔斯泰正陶醉在大自然的怀抱,过着全新的生活,周围充满惊心动魄的战争风险,他正忙于发现一个他尚不了解的人物与感情的世界,却居然在这第一

---

① 见《日记》。
② 1852 年 1 月给姑姑塔季扬娜的信。
③ 1851 年的一幅肖像已表露出他思想发生了变化:他仰着头,脸色较前开朗,眼窝没有以前深,目光仍然凝重,嘴微张,唇髭刚长出来,显得有点忧郁。神色还是有点倨傲和轻蔑,但多了几分青春的朝气。

部作品里追忆生活的往事。不过,写作《童年》的时候,他正在患病,在军队里的活动突然停了下来。漫长的复原过程中,他无事可做,孤寂而痛苦,于是多愁善感起来。温情的眼睛面前便展现出往日的景象①。经历了近几年徒劳无功却令人筋疲力尽的紧张生活,再重温早年"天真、美妙、富有诗意而快乐的日子",使心境重又变得"像孩子般善良、敏感而有爱心",当然别有一番温馨的滋味。再说,他青春年少,热情似火,心中有无限的打算,理想如诗,周而复始,难得考虑一个孤立的题材,而伟大的小说不过是历史长链中的几个环节,是他永远难以实现的巨大规划的几个片段而已②。此时的托尔斯泰把《童年》的叙述仅看做《四部曲》的前几章,这《四部曲》也应该包括他在高加索的生活,可能直到大自然向他显示上帝的存在为止。

《童年》对他的成名颇有帮助,但他后来对这部作品却有诸多挑剔。他对比鲁科夫说:

"写得糟透了,一点文学味也没有!……简直毫无可取之处。"

但持这种看法的只是他一个人。作品的手稿没有署名,寄给了鼎鼎大名的《现代人》杂志,很快便刊出了(1852年9月6日)。获得极大的成功,欧洲各国读者一致赞扬,可是,尽管作品颇有诗的魅力,笔触精妙、感情细腻,托尔斯泰后来却很不喜欢。

他不喜欢的理由正是别人欣赏的原因。确实,书中除了某几个当地人物的描写和少量感情真挚并具有宗教意识的篇章③之外,托尔斯泰本人的个性并不突出。这部作品温情脉脉,多愁善感的情调,托尔斯泰后来很反感,在其他小说中,他完全排斥了这种写法。这种感伤情调我们亦不陌生,其间的幽默和眼泪我们似曾相识,它们来自狄更斯。托尔斯泰十四到二十一岁时最喜欢读的书正如他在《日记》中所说,是"狄更斯的《大卫·科波菲尔》,我受其影响颇大"。在高加索时,他把

---

① 这个时期他写给塔季扬娜姑姑的信充满感情,可谓一字一泪。他也说自己是"爱哭的列夫"。——原注
② 《一个地主的早晨》是《一个俄罗斯地主》写作计划的片断。《哥萨克》是一部有关高加索的长篇小说的第一部分。长篇巨著《战争与和平》按照作者本人的想法不过是一部现代史诗的开头,而《十二月党人》则是小说中的一段。——原注
③ 指朝圣者格里沙或母亲之死。

这部小说又看了一遍。

他还曾谈到两个人对他的影响,这就是斯特恩①和托普费尔②。他说:"当时我完全受他们的启发。"③

谁会想到《日内瓦小说集》竟是他写《战争与和平》的第一个范本呢?由此不难在《童年》中发现同样的亲切、乐观而略带嘲讽的口吻,只不过搬了家,移植到一个比较有贵族气息的环境里罢了。

因此,托尔斯泰从一开始便似乎以一个公众熟悉的面目出现。但很快就显露了个性。《少年》(1853)没有《童年》那么单纯,那么完美,展示出一种独特的心理状态,一种对大自然的强烈感受和一颗饱受困扰的心,这是狄更斯和托普费尔的作品所没有的。在《一个地主的早晨》(1852年10月)中,托尔斯泰的个性似乎已经完全形成,观察大胆而率真,对爱也充满信念。在这个短篇中,他出色地刻画了几个农民形象,他后来写的《民间故事》中描绘得最妙的一个人物养蜂老人④,此时已略见端倪。老人身材矮小,站在桦树下,伸出双臂,眼睛看着天空,光秃的头在阳光下闪闪发光,周围有一群金色的蜜蜂,不仅不螫他,反而在他头顶飞绕,仿佛一个花环……

但这个时期的代表作却是直接记录他当时那些感受的作品——高加索纪事。其中第一篇《袭击》(1852年12月24日完稿)所描写的壮丽景色,给人留下了深刻的印象:河边的山中日出;暗影与声音都表现得极为卓越的夜景;途中,夜色苍茫,远处积雪的群山逐渐在紫色的暮霭中隐没,透明的空气中响起了士兵们优美的歌声。《战争与和平》中的好几个典型人物其实已经在这些作品中出现。如赫洛波夫大尉,一位真正的英雄,他打仗并非出于个人的兴趣,而是尽他的责任。他那张脸是"典型的俄罗斯人的面庞,纯朴、镇静,是那种让人乐于直视的脸"。他笨重、不灵活、有点可笑、对周围的事不太理会,打仗时,其他人都有所变化,只有他依然故我,"跟平日所见的一样:动作沉稳,声音不高也不低,脸上还是一副朴实、憨厚的表情"。比起他来,那个中尉

---

① 斯特恩(1713—1768),英国小说家,以《项狄传》和《感伤旅行》闻名于世。
② 托普费尔(1799—1846),瑞士小说家、画家。《日内瓦小说集》的作者。
③ 见给比鲁科夫的信。
④ 见《两个老头》(1885)。

则是莱蒙托夫①式的英雄,心地善良,却装作十分凶狠。而那个可怜的小个子少尉,第一次打仗高兴得了不得。恨不得搂着每个人的脖子亲吻,可爱复可笑,像彼佳·罗斯托夫那样莫名其妙地送了命。画面的正中是托尔斯泰的面孔,他只是观察而不介入伙伴们的思想;实际上,他已发出了反对战争的呼声。

> 世界是这样美好,头上是一望无际的星空,难道人类就不能自由自在地活着吗?在这里,他们怎能怀有恶意,怀有复仇和消灭同类这种疯狂的心理呢?大自然是善与美最直接的体现,一经和大自然接触,人类心中所有的恶念都应该烟消云散。②

这个时期所观察到的有关高加索的故事,都是稍后写的,如:一八五四到一八五五年的《伐林》,叙事准确,虽然有点冷峻,但对俄罗斯士兵的心理刻画得十分有趣,——这是未来作品的笔记;一八五六年的《一个被贬谪的军官》③,写一个堕落的上流人士,被降了职的下级军官,酗酒、撒谎的懦夫,他怎么也想不通自己竟会像这些他所看不起的士兵那样去送死,其实这些士兵里最差的一个也胜过他一百倍。

凌驾在这一切作品之上,成为这第一道山脉最高峰的作品,是托尔斯泰最美的抒情小说之一,也是他的青春之歌的高加索诗篇《哥萨克》④。在明亮的天空衬托下,灿烂的雪山连绵伸展,和谐的乐韵贯串全书。这部作品闪耀着才华,正如托尔斯泰所说,才华是"青春万能之神,逝而难再的冲动"。从这一点来看,此书是独一无二的。简直是春天的滔滔急流!爱情的娓娓倾诉!

> "我爱,爱极了!……勇敢之士!善良的人!……"他反复地说,他想流泪。为什么?谁勇敢?他爱谁?他不知道。⑤

这种心灵的醉意毫无节制地流淌。主人公奥列宁像托尔斯泰一样

---

① 莱蒙托夫(1814—1841),俄国才华出众的抒情诗人。
② 引自《袭击》,中译本见《托尔斯泰文集》第2卷,人民文学出版社出版。
③ 中译本见《托尔斯泰文集》第2卷。
④ 此书虽然1860年才完成(1863年出版),但内容的大部分却是这个时期写的。——原注
⑤ 引自《哥萨克》,《托尔斯泰文集》第3卷。

也来到高加索,在冒险的生活中锤炼。他爱上了一个年轻的哥萨克姑娘,陷入乱糟糟的、相互矛盾的希望之中,时而认为,"幸福就是为别人而活着,自我牺牲",时而认为,"自我牺牲不过是愚蠢的行为";于是他差不多和那个哥萨克老人叶罗什卡一样相信,"一切都是值得的。上帝创造一切,为的是使人类快乐。这是灵魂得救而不是什么罪孽"。那么还用得着思考吗?只要活着就行了。生活就是善,就是幸福,生活是全能的,无所不在的:生活就是上帝。一种狂热的自然崇拜煽动并吞噬着他的心。奥列宁在森林中迷了路,周围都是"野生植物、无数的飞禽走兽、成群的蚊蚋、幽暗的树木、温暖而芬芳的空气、小沟中的浊水在枝叶下汩汩流淌",两步之外,就有敌人的埋伏,他"突然产生一种没来由的幸福感,便依着小时候的习惯,画了个十字,感谢起某个人来"。像一个印度托钵僧般满足地对自己说,他独自迷失在生命的轮回之中,越陷越深,藏在周围的无数看不见的生物此时正窥伺着他的死亡,成千上万的昆虫在他四周嗡嗡地彼此招呼:

"哥儿们,到这儿来,到这儿来!有人可叮咬了!"

他很清楚,在这里,他已经不再是俄国贵族,莫斯科上流社会里的人,或者某某人的朋友和亲戚,而只是一个像苍蝇、野鸡、麋鹿般的生物,和现时在他周围生活着并转来转去的鸟兽昆虫一样。

"像他们一样,我活着,死去,然后,上面长出草来……"

于是,他心里充满欢乐。

在青年这段时光,托尔斯泰疯狂般陶醉在对力量和生活的热爱之中。他拥抱大自然并与之融为一体,向大自然倾诉、宣泄他的哀愁、欢乐和爱情。但这种浪漫的陶醉从未影响他清晰的目光。在这热情的诗篇里,景物描写之雄浑,人物刻画之逼真,是别的作品所难以比拟的。自然与人世的对立是全书的背景,也是托尔斯泰一生中最爱采用的思想主题和信条。这种信条已经使他找到《克莱采奏鸣曲》中的严酷冷峻之音,并用以鞭挞世界这个舞台上的人间百态。而且对他所喜爱的人,他的描写也同样真实。自然界的生物、美丽的哥萨克姑娘和他的朋友,都被放在光天化日之下观察,他们的自私、贪婪、诡诈和毛病,他都照写不误。

更重要的是，高加索向托尔斯泰揭示了他本人深厚的宗教意识。这种真理精神的初次宣示说来话长。他自己也是以保守秘密为条件才告诉他青年时代的知己，他年轻的婶婶亚历山德拉·安德烈伊夫娜。他在一八五九年五月三日写给她的信中"表明了他的信仰"①。他说：
"小的时候，我并没有思考，只凭热情和感受去信仰。十四岁左右，我开始思考人生。由于宗教和我的理论不一致，我把消灭宗教看成一件好事……我觉得一切都很清楚、合乎逻辑，一切都安排得很妥当，没有宗教的地位……后来到了这样一个时期，生活于我已经没有什么秘密，而且也开始失去其一切意义。这时我正在高加索，感到既孤独又烦恼。我聚集起全部精神力量，这样做一辈子只能有一次的啊……这是一个既苦也乐的时期：真是空前绝后，我的思想从没达到过这样的高度，只在这两年我才看得那样透彻。当时我发现的一切将永远成为我的信念……这两年坚持不懈的脑力劳动之中，我发现了一条简单、古老、现在我知道而别人尚不知道的真理：我发现，世界上有一种不朽的东西，有一种爱，要永远幸福就必须为他人活着。这些发现使我很惊讶，因为它和基督教很相像。于是，我不再向前探寻，转而到福音书里求索。可惜发现不多。既找不到上帝，也找不到救世主，亦找不到圣体，什么都找不到……但我尽我心灵的一切、一切、一切力量去探索。我哭泣，我痛苦，我只要真理，其他什么都不要……就这样，只有我的宗教和我在一起。"②

* * *

一八五三年十一月，俄国向土耳其宣战。托尔斯泰应召到罗马尼亚军中服役，后转到克里米亚。一八五四年到达塞瓦斯托波尔。他爱

---

① 原文为法语。
② 在信的末尾，他又补充道：
"你要明白我的意思！……我认为，如果没有宗教，人便既不能善良，也不能幸福；我想掌握宗教的愿望超过想掌握世界上的任何东西。我觉得，如果没有宗教，我的心田将会枯竭。……但我并无信仰。是生活使我心中产生了宗教，而不是宗教创造了我的人生……我此时只感到心灵非常枯竭，非有一种宗教不可。上帝会帮助我。这一天必将到来……大自然是我的领路人，会将我引向宗教，每一个人都有其不同的未知的道路，只能到自己内心深处去探寻……"——原注

国热情高昂,作战勇敢,经常置身险境,尤其是一八五五年四五月间,他三天中便有一天到第四号棱堡的炮台值勤。

一连几个月,他生活在激奋、紧张的情绪中,面对着死亡。此时他的宗教神秘主义又油然而生。多次和上帝对话。一八五五年四月,他在日记中记述了一段祷文,感谢上帝在危险中保护他,并希望上帝继续保佑他,"以便我能够达到我尚未知晓的生活之永恒和光荣的目标……"这里的生活目标,并非艺术,而是宗教。一八五五年三月五日,他写道:

> 我被引向一个伟大的想法,我觉得,为了实现这一想法,我可以贡献出我的一生。那就是创立一种新的宗教,基督的宗教,清除了教条和迷信的宗教……完全按明晰的良知行动,以便用宗教将人类团结起来。①

这便是他老年时的打算。

但是,为了转移自己对周围景象的注意力,他又重新拿起笔来写作。在枪林弹雨之下,他怎能集中精神来写他《回忆录》的第三部分《青年》呢?书的内容杂乱,可归咎于当时的客观环境使他心乱如麻,有时抽象的分析也有些枯燥,像司汤达那样,动辄大类之下又分小类。②但他居然能冷静地参透一个青年人头脑里错综复杂的思虑和梦想,倒也值得欣赏。作品对待自己罕有地坦率。在描写春到城市的美丽画面、在叙述忏悔以及为忘记交代的罪孽赶往修道院的时候,又有多少清新的诗意啊!某些篇章洋溢着热烈的泛神论,有一种抒情的美,其笔调令人不禁想起高加索的札记来。下面是其中描写夏夜的一段文字:

> 明亮的新月静静地照耀着。池水波光粼粼。老桦树茂密的枝叶在月光照射下,一面显出银白色,另一面则暗影幢幢,覆盖着灌木丛和大路。池塘后面传来鹌鹑的鸣声。还可听见两棵老树枝叶

---

① 见托尔斯泰《日记》。
② 在同一时期的作品《伐林》中,也有类似手法。例如"爱有三种:第一种,美学的爱;第二种,忠诚的爱;第三种,积极的爱,等等。"(《青年》)又例如"士兵有三种:第一种,听话的;第二种,专横跋扈的;第三种,喜欢吹牛的。其下又分:一、冷静服从的;二、为拍马而服从的;三、既服从又酗酒的。"(《伐林》)——原注

摩挲的轻微声响。蚊蚋嗡嗡,一只苹果坠落在枯叶上,青蛙一直跳上台阶,绿色的脊背在月光下闪闪发亮……月儿升起来了,悬挂在万里晴空上,将光芒洒满宇宙。池水显得益发明亮。暗影益发黝黑而光亦更加透明了……我像渺小的虫豸,早已感染了人类的七情六欲,但尚有一股巨大的爱的力量,此时,我感觉到大自然、月亮和我已经完全融合在一起。①

但当前的现实盖过了以往的梦想,迫使人不得不关注。《青年》因此没有写完。副队长列夫·托尔斯泰伯爵在棱堡的屏障下,在隆隆的炮声和同伴们中间,观察着生者与死者,并将他们和自己的苦恼记录在令人难忘的《塞瓦斯托波尔纪事》之中。

这三篇纪事——《一八五四年十二月之塞瓦斯托波尔》、《一八五五年五月之塞瓦斯托波尔》、《一八五五年八月之塞瓦斯托波尔》一般总是被人相提并论的。其实,三篇各各不同。尤其是第二篇,以对艺术的感受而有别于其他两篇。第一和第三篇以爱国主义为主体,而第二篇则翱翔着无情的真理。

据说沙俄皇后看了第一篇②之后落泪了,沙皇在赞赏之余,下令将其译成法语,并将作者调离危险地带。道理很容易明白,文中全是对祖国和战争的赞颂。托尔斯泰初来乍到,情绪高昂,陶醉在英雄主义之中。在塞瓦斯托波尔的保卫者身上,他尚未发现野心、自大和庸俗的感情。对他来说,这是一首崇高的史诗,其中的英雄"堪与古希腊的英雄媲美"。另外,这些纪录丝毫看不出做过任何想象方面的努力,亦没有任何客观再现的尝试。作者在城里漫步,看事物头脑很清醒,但叙述的方式却很拘谨:"你看……你进去……你发现……"简直是长篇的报道,只不过加上一些对自然的观感而已。

第二篇的场景便完全不同了:《一八五五年五月之塞瓦斯托波尔》,一开始便可以读到这样的字句:

千万种人类自尊的心理在这里彼此碰撞,或者在死亡中趋于沉寂……

---

① 引自《青年》第 32 章。
② 此文寄给《现代人》杂志,立刻就刊登了。——原注

稍后,他又写道:

　　……由于人多,虚荣心也多……虚荣、虚荣,到处都是虚荣,甚至到了坟墓的门口也是虚荣!这是我们这个世纪特有的疾病……为什么荷马和莎士比亚他们要大谈爱情、荣耀和痛苦呢?为什么我们世纪的文学只是爱慕虚荣的人和冒充高雅之徒没完没了的故事呢?

纪事已经不再是简单的记述,而是让情欲和人类直接登台,将隐藏在英雄主义背后的东西揭示出来。托尔斯泰清醒的目光在他战友们的内心搜索,在他们的和自己的心里看到了骄傲、恐惧,看到了死亡近在咫尺时,人间还在继续上演的喜剧。尤其是恐惧已被供认,已被他揭开了面纱,赤裸裸地暴露在眼前。托尔斯泰毫无顾忌、坦率而无情地分析了这挥之不去的恐惧心理①和畏死情绪。在塞瓦斯托波尔,他学会了抛开一切多愁善感的心态。他轻蔑地称之为一种"哭哭啼啼、女性才有的泛泛的同情"。他善于分析的天赋在少年时代已经显露,有时还带点近乎病态的性质②。在叙述普拉斯库金之死时更达到了登峰造极、出神入化的程度。他足足用了两页来描写当炮弹落下,嘶嘶作响而尚未炸开的一刹那,普拉斯库金脑子里闪过的念头,又用一页写炮弹炸开,可怜的人"胸部被一块弹片击中立即丧命"之后,他内心的想法。

如同剧中休息时的乐队暂停,在战斗的场景中豁然展露出大自然的景色,道道日光刺透乌云,白昼的乐章奏起并洒落在如此壮观的沙场上,地面躺着成千上万即将死去的人。于是基督徒托尔斯泰忘记了他第一篇纪事中的爱国主义,诅咒起离经叛道的战争来:

　　这些人,这些基督徒,他们宣扬同一种爱和牺牲的伟大法则,但看见自己的所作所为,竟不在上帝面前跪下忏悔!正是上帝在赐予他们生命的同时,在他们每一个人的内心除了放进对死亡的

---

① 很久以后,托尔斯泰在与他的朋友捷涅罗莫谈话时还提到这种恐惧,说到有一次,他在城墙边的掩蔽所里战战兢兢度过一宵的情形。——原注
② 稍后,德鲁吉宁出于友谊叫他注意这种危险:"你在分析方面有过分细微的倾向,会发展成一大弱点。有时你竟会说:看某某人的腿肚子就知道他想去印度旅行……你应该抑制这种倾向,尽管不必完全杜绝。"——原注

恐惧之外,还有对善与美的爱!他们竟不含着欢乐和幸福的眼泪,像兄弟一样互相拥抱!

在完成这部短篇小说——其口吻比他以往任何作品都更尖刻——时,托尔斯泰突然产生了怀疑。他是否不应该说这些呢?

我产生了怀疑,心像被揪着一样。也许我不应该说这些。也许我说的是令人讨厌的真心话,人人都下意识地藏在心里不说,也不应该说,否则有害无益,如同酒滓一样,不能搅动,否则酒质就坏了。什么是应避免说出的坏事?什么是应该模仿的好事?谁是坏人,谁是英雄?人人都好,人人都坏……

但他骄傲地镇定下来:

我这部短篇小说的主人公是我最心爱的人物,我打算将他的美全部表现出来,使他过去、现在和将来都美,这就是真实。

《现代人》杂志的主编涅克拉索夫看了这几页①之后,写信给托尔斯泰说:

这正是今天俄罗斯社会所需要的:真实。自从果戈理去世以来,俄罗斯文学里真实的东西太少了……您给我们的艺术带来的这种真实性对于我们是全新的东西。我只担心一件事:时间和人生的怯懦、我们周围装聋作哑的人们会像对待我们大部分人那样对待您,担心他们会扼杀您的锐气。②

这事一点不用担心。时间会消磨一般人的锐气,但却锻炼了托尔斯泰的意志。然而,当时祖国的磨难,塞瓦斯托波尔的失守,使他那颗虔诚的心感到痛苦,他后悔自己的坦率直言有点过分苛严了。在第三篇纪事——《一八五五年八月的塞瓦斯托波尔》中,他正讲述军官们赌钱吵架时,突然中止了叙述,说道:

这场戏赶紧落幕吧。明天,也许今天,这些人中的每一个都可能慷慨赴死。每个人的心中都埋藏着一星会使他们成为英雄的高

---

① 这几页被书刊检查处删掉了。——原注
② 此信写于1855年9月2日。

尚火花。

这种考虑并没有损害故事本身现实主义的力量,而人物的选择却相当明显地道出了作者的倾向。马拉科夫史诗般的战斗和悲壮的沦陷,通过两个感人和高傲的形象表现出来。这两个形象是两兄弟,哥哥是科泽尔佐夫上尉,颇有几分像托尔斯泰①;弟弟是旗手沃洛佳,此人腼腆而热情、好作激动的独白、一脑子梦想、一点小事就会掉眼泪,有时是温情的泪,有时是委屈的泪,刚到棱堡时很害怕(可怜的小家伙还怕黑,睡觉时总用军大衣蒙头),因为孤独和旁人的冷淡,他感到苦闷,但时候一到,却能高高兴兴地面对危险。他属于那种颇具诗意的少年(《战争与和平》中的彼佳、《袭击》中的少尉),心中充满爱,能够笑傲沙场,然后突然莫名其妙地倒下。这两兄弟同一天(守城的最后一天)中弹身亡。小说在爱国的激愤中结束:

> 军队撤出了城市。每个士兵眼看不得不放弃塞瓦斯托波尔,心里有说不出的痛苦。他们叹着气,向敌人伸出拳头。②

* * *

他在这个活地狱里待了足足一年,摸透了情欲、虚荣和人类痛苦的底蕴。出来以后,一八五五年十一月,他回到彼得堡的文人圈里。他对这些人既憎恶,又蔑视,觉得他们庸俗、市侩,而且谎话连篇。这些人远看似乎戴着艺术的光环,——像屠格涅夫,托尔斯泰曾经很欣赏他,而且刚把自己写的《伐林》题赠给他——近看却让他大失所望。一八五六年的一张照片中,托尔斯泰和他们在一起,有屠格涅夫、冈察罗夫、奥斯特罗夫斯基、格里戈罗维奇、德鲁吉宁。旁人都很自然,惟有他显得特别:神情严峻、生硬,头骨嶙峋、两腮凹陷、姿态僵硬地交叉着双臂。

---

① "他的自尊心就是他的生命,他看不到还有别的选择:要成为第一,否则就自我毁灭……他爱跟别人较量,喜欢自己是第一。"——原注
② 1889年,托尔斯泰为 A. J. 叶尔绍夫的《一个炮兵军官对塞瓦斯托波尔的回忆》写前言,又想起了当时的场面。一切英勇的往事都消逝了,只记得担惊受怕了七个月。害怕有两个方面,一是怕死,二是怕丢脸。真是可怕的精神折磨。对他来说,围城的一切英雄业绩可以概括为一句话:当过炮灰。——原注

他穿着军服,站在这些文学家后面。苏亚雷斯很风趣地写道:"他像是看守着这些人而不是他们中间的一员,似乎随时准备将他们押回监狱。"①

可是所有人都殷勤地围着这个刚来到他们中间的年轻同道。他拥有双重光荣:作家和塞瓦斯托波尔的英雄。读到塞瓦斯托波尔的场面时曾经含泪大呼乌拉的屠格涅夫,友好地向他伸出了手。但这两个人合不来。尽管两人都能精细地观察这个世界,内心色彩却大不相同。一个爱嘲讽、敏感、多情、头脑清醒,酷爱美,另一个则粗暴、骄傲、经常为道德思想所苦恼,心中总蕴藏着一个神明。

托尔斯泰尤其不能原谅这些文学家的是,他们自以为是天之骄子,人类大军的排头兵。他对他们的反感还出于他贵族和军官的骄傲,看不起这些自由主义的市民阶级文人②。他还有一个性格特点——他自己也承认——就是"本能地反对所有普遍认可的推理"③。对人类不信任,对人类理性潜在的蔑视,使他到处都发现人类自欺欺人,也就是撒谎。

> 他从不相信人类的真诚。认为任何道德的冲动都是虚伪。他惯于以异常锐利的目光鞭挞他认为不讲真话的人……④
>
> 看他听人说话的样子!看他用深深嵌在眼眶里那双灰色的眼睛怎样看着和他说话的人!他抿着的双唇透出多少讥讽的味道!⑤
>
> 屠格涅夫说,托尔斯泰刺人的目光,再加上两三句恶毒的词句,足以令人暴跳如雷,看见这种目光,他感到从未有过的难受。⑥

---

① 见1899年苏亚雷斯所著《托尔斯泰》,此书重版后标题改为《托尔斯泰生平》。——原注

② 在一次谈话中,屠格涅夫抱怨"托尔斯泰有贵族愚蠢的骄矜和容克人的自吹自擂"。——原注

③ "我性格有一个特点,不管是好是坏,反正永远如此,就是不由自主地总反对外部流行的影响……我讨厌随大流。"(致比鲁科夫的信)——原注

④ 屠格涅夫语。——原注

⑤ 格里戈罗维奇语。——原注

⑥ 见欧仁·加尔辛所著《回忆屠格涅夫》(1883)。参看比鲁科夫著《托尔斯泰生平及作品》。——原注

托尔斯泰和屠格涅夫之间,头几次会面,便发生激烈的争吵①。离得远的时候,他们便冷静下来,努力给对方一个公正的评价。但随着时间的推移,托尔斯泰对他那些文学界的朋友越来越反感。他不能原谅这些艺术家生活堕落,嘴里却大谈仁义道德。

> 我确信几乎他们所有的人都不道德、邪恶、品格低下,比我在军旅生涯中遇见的那些人还差劲。可他们却像身心健全的人那样,非常自信,心满意足。我讨厌他们。②

他离开了他们。但在一段时间内还保留着和他们一样的艺术上的功利观念③,他的骄傲心理从中获得了满足。那是一种报酬丰厚的宗教,它可以带来"女人、金钱、荣誉……"

> 我是这种宗教的大祭司之一。地位舒适而优越……

为了更好地投身文学,他辞去了军职(1856年11月)。

但像他那种气质的人是不会闭上眼睛的。他相信,他愿意相信进步,觉得"这个词是有涵义的"。从一八五七年一月二十九日到七月三十日,他去国外旅行。到法国、瑞士和德国,结果推翻了这个信念。④在巴黎,一八五七年四月六日,他观看了一次处决犯人,"使他认识到对进步的迷信纯属虚妄……"

> 当我看见犯人身首异处,脑袋滚到筐里的时候,我浑身一震,

---

① 最激烈的一次争吵发生在1861年,导致两人彻底决裂。屠格涅夫表示他有博爱的感情,还大谈他女儿从事的慈善事业。托尔斯泰对上流社会的慈善活动是最恼火的。"我认为,"他说道,"一个穿着华丽的少女,膝上放些肮脏发臭的破衣服,是在演一出言不由衷的戏。"争论愈演愈烈,屠格涅夫气坏了,威胁说要扇托尔斯泰的耳光。托尔斯泰要求立即以步枪决斗,好挽回自己的名誉。屠格涅夫对发火一事后悔不迭,给他写了一封道歉信。但托尔斯泰毫不原谅。众所周知,差不多二十年以后,在1878年,他表示了歉意,因为那时他已抛弃过去的生活,克服骄矜,皈依上帝了。——原注
② 见托尔斯泰《忏悔录》。
③ 他说:"我们和一群疯子没有什么分别。甚至在那个时候,我已模模糊糊地猜到了。不过和所有的疯子一样,我将每个人都看做是疯子,除了我。"(《忏悔录》)——原注
④ 参看这一时期他写给婶母亚历山德拉伯爵夫人的信。这些信写得很动人,充满青春活力。——原注

托尔斯泰和《现代人》杂志的文友们

心想没有任何维持现存秩序的理论能够证明这种行为是合理的。即使全世界的人根据某种理论认为这样做有必要,我也觉得不好,因为决定或善或恶并非人类的言与行,而是我的心。①

一八五七年七月七日在卢塞恩②,他看见一个流浪的小歌手。寓居施韦茨霍夫的英国有钱人不愿掏钱施舍,于是,他在《D.涅赫柳多夫公爵日记》中写道,他鄙视自由主义者死抱着一切幻想,也鄙视那些"在善与恶的海洋上划出假想界线"的人。

对他们来说,文明是善,野蛮是恶。自由是善,奴役是恶。这种假想的认识摧毁了本能的、原始的,也就是最美好的需要。但谁能界定何谓自由、何谓专制、何谓文明、何谓野蛮?又有什么地方不是善恶共存的呢?我们心里只有一个万无一失的领路人,那就是鼓励我们彼此接近的宇宙之神。

回到俄罗斯的故乡亚斯纳亚之后,他重又关注起农民问题,③这并非他对民众已经不抱幻想。他写道:

不管声称民众通情达理的卫道士们怎么说,民众或许是个好人的集合体,但他们凑在一起只是因为他们都有兽性和可耻的一面,这恰恰反映出人类天性的弱点和残酷。

因此,他的工作对象并非群体,而是每一个人、每一个孩童的个人良知。因为这才是希望之所在。他创办了几所学校,但不知道教什么。为了解决这个问题,从一八六〇年七月三日到一八六一年四月二十三

---

① 见托尔斯泰《忏悔录》。
② 卢塞恩,瑞士小城。
③ 从瑞士直接回到俄罗斯时,他发现,"在俄罗斯,生活是一种永久的折磨!……""幸亏在艺术、诗歌和友谊的天地中有个避难处。在那里,没有人来打扰我……我一个人,风在吼;外面又冷又脏;我用冻僵的手指弹一曲贝多芬的行板,激动得流下了眼泪;或者看几页《伊利亚特》;或者想象出一些男人和女人,和他们生活在一起;我在纸上乱画,或者像现在那样,思念我所爱的人……"(1857年8月18日致亚历山德拉伯爵夫人的信)——原注

日,他又一次旅居欧洲。①

他研究了多种教育理论。不用说,都没有采纳。他去过两次马赛,发现真正的民众教育是在校外——他觉得学校很可笑——通过报刊、博物馆、图书馆、街道和现实生活来进行,他称这一切为"意识不到的",或者"自发的学校"。自发的学校是相对于他认为有害而愚蠢的强制性学校而言。这就是他想回亚斯纳亚·波利亚纳创建和试办的学校②。他的宗旨是自由。他不允许一小撮所谓精英分子,即"自由主义特权社会"将自己的学问和错误强加给他们所不了解的民众。他们无权这样做。这种强迫性的教育方法在大学里从来培养不出"人类需要的人才,而只能培养出堕落社会需要的人:官吏、官吏式的教授、官吏式的文学家,或者毫无目的地离开了原来的环境、虚度了青春、在社会上找不到位置的人——病态的、易怒的自由主义分子"③。该让人民说说他们需要什么!如果他们不看重"知识分子强迫他们学习的阅读和书写艺术",是完全有理由的:他们有其他更迫切、更合理的精神需要。你就想办法了解这些需要,并帮助他们去满足这些需要吧!

托尔斯泰一直是革命的保守派,他努力想将这些自由的理论在亚斯纳亚付诸实践,说他教学生,倒不如说他和学生一起学习。④ 同时,他还努力将一种更人道的精神引进农业经营之中。一八六一年,他被任命为克拉比夫纳县的土地仲裁人,保护老百姓反对地主和国家滥用职权。

我们别以为这项社会活动能给他带来满足,使他全身心地投入。他仍然摆脱不了与此对立的一些欲望。尽管他努力接近民众,却一直喜欢社交,他有这方面的需要。有时寻欢作乐的愿望会重新萌发,有时是由于好动。他曾因猎熊几乎送命。赌起钱来输赢很大。甚至被他看

---

① 他此行在德累斯顿认识了德国小说家奥尔巴赫,第一次受到了全民教育的启发。在基辛根认识了德国教育家福禄培尔,在伦敦认识了俄国作家赫尔岑,在布鲁塞尔认识了法国无政府主义者蒲鲁东,似乎给他留下了深刻的印象。——原注
② 尤其是在 1861 至 1862 年。——原注
③ 见《教育与文化》,《托尔斯泰生平与作品》第 2 卷。
④ 托尔斯泰 1862 年曾在《亚斯纳亚·波利亚纳》杂志上阐明这些理论。——原注

不起的彼得堡文学界也仍然能对他产生影响。从这些误区走出来,由于厌恶,他深深陷入烦恼。这个时期的作品不幸也带有这种艺术上和思想上不稳定的痕迹。《两个骠骑兵》(1856)有追求风雅的倾向,一派纨绔子弟的浮华浪荡作风,让托尔斯泰自己看了很不舒服;一八五七年在第戎写的《阿尔贝特》,单薄、古怪,缺乏托尔斯泰惯有的深度和精确度;《记分员笔记》(1856)①比较引人注目,但写得匆忙,似乎反映出托尔斯泰对自己感到厌恶。他的化身涅赫柳多夫公爵在赌场里自杀了:

> 他什么都有:财富、名望、才气、崇高的理想;他没有犯过任何罪;但他做了更糟的事:他扼杀了自己的心灵、自己的青春;他的堕落甚至没有强烈的欲望作借口,而是由于意志薄弱。

> 即使大限临头也不能使他改变……

> 同样奇怪的言行不一,同样的游移不决,同样轻浮的思想……

死亡……这时,死亡开始经常在托尔斯泰的脑际萦回。《三死者》(1858—1859)已经预示了《伊凡·伊里奇之死》中那种阴暗的分析,垂死者的孤独感、对生者的仇恨,他绝望地询问:"为什么?"这部描写三个死者的三部曲(三个死者是有钱的贵妇、患肺病的老车夫和被伐倒的白桦树)确有其伟大之处;肖像刻画细腻,形象相当动人,尽管作品享誉过高,但结构松散,白桦树之死也缺乏使托尔斯泰的风景描写产生美感的那种清晰确切的诗意。从整体来看,我们还不清楚其中占主导地位的,是为艺术而艺术的思想还是道德的意图。

托尔斯泰自己也不知道。一八五九年二月四日,他在莫斯科俄罗斯文艺爱好者协会举行的招待会上发表演说,颂扬为艺术而艺术②。倒是该协会的会长向他这位"纯艺术的文学代表"致敬之后,与他唱反调,捍卫为社会和道德而艺术。③

一年以后,即一八六〇年九月十九日,他心爱的哥哥尼古拉因肺病

---

① 即《台球房记分员笔记》,见人民文学出版社版《托尔斯泰文集》第 2 卷。
② 演说的题目是:《论文学中艺术成分优于一切暂时的文学潮流》。——原注
③ 他举托尔斯泰自己的例子,以《三死者》中的老车夫来驳斥托尔斯泰。——原注

在耶尔去世①,托尔斯泰受此打击,几乎"动摇了对善、对一切的信念",并放弃了艺术:

> 真相是可怕的……当然,只要存在想知道真相并将其说出来的愿望,人们总会想办法知道真相并将其说出来。这是我道德观念中剩下的惟一东西,是我惟一要做的事情,但并不以艺术的形式去做。艺术是撒谎,而我再也不能爱美丽的谎言了。②

然而,不到六个月以后,他写了《波利库什卡》③,重又回到"美丽的谎言"中,这部作品除了隐含着对金钱及其罪恶势力的诅咒之外,也许是他的道德意图最少、纯粹为艺术而写的作品了,当然也不失为一部杰作。其缺点只是观察过分纷繁,素材过多,足可写一部长篇巨著,结尾也太惨烈,与充满幽默感的开头形成过分强烈、甚至有点残酷的对照。④

* * *

这是一个过渡时期,天才的托尔斯泰在摸索,对自己产生怀疑,还有点自寻烦恼,像《记分员笔记》中的涅赫柳多夫一样,"没有强烈的欲

---

① 托尔斯泰的另一个兄弟德米特里已于1856年患肺病身亡。托尔斯泰本人于1856年、1862年和1871年以为自己亦患此疾。正如1852年10月28日他所说的那样,他"体质虽好而健康不佳",经常感冒、嗓子疼、牙疼、眼睛疼,还有关节炎。1852年在高加索时,"一星期至少有两天要卧床"。1854年,他由于患病,在从西利斯特里到塞瓦斯托波尔路上耽搁了好几个月。1856年在亚斯纳亚,肺部患过十分严重的疾病。1862年,他担心得肺结核,便到萨马拉的朋友巴什基尔家用奶酒疗养。1870年以后,他几乎每年都去一次。他和费特的来往信件经常谈到这件事。他这样的健康情况使人更能够理解为什么他脑子里常常出现死这个字眼。稍后他谈起他的病时仿佛谈起他最好的朋友一样:"人生病时就像顺着一个斜坡慢慢往下走,到一定地方便有轻纱薄幛拦路,纱幛的这边是生命,另一边是死亡。在精神价值上,病要比健康强得多!你别跟我谈那些从未生过病的人!他们可怕极了,尤其是女人。一个身体健康的女人简直是只地道的猛兽!"(《与保罗·布瓦耶的谈话》,《时代》杂志1901年8月27日)——原注
② 1860年10月7日致费特的信,《未发表的书信集》第27—30页。——原注
③ 《波利库什卡》,1861年写于布鲁塞尔,见《托尔斯泰文集》第3卷,人民文学出版社。
④ 这个时期他还写了一部短篇小说,其实是篇游记,写个人的回忆,题为《暴风雪》(1856),其中优美的描写颇具诗情画意和音乐感,稍后在《主与仆》一书中,托尔斯泰借用了这篇游记的背景。——原注

望,没有主宰一切的意志"。但这个时期他写出了他以前从未创作过的最清纯的作品《家庭幸福》(1859)。这简直是爱情的奇迹。

多年以来,他一直是贝尔一家的朋友,先后爱上过这家的母女四人,①最终却倾心于第二个女儿。但他不敢承认。苏菲·安德烈耶夫娜·贝尔还是个孩子,十七岁,而他已经三十多岁了。他觉得自己已经是个老头,无权将自己残旧、污秽的生命与一个天真烂漫的少女结合在一起。他内心斗争了三年之久。② 后来,他在《安娜·卡列宁娜》这部小说里描述了他如何向苏菲·贝尔表白,而少女又如何回应他的情形:两个人用粉笔在桌子上写出他们不敢明言的话语的第一个字母。像《安娜·卡列宁娜》中的列文一样,他诚实地将自己的私人日记交给未婚妻,好让她知道他以前做过的令人脸红的事,而苏菲也和《安娜》中的基蒂一样,内心非常痛苦。一八六二年九月二十三日,他们举行了婚礼。

但这场婚礼早在三年前写作《家庭幸福》的时候,③就已在诗人的脑海里举行了。三年以来,在这爱情刚刚萌发,尚未被察觉时,他已提前享受了刻骨铭心、如痴如醉的爱情生活,卿卿我我的温馨时刻,落下过"幸福一去不复返"的眼泪;还有新婚燕尔时的得意忘形,爱情的自私,"没完没了和无缘无故的欢乐";然后是厌倦,模模糊糊的不快,单调生活的烦闷,两颗结合在一起的心慢慢地分开,彼此越离越远,交际场上对少妇包含着危险的陶醉——卖弄风情、嫉妒、要命的误解,——爱情蒙上阴影,消失;终于,心灵的秋天降临,带着脉脉温情的哀愁,再

---

① 托尔斯泰小的时候,有一次由于嫉妒,将一个和他一起玩的、年仅九岁的小女孩从阳台上推下,使她瘸了很久。这个小女孩就是后来的贝尔夫人。——原注
② 参看《家庭幸福》中谢尔盖的表白:"假设有一位 A 先生,一个曾经沧海的老人,和一位 B 小姐,一位年轻、快活、既没有和男人打过交道,也没有生活阅历。由于家庭的种种环境,A 先生爱 B 小姐像爱自己女儿一样,从未考虑过有其他非分之想,等等。"——原注
③ 也许他在作品里加入了 1856 年他在亚斯纳亚和一个少女间一段爱情故事的回忆。这个少女和他很不一样,既轻佻又爱交际。他们虽然彼此真诚相爱,但最终还是分手了。——原注

度露面的爱情已经苍老褪色,带着眼泪、皱纹、苦难的回忆,怀着对相互伤害和虚度年华的遗憾,显得益发动人,——再后是明净清澈的夜,从爱情庄严地过渡到友谊,从浪漫的激情过渡到母爱……这一切该发生的事,托尔斯泰早已想象到,也体会过了。为了更好地体验这一切,他在他所爱的人身上付诸实践。第一次——也许是托尔斯泰的作品中第一次——小说的故事在一个女人的心中展开,由她讲述。讲得太妙了!美丽的心灵蒙着羞答答的轻纱……这一回,托尔斯泰分析时不用强光,也没有固执地要暴露赤裸裸的真相,不是直接说出内心生活的秘密,而是让读者自己去猜测。托尔斯泰的心灵和艺术变得温柔了,形式和思想达到了和谐的平衡:《家庭幸福》具有拉辛作品那种完美的境界。

托尔斯泰清醒地预感到婚姻会给他带来甜蜜温馨,也会给他带来困扰,但毕竟是一个喘息的机会。当时,他身心疲惫,病魔缠身,对自己和自己所做的努力也都感到厌烦。继第一批作品获得巨大成功之后,随之而来的是批评界的沉默①和公众的冷淡。他骄傲地装作对此颇为得意。

> 我的名声已大大失去了群众基础,对此我很担忧。现在,我心境平静,我知道自己有话要说,也有力量大声说出来。至于群众,他们愿怎么想随他们的便好了!②

但这不过是自夸而已。他对自己的艺术并没有把握。诚然,文学这个工具他用得很娴熟,但不知该用来干什么。正如他谈到《波利库什卡》的时候说,"这是一个会舞文弄墨的人,就随便碰到的一个主题乱说一通罢了。"③他的社会事业流产了。一八六二年,他辞去了土地仲裁员的职务。同年,警察来亚斯纳亚·波利亚纳大肆搜查,把学校也查封了。托尔斯泰当时没在家,因疲劳过度,他担心染上了肺结核。

> 仲裁纠纷对我说来是太困难了,学校工作也茫无头绪,想教人又不想让别人知道自己根本不懂得教什么,这一切使我产生怀疑,

---

① 1857 年到 1861 年,批评界对他很少评论。——原注
② 托尔斯泰:《日记》(1857 年 10 月)。
③ 托尔斯泰:致费特的信(1863),见《托尔斯泰生平及作品》。——原注

使我心灰意冷,我的病就是这样来的。若不是生活中我尚未知的一面救了我,我早就像十五年后那样陷于绝望了。这就是:家庭生活。①

* * *

他对一切都很用情,因此起初他尽情享受家庭生活②。托尔斯泰伯爵夫人对他的艺术也起了宝贵的影响。她在文学方面很有天赋③,所以,像她所说的那样,她是一位"地道的作家太太",因为她总把丈夫的事业放在心上。她和丈夫一起工作,把他口授的记录下来,为他誊清草稿④。保卫他不受宗教这个魔鬼的骚扰,这个可怕的精灵已经不时要他放弃艺术了。她还努力使他向社会乌托邦关上大门,⑤重新点燃他的创作天才之火,还进一步用她女性的心灵给这位天才带来新的、丰富的创作源泉。除了《童年》和《少年》中几个美丽的侧影之外,托尔斯泰早期的作品几乎没有女性的地位,即使有,也是次要角色。但他爱苏菲·贝尔,在这种爱的影响下,女性在《家庭幸福》中出现了。在随后的作品中,少女和女人的形象越来越多,而且其生活内容之丰富超过了男性。大家认为,托尔斯泰伯爵夫人是她丈夫的模特儿,在描写《战争与和平》中的娜塔莎是如此,⑥在刻画《安娜·卡列宁娜》中的基蒂时也如此,不仅这样,她还以提供个人意见和看法的方式,成为她丈夫宝贵而慎重的合作者。《安娜·卡列宁娜》的某些段落⑦似乎完全是女性

---

① 见《忏悔录》。
② "我整个身心都陶醉在家庭幸福之中。"(1863年1月5日)"我多么幸福!多么幸福!我太爱她了!"(1863年2月8日)——见《托尔斯泰生平与作品》。——原注
③ 她写过几篇短篇小说。——原注
④ 据说她将《战争与和平》誊写了七遍。——原注
⑤ 婚后,托尔斯泰立即中止了教学工作,关闭了学校,杂志也停办了。——原注
⑥ 还有她的妹妹塔季扬娜,既聪明,又有艺术素质,托尔斯泰非常欣赏她的智慧和音乐天赋。托尔斯泰说:"我把塔尼娅(塔季扬娜)和索尼娅(苏菲·贝尔)糅合起来,便成了娜塔莎。"(比鲁科夫记述)——原注
⑦ 如多莉搬进残破的乡间别墅、多莉和她的孩子们穿着上的细致描写,还有一些如果女子本人不说的话,无论一个男人有多高的天分也参透不出的女人内心的某些秘密。——原注

的手笔。

婚姻美满，使托尔斯泰在十到十五年间尝到了多年没有的和平与安宁。① 于是，他在爱情的庇护下从容考虑和实现他脑子里的杰作、执十九世纪小说之牛耳的鸿篇巨制《战争与和平》(1864—1869)和《安娜·卡列宁娜》。

《战争与和平》是我们时代最宏伟的史诗，现代的《伊利亚特》，汇聚了无数的人物和感情。在这个波澜壮阔的人类海洋上，翱翔着一个凌驾一切的灵魂，从容掀起又平息一阵阵暴风雨。不止一次，当我看着这部作品时，不禁想到荷马和歌德，尽管时代和思想有很大的不同。后来，我发现，的确，在写这部小说的时候，托尔斯泰从荷马和歌德的作品中吸取了许多营养。② 而且更进一步，他在一八六五年的笔记中，在将不同文学形式分类的时候，把《奥德赛》、《伊利亚特》、《一八〇五年》③都归入同一类。他的思想活动自然而然地把他从描写个人命运的小说

---

① 创造精神对托尔斯泰思想影响的典型标志是：从 1865 年 11 月 1 日他投入《战争与和平》一书的创作起，他的日记中断了十三年。艺术创作不能一心两用的现象使心灵的独白暂时停止了。这不仅是个劳心时期，同时也是个劳力时期。托尔斯泰疯狂般爱上了打猎。"打猎时，我把一切都忘了……"(1864 年的信)在一次出猎中，他摔断了胳臂(1864 年 9 月)，就在疗伤时，他口述了《战争与和平》的前几部分。"我从昏迷中醒来的时候，我对自己说：'我是个艺术家。'我的确是艺术家，但却是一个孤立的艺术家。"(1865 年 1 月 23 日致费特的信)这个时期他写给费特的信都洋溢着创作的欢乐。他说："我直到目前为止所发表的一切，我认为都不过是试笔而已。"(1865 年 1 月 23 日致费特的信) ——原注

② 托尔斯泰指出，从他二十到三十五岁期间对他有影响的作品有：
"歌德的《赫尔曼和多罗泰》……影响很大。"
"荷马的《伊利亚特》和《奥德赛》(俄文版)……影响很大。"
1863 年 6 月，他在《日记》中写道：
"我看歌德的作品，心中产生了好几个想法。"
1865 年春天，托尔斯泰又重读歌德的作品，说《浮士德》是"思想的诗、能表现其他任何艺术所不能表现的诗"。后来，他为了他的上帝放弃了歌德和莎士比亚，但对荷马依然赞赏如故。1857 年 8 月，他以同样的专注阅读《伊利亚特》和《福音书》。后来他在 1903 年写了一个攻击莎士比亚的小册子(他晚期作品之一)，将荷马与莎士比亚对立起来，说荷马是真诚、有分寸和真正艺术的典范。——原注

③ 1865 年到 1866 年间出版了《战争与和平》的头两部分，标题为《一八〇五年》。——原注

导向描写军队和各国人民、千万人的意志所植根的人类巨大群体。塞瓦斯托波尔之围的悲惨经历使他了解了俄罗斯民族之魂及其古老的生活。宏伟的《战争与和平》在他的创作计划里，只不过是展现从彼得大帝到十二月党人这组俄罗斯史诗般的壁画里的中心画面罢了。①

要感受这部作品强大的力量，就必须了解隐藏其中的整体性。大部分法国读者都有点短视，看见成百上千的细节，只觉眼花缭乱，无所适从，在这座生活的丛林中茫无头绪。殊不知必须攀登到高处，浏览一下广阔的天际，环顾周遭的树林和田野，才能感知作品荷马式的气魄、永恒法则的宁静、命运威严的呼吸节奏、将一切细节联系起来的总体感情，以及涵盖整部作品的艺术家的天才，像创世纪中的上帝般君临于汪洋大海之上。

开始是一片波平如镜的海洋。战争前夕俄罗斯社会一派和平氛围。头一百页的客观、准确和高超的讽刺手法，刻画着上层社会人们心灵的空虚。只是到了第一百页左右，那些虽生犹死的人当中最坏的一个——巴西尔公爵才大声喊道：

> 我们作孽，我们骗人，这一切为的是什么？我的朋友，我已经五十多岁了……一切都以死亡结束……死亡，多可怕啊！

---

① 1863年，托尔斯泰开始写《战争与和平》，先写《十二月党人》，完成了三个片断。但他发现这座大厦的基础不够牢固，于是继续掘进，到拿破仑战争时代，便写了《战争与和平》。1865年1月开始在《俄罗斯导报》杂志发表；最后一卷于1869年秋脱稿。这时托尔斯泰又上溯历史，计划写一部有关彼得大帝的史诗般的长篇小说，接着再写一部有关十八世纪各代俄国女皇临朝及其宠臣们的小说《米罗维奇》。他从1870年到1873年投入此项工作，参考了许多文件，设置了不少场面，但出于现实主义的考虑，又放弃了。他知道要如实地再现这遥远年代的风貌是永远不可能的。稍后，1876年1月，他又打算写一部有关尼古拉一世的小说。接着，1877年，他又满怀热情地投入《十二月党人》的写作，搜集仍然活着的当事人的证词，走遍事件发生的地方。1878年，他写信给他的姑母说："这部作品对我太重要了！其重要程度您是想象不到的：如同信仰之于您那么重要，我的意思是：甚至有过之无不及。"（《未发表的书信》第9页）但随着对主题的深入挖掘，他偏离了初衷：他的心思已不在这上面了。1879年4月17日，他写信给费特说："十二月党人？天晓得他们在哪儿！……如果说我过去想过，也写过这个主题，现在我倒十分希望，为了对人类有好处，那些向人开枪的家伙闻到我思想的味道就受不了。"（《未发表的书信》第132页）在他生命的这一时刻，宗教歇斯底里开始发作：他即将把他从前的偶像全部销毁。——原注

创作《战争与和平》时的托尔斯泰

在这些毫无情趣、谎话连篇、游手好闲、敢于作奸犯科的人中间，也有几个天性比较纯良的人。诸如诚恳直率、天真憨厚的皮埃尔·别祖霍夫，独立不羁、具有古俄罗斯情操的玛丽·德米特里耶夫娜，朝气蓬勃的罗斯托夫兄弟，善良忍让的玛丽郡主；还有并非善良，但却自尊，深为这种不健康的生活而苦恼的安德烈公爵。

大海开始泛起波涛。行动开始了。俄国军队开进了奥地利。一切都是天数，没有任何地方比在两军相交的战场更能显示命运的主宰力量。真正的领袖并不刻意指挥，而是像库图佐夫或者巴格拉季昂①那样，"设法使人相信，他们的个人意图与当时的情势、部下的意志和命运的摆布是完全协调一致的。"这就是听天由命的好处！纯粹的行动所带来的幸福，是正常合理的。困惑的人会恢复精神上的平衡。安德烈公爵松了一口气，又活了下去……而在另一边，神圣的暴风雨充满生机的气息吹不到的地方，两个最优秀的人皮埃尔和玛丽郡主正面临着时下浊流的威胁和爱情的欺骗。安德烈在奥斯特利茨负了伤，战斗正酣之时行动突然中止，获得了上天清晰的启示。他仰面躺着，"只见头上的天空深邃无垠，懒洋洋地飘浮着几块灰色的云彩"。他心想：

> 多么宁静！多么平和！和我发疯般的驰骋多么不同！这高远的天空，我为什么早没看见呢？现在终于有幸看到了！是的，一切皆空，一切都是欺骗，除了他……除了他，什么都没有……让我们赞美上帝吧！

然而，波涛回落，生活恢复原状。在城市颓靡的氛围中，沮丧且心绪不宁的人们重又自暴自弃，在黑夜里彷徨。有时，尘世污浊的气息中，会融入大自然醉人的、使人心荡神驰的熏风，那就是春天、爱情和盲目的力量，它们使迷人的娜塔莎走向安德烈公爵，不久之后，又将她投入第一个追求她的男人的怀抱。尘世已糟践了多少诗意、温情和心灵的纯洁！只有"高高的天空依然俯瞰着充满罪孽的人间"。但人们却看不见。甚至安德烈也忘记了奥斯特利茨的光明。对他来说，天空只不过是"一个灰暗沉重的苍穹"，覆盖着虚无的世界。

---

① 库图佐夫和巴格拉季昂均系俄罗斯名将，1812 年拿破仑进军莫斯科时，二将率军抗击，卒败法军，巴格拉季昂阵亡。——原注

罗斯托夫家的舞会

奥斯特利茨战役中的安德烈·包尔康斯基

是时候了,该让战争的飓风再次把这些贫血的心灵唤醒。祖国遭到了入侵。鲍罗金诺①,伟大庄严的日子。人们之间的敌意消失了。道洛霍夫拥抱他的敌人皮埃尔。受了伤的安德烈为他往日最憎恨的人、现在躺在救护车上他身旁的阿纳托里·库拉金流下了同情和怜悯的眼泪。为祖国甘愿牺牲的精神和听从上帝安排的意愿,将所有人的心联结在一起。

严肃认真地接受无法规避的战争……最艰苦的考验是将人类的自由交给上天去安排。心灵是否纯朴要看它是否服从上天的意旨。

库图佐夫元帅代表着俄罗斯人民的意志和他们服从命运安排的决心:

谈到激情,这个老人只有激情的产物——经验,在他身上,从收集到的事实中得出结论的那种智慧,已经被对事件进行哲理思考所取代。他并无创造发明,绝不轻举妄动,而只是注意谛听,考虑一切因素,到适当的时刻加以利用。有利的绝不阻拦,有害的绝不允许。他从将士的脸上搜寻难以捉摸的力量,亦即决战决胜的意志。他承认有些东西比他的意愿更强大,那就是眼前事态的无法规避的进程。他观察、跟随这些事态的发展。他懂得将他个人的因素排除在外。

总之,他有一颗俄罗斯人的心。俄罗斯民族冷静悲壮的宿命意识,也体现在可怜的庄稼汉普拉东·卡拉塔耶夫身上。此人朴实、虔诚、安分,即使在痛苦和死亡面前也含着善良的微笑。经历了种种磨难、家园残破、临终时的痛苦,书中的两个主人公皮埃尔和安德烈凭着爱情和信仰,看见了活生生的上帝,终于达到了精神解脱和神秘的欢乐境界。

托尔斯泰并不到此为止。结尾部分发生在一八二〇年,是从拿破仑时代到十二月党人时代的过渡时期。给人的感觉是生活正承上启

---

① 鲍罗金诺,莫斯科和斯摩棱斯克之间的小村,1812年9月7日,俄军与入侵的法军在此展开殊死的战斗,揭开了莫斯科战役的序幕。

下。托尔斯泰并不在危机中开始和结束,像开头一样,结尾也安排在一波正平,一波继起的时刻。读者已经看到未来的英雄,他们之间将要发生的冲突,以及死者在生者身上复活的情形①。

我曾经试图理出这部小说大致的脉络,因为难得有人肯去费这番功夫。但是说些什么好呢?这上百的主人公都有巨大的生命力,他们各有个性,刻画的手法实在令人难忘,其中有士兵、农民、王公贵族、俄罗斯人、奥地利人和法国人!一切都不是随意编造的。这个画廊中的人物肖像,在欧洲文学中还找不到一个类似的。托尔斯泰曾为这些人物勾勒过不知多少素描。他说,"还制订了千百万个计划",到图书馆搜寻,端出自己的家族档案、以前的笔记、个人的回忆。这种细致入微的准备工作使作品经得起推敲,同时亦无损作品的浑然天成。托尔斯泰写作时的激情与欢欣感染着他的读者。特别是《战争与和平》,最大的魅力在于作者有一颗年轻的心。托尔斯泰的其他作品没有一部有这么多有关孩子和少年的描写,他们每一颗心都是一段音乐,像泉水般明净,像莫扎特的韵律般优美动人,例如年轻的尼古拉·罗斯托夫、索尼娅、可怜的小彼佳。

最迷人的是娜塔莎。这个娇憨的小姑娘,任性、乐观、有爱心,我们眼看着她在我们的身边长大,伴着她进入生活,像带着纯洁温柔的感情去爱小妹妹那样爱她。谁对她没有似曾相识之感呢?……明媚的春

---

① 皮埃尔·别祖霍夫娶了娜塔莎,后来成为十二月党人。他建立了一个秘密团体以维护公众的利益。娜塔莎积极参与他的计划。戴尼索夫对和平革命一窍不通,只准备武装起义。尼古拉·罗斯托夫依然保持士兵愚忠的思想。奥斯特利茨一役之后,他说过:"咱们只有一件事可做,就是履行咱们的义务去作战,其他的别去想。"此刻,他向皮埃尔发脾气,说:"首先是我发过誓!如果命令我带着我的小队向敌冲锋,我会冲上前,照打不误。"他的妻子玛丽郡主同意他的说法。公爵的儿子小尼古拉·博尔孔斯基时年十五岁,纤弱可爱,有点病态,大眼睛、金头发,全神贯注地听着他们争论。他一心只爱皮埃尔和娜塔莎,一点也不喜欢尼古拉和玛丽。他崇拜他父亲,但父亲长得怎么样却几乎想不起来了。他梦想长得和父亲一样,身材高大,能完成伟大的事业。……什么事业?他不知道……"不管他们怎么说,我都要么么做……是的,我都要那么做。他如果在,也会赞成的。"作品最后以孩子的梦想结束,孩子想象自己成了普鲁塔克式的伟大人物,和皮埃尔叔叔在一起,光荣的旗帜作前导,后面跟着军队。——如果《十二月党人》继续写下去,毫无疑问,小博尔孔斯基一定会成为其中一位英雄。——原注

娜塔莎在月光中靠在窗前

夜,娜塔莎在月光中靠在窗前。她浮想联翩,热情地诉说;而与她仅隔一层楼的安德烈公爵则在凭窗倾听……第一场舞会的激动、爱情、爱的期待、欲望的萌生和杂乱无章的梦境,深夜,雪橇在雪盖冰封、鬼火磷磷的森林里飞驰。大自然以它扰乱人心的温柔拥抱着你。歌剧院之夜,奇特的艺术世界,理性为之沉醉;心灵为之疯狂,连厌倦了爱情的肉体也为之疯狂;洗涤灵魂的痛苦、守护着心爱的垂死者的神圣怜悯……提起这些回忆便难免激动,就像谈到最心爱的女友时那样。唉!这样的创作和充斥在几乎所有现代小说和戏剧中的女性典型相比,就衬出后者的弱点了。生活被捕捉住了,而且那么富有弹性、那么流畅,纤毫毕现,以至于似乎能看到它在颤动,在变化。——玛丽郡主外貌丑陋,心地善良,同样是个完美的形象,这位腼腆笨拙的姑娘,眼见深藏内心的秘密被揭露了出来,和其他与她类似的女子一样,脸倏地红了。

总的说来,正如我以前指出过一样,女人的个性比男子的个性高出很多,大大超过了托尔斯泰注入自身思想的那两个男主人公:优柔寡断的皮埃尔·别祖霍夫,热情然而生硬的安德烈·博尔孔斯基公爵。他们都是没有主见的人,总是踟蹰不前,在两极之间摇摆,无法前进。人们会说,这正是地道的俄罗斯人。但我发现,有些俄罗斯人也提出过同样的批评。屠格涅夫责怪托尔斯泰这种静止不动的心理。"没有真正的发展。总是犹豫,感情摇摆不定。"①托尔斯泰自己也承认有时是牺牲个人的性格②,去迁就整体的历史。

的确,《战争与和平》的光荣成就,在于再现了历史上整整一个时代、民族的迁徙、各国的战争。书中真正的英雄是人民,在他们后面,也和荷马的英雄一样,是指引他们的诸神:看不见的力量,"指挥大众的是无穷小",是"无限"的气息。在这些波澜壮阔的战争之中,隐藏着的命运之神使各国盲目地兵戎相向,而战争本身却具有一种神秘的伟大。

---

① 1868年2月2日的信。(比鲁科夫转述)——原注
② 他说,特别是第一部分安德烈公爵的性格。——原注

除了《伊利亚特》，更令人想到了印度的史诗。①

* * *

《安娜·卡列宁娜》和《战争与和平》，标志着这一成熟时期的顶峰。这是一部更完美的作品，说明作者对其艺术已经更加得心应手，经验也更丰富，内心世界对他已没有任何秘密。可惜其中缺乏青春的火焰，热情的朝气，而这正是《战争与和平》高飞的双翅。托尔斯泰已经不能创造出同样的欢乐。新婚初期那种暂时的平静消失了。精神上的焦虑不安又开始溜进托尔斯泰伯爵夫人在他周围营造的爱情和艺术的迷人氛围。

在《战争与和平》的前几章里，婚后一年，安德烈公爵对皮埃尔说的有关婚姻的心里话，已经暴露了一个人的幻灭情绪，他把自己所爱的女人看做外人、一个无心的敌人，无意中已成为自己思想发展的障碍。从一八六五年的信件中可以看到宗教困惑的回潮。他这还只是一些短暂的威胁，生活的幸福完全可以将其抹去。但在托尔斯泰即将完成《战争与和平》的几个月里，即一八六九年，却发生了一次比较严重的震撼：

他离开家人几天，去视察一块领地。一天夜里，他已经躺下，时钟刚敲过凌晨两点：

> 我累极了，很困，倒没觉得身体不舒服。突然间，我悲从中来，感到从未有过的恐惧。详细情况，我以后会告诉你。② 那真是吓人。我立即跳下床，吩咐套马。仆人套马时，我又睡着了。到别人喊醒我的时候，我已经完全恢复。昨天，同样的情况又再次出现，

---

① 令人惋惜的是，美丽的诗一般的构思往往被连篇累牍的哲学空谈冲淡了，尤其在最后几部分。托尔斯泰本想发表他的历史宿命论，可惜他翻来覆去，谈个没完。福楼拜在看头两卷时"啧啧称奇"，认为"美极了"，而且"充满莎士比亚的成分"，但看到第三卷便扔在一旁，说："他已经江河日下，重复又重复，净谈哲学了。以前，我们见到的只是'自然和人类'，可现在，我们却看到这个人，他是书的作者，俄罗斯人，仅此而已。"（1880 年 1 月福楼拜致屠格涅夫的信）——原注
② 比鲁科夫在《托尔斯泰的生平与作品》中引述的托尔斯泰给他妻子的信。（见托尔斯泰伯爵夫人档案）

> 不过远没有那么厉害……①

托尔斯泰伯爵夫人用爱情苦心建造的幻想之宫出现了裂缝。《战争与和平》的完成让作家的头脑有了些空闲,哲学和教育的思考重又乘虚而入②:他想为老百姓写一部《启蒙课本》③,埋头苦干了足足四年,比《战争与和平》更让他得意。一八七二年写第一部,一八七五年写第二部。接着,他迷恋起希腊文来,从早到晚地研读,把其他事都抛在一边。他发现了"美妙的希腊语言"和荷马,真正的荷马,不是翻译家所表现的荷马④,不是茹科夫斯基和沃斯⑤之辈那种如泣如诉、甜腻腻软绵绵的腔调,而是"另一个引吭高歌,旁若无人的魔头"。

> 不懂希腊文就谈不上有学问!……我确信,迄今为止,我对所有人类文学中最美、最朴实的文字可说一无所知。⑥

这简直是荒唐,他自己也承认。他重新投身学校的事业,由于过分投入而病倒,一八七一年,只好到萨马拉的巴什基尔家做奶酒治疗。除了希腊文,他对一切都不满意。一八七二年,他打了一场官司,之后他郑重地提出:将在俄罗斯的一切都卖掉,去英国定居。托尔斯泰伯爵夫人深感忧虑:

> 如果你把心思都放在你那些希腊人身上,你的病便好不了。他们给你带来了烦恼,使你对现世生活不感兴趣。人称希腊文为死文字一点没错:它能使人心如死水。⑦

---

① 这一可怖之夜的回忆载于 1883 年出版的《狂人日记》中。(《遗著》)——原注
② 1869 年夏天,他的《战争与和平》将要大功告成之际,他发现了叔本华,立即为之着迷。他说:"叔本华是人类中最有天才的人。"(1869 年 8 月 30 日致费特的信)——原注
③ 这部长达七百到九百页的《启蒙课本》共分四册,除各种教学方法外,还包含许多短篇读物,后编为四部《阅读课本》。——原注
④ 1870 年 12 月他给费特的信中谈到,荷马和他的翻译者之间的区别,好比"煮沸后蒸馏出的水和从源头流出的凉水之间的区别,后者会引起牙痛,但晶莹而洒满阳光,虽然有时带着沙子,但它更纯净,更清冽"。——原注
⑤ 茹科夫斯基(1783—1852),俄国诗人;沃斯(1731—1826),德国批评家兼翻译家。
⑥ 见《未发表的书信》。
⑦ 见托尔斯泰伯爵夫人的档案。(《生平与作品》)

一八七三年的托尔斯泰

多次放弃已拟定的计划之后，一八七三年三月十九日，伯爵夫人喜出望外地看到，托尔斯泰终于动手写《安娜·卡列宁娜》了①。可是正当他投入工作的时候，家里出了一连串丧事②，生活又蒙上了愁云；他妻子也病了。"这个家真没有福运可言……"③

作品里约略可以看见这些凄惨的经历和激情幻灭的痕迹④。除了列文订婚那几章美妙的描写以外，爱情已经没有能与《战争与和平》某些篇章媲美的青春诗意，而这些篇章却是所有时代最美的抒情诗。相反，爱情在这里具有刺激、肉欲和专横的性质。贯串整部小说的宿命色彩不再像《战争与和平》那样，是一个公正而有杀伤力的神、帝国的命运之神，而是疯狂的爱，"整个一维纳斯⑤……"正是她，在那激动人心的豪华舞会上，当安娜和弗龙斯基不知不觉间产生情愫的时候，赋予身穿黑丝绒衣衫的美丽无邪而又富有思想的安娜"一种几乎无法抗拒的吸引力"。正是她，当弗龙斯基刚表白完心迹，安娜立刻容光焕发，"那不是快乐的光芒，而是黑夜中骤然燃起的熊熊大火"。正是她，在这位忠诚而理性的女人，这充满爱心的年轻母亲的血管里注入了强有力的情欲之津，并驻守在她心里，直至毁灭它为止。接近安娜的人无一不感觉到这既诱人又令人心惊胆战的潜伏着的魔鬼。首先是基蒂惊惶地发现了它。当弗龙斯基去看安娜时，心中既高兴，同时又有一种神秘的恐惧感。只要安娜在场，列文便六神无主。连安娜也知道再也没法控制自己。随着故事的发展，无法驾驭的情欲将这个矜持的女人心中那座道德大厦一点一点地腐蚀掉。她身上最好的东西，她勇敢而真诚的灵魂也破裂瓦解：她再也没有力量放弃世俗的虚荣，她的生命除了取悦情人之外没有任何其他目的。她提心吊胆、羞愧难当地不让自己怀上孩子。她受着嫉妒的煎熬。肉欲支配着她，强迫她无论在行动、声音或者眼神中弄虚作假。她堕落成了只想吸引男人——不拘何种男人——注目的

---

① 《安娜·卡列宁娜》的创作至一八七七年才完成。——原注
② 三个孩子早夭（1873 年 11 月 18 日、1875 年 2 月，1875 年 11 月底），养母塔季扬娜姑姑（1874 年 6 月 20 日）和佩拉吉姑母（1875 年 12 月 2 日）相继去世。——原注
③ 见 1876 年 12 月 22 日致费特的信。
④ "女人是男人事业的绊脚石。爱一个女人同时又做好事是很困难的。要不经常受到爱情的困扰和妨碍，惟一的办法就是结婚。"——原注
⑤ 维纳斯，罗马神话中的美神。

女人。她用吗啡来麻醉自己，直到有一天，再也忍受不了痛苦的折磨，感到无颜面对世人，终于含恨投身到车轮之下。"而那个胡子拉碴的小乡下人，"——她和弗龙斯基梦里常常看见的可怕的幻象——"正站在车厢的踏板上，俯视着铁轨"；据带有预言性质的梦境所云，"他弯腰俯向一个口袋，将一些零碎往口袋里塞，这就是她往日的生活，连同她的烦恼、背叛行为和痛苦……"

"我保留报复的权利。"①上帝说道……

这是一个为爱情耗尽精力，被上帝的戒律所压垮的人的悲剧；托尔斯泰写来一气呵成且惊人的深刻。围绕这个悲剧，他像在《战争与和平》中一样，安排了另外几个人的故事。可惜在这里，各个故事此起彼伏，交替得生硬而造作，达不到《战争与和平》中像交响乐那样有机的统一。人们也会觉得其中某些真实的画面，如彼得堡的贵族圈子和他们无聊的谈话，有时完全不必要。总之，较之《战争与和平》，托尔斯泰在这部作品里更鲜明地将他的道德人格和哲学思想与生活的景象交织在一起。但作品依然非常丰满。和《战争与和平》一样有各式各样的典型人物，而且每一个都刻画得极其准确。我觉得男人的形象甚至更突出。托尔斯泰喜欢将斯捷潘·阿尔卡季奇描写成自私而可爱的人，谁见了都会对他亲切的微笑作出回应。还有卡列宁，他是高官的典型，地位显赫而才识平庸的国家要员，惯于以嘲讽掩藏自己的真实情感，此人既庄严又怯懦，既假仁假义又有基督徒的感情，是一个虚伪世界奇特的产物。虽然他聪明，也慷慨大方，但始终难以摆脱这个虚伪的世界。而他也有理由不信任自己的心，因为，只要他处于放松状态，最终必坠入神秘的迷茫之中。

小说写了安娜的悲剧和一八六〇年俄罗斯社会各个不同的画面，如沙龙、军官俱乐部、舞会、剧院、赛马等，但其主要特点却是其自传性质。康斯坦丁·列文比托尔斯泰笔下的任何人物都更像是托尔斯泰的化身。托尔斯泰不仅在他身上寄寓了自己既保守又民主的思想，以及乡村贵族老爷蔑视知识分子的反自由主义观点②，而且将整个生命都

---

① 卷首的箴言。
② 请注意，在小说的最后一部分，还有反对战争、民族主义和泛斯拉夫主义的思想。——原注

给了他。列文和基蒂的爱情,他们婚后头几年的生活,完全是他自己家庭回忆的翻版。同样,列文的兄弟之死也是托尔斯泰的兄弟德米特里之死的痛苦再现。这最后一部分完全是多余的,只能使我们看到作者当时心中的困惑。如果说,《战争与和平》的结尾是计划中的另一部作品的艺术过渡,那么,《安娜·卡列宁娜》的结尾便是两年后表现在《忏悔录》中思想变革的自传性过渡。书中已经常常以讽刺或激烈的形式批判当时的社会,在后来的作品中,这种攻击一直在继续。他攻击谎言,所有的谎言——无论是出于道德还是出于罪恶的目的;他攻击自由主义的空谈、假惺惺的慈悲、沙龙里的宗教和所谓的博爱!他向上流社会宣战,因为它扭曲一切真实的感情,扼杀心灵高贵的冲动!死亡突然将一线光明投射到社会习俗之上。面对垂死的安娜,骄矜的卡列宁动了恻隐之心。一道爱情之光和基督徒的宽恕之情终于进入了这个毫无生气、矫揉造作的心灵。所有三个人,丈夫、妻子和情人顿时都发生了变化。一切都变得单纯和坦然。但随着安娜的逐渐复原,三个人都意识到,"面对在内心指引着他们的近乎神圣的道德力量,还有一股粗暴而强大无比的力量不由分说地操纵着他们的生活,使他们不得安宁"。他们已预见到,在这场斗争中他们是软弱无力的。"他们将不得不做社会认为有必要做的坏事①。"

倘若列文如同他所表现的托尔斯泰一样,在书的结尾也自我净化的话,那是因为死亡也把他触动了。直到那时为止,"他一直不能信仰,也不能完全怀疑"。自从眼见自己的弟弟死去,他便对自己的无知②感到恐惧。结婚曾经一度遏制住他的焦虑。但随着第一个孩子的出生,焦虑又出现了。他时而拼命地祈祷,时而又否定一切。看哲学著作也无济于事。精神狂乱之时,他真害怕顶不住自杀的诱惑。体力劳动使之有所缓解,在劳动里无所谓怀疑,一切都是清楚明了的。列文和农民聊天。其中一个谈到有些人"并非为自己而是为上帝而活着"。这

---

① "坏事就是社会认为合理的事。牺牲、爱情,都是不理智的。"——原注
② 指对上帝的无知。

安娜·卡列宁娜观看赛马

对他来说不啻为一种启示。他看到了理性与心灵的矛盾。理性教人为生活去进行残酷的搏斗,爱你周围的人是全然不合理的:

> 理性什么也没有教我。我所知的一切都是心灵之所赐,是心灵的启示。

从那时起,他恢复了平静。以心灵为惟一向导的卑微农民的那句话,把他又领回到上帝面前……什么上帝?他不想去探究。此时的列文,如同托尔斯泰一样,很长一段时期对教会毕恭毕敬,对教义也毫不反感。

> 即使在苍穹的幻象和星球的表面运动中,也存在着真理。①

* * *

列文的这些焦虑和他向基蒂隐瞒的自杀意图,亦即托尔斯泰在同一时期向妻子隐瞒的,但他还未达到他赋予主人公的那种镇静。说真的,这种镇静没有什么感染力。人们觉得那只是意图而不是事实,所以列文不久又将陷入怀疑。托尔斯泰很清楚这一点。他好不容易才把作品写完。在完成以前,《安娜·卡列宁娜》让他烦透了。②他写不下去,待在那里不能动弹,没有任何意愿,对自己感到又厌恶又害怕。于是,在生命的这种真空中,从深渊刮来了一阵大风,他感到了死亡的眩晕。稍后,在逃离深渊之后,托尔斯泰叙述了这几年可怕的岁月。③

"我不到五十岁,"他说道④,"我爱,也被爱。我有听话的孩子、一大片领地,有荣誉、健康、精力充沛,能像农民一样割草,一连干活十个小时也不累。忽然间,我的生活停顿了。我能够呼吸、吃东西、喝水、睡觉,但这并不是生活。我再也没有欲望。我知道我什么都不想要,甚至

---

① 见《安娜·卡列宁娜》。
② "现在,我又套在《安娜·卡列宁娜》这部令人厌烦和庸俗不堪的马车上了。我惟一的希望就是尽快摆脱……"(见《未出版的书信》第95页,1875年8月26日给费特的信)"我必须结束这部烦人的小说。"(1876年3月1日致费特的信)——原注
③ 见《忏悔录》(1879)。
④ 在此,我将《忏悔录》中的若干篇章作了概括的引述并保留托尔斯泰的原话。——罗曼·罗兰

也不想认识真理。所谓真理就是,人生不过是胡闹。我已经到达深渊的边沿,清楚地看见前面除了死亡,一无所有。我是个健康而幸福的人,却感到再也活不下去了。一股无形的力量拽着我,要我摆脱生命……我不说我想自杀,但我无法抵挡要将我推出生命之外的那股力量。这是一种憧憬,和过去对生活的憧憬类似,只不过相反罢了。我不得不对自己耍点诡计,以便不过快地让步。于是,我这个幸福的人,要将绳子藏起来不让自己找到,以防自己在每夜脱衣独寝的房间里,在衣柜之间悬梁自尽。我再也不带枪去打猎了,担心经受不起诱惑。① 我觉得,我的生活是一出愚蠢的闹剧,别人在耍我。四十年工作,辛辛苦苦,也有进步,可到头来看见的却是一无所有!什么也没有。将来我留下的只是个臭皮囊和一堆蛆虫……人只有醉心于生活才能生活,但一旦醉醒了,便会发现,一切都不过是一场骗局,愚蠢的骗局……家庭和艺术已经不再能使我满足。家庭是一群像我一样的可怜虫。艺术是人生的一面镜子。当人生已没有意义时,镜子的游戏也就没有什么趣味了。最糟糕的是,我不甘心。我像一个在森林中迷了路的人,因为迷路而惊恐万分,虽然明知越跑越找不着路,却仍然不停地四处乱闯……"

出路来自人民。

托尔斯泰对人民一直怀有"异样的亲情",尽管对社会的幻想屡屡破灭,这一点也没有动摇。到了晚年,他和列文一样更接近人民了②。他开始想到他那个狭小圈子之外的亿万生灵。这小圈子里的学者、富豪和有闲者,或自杀,或醉生梦死,或者像他一样,绝望却苟且偷生,他

---

① 《安娜·卡列宁娜》中有一段:"列文有人爱、感到幸福,又做了父亲,但亲自将一切武器拿开,仿佛担心受不了诱惑,会结束自己的苦难。"这种心态并非托尔斯泰和他的主人公所特有。他惊讶地发现在全欧洲,尤其是俄罗斯的富裕阶层中,自杀的人越来越多。在这一时期的作品中,他经常暗示这一点。据说1880年,欧洲刮起了一阵忧郁症的浪潮,卷走了数以千计的人的生命。当时还是少年的人都会像我一样记得很清楚。对他们来说,托尔斯泰对这次人类劫难的描述是有历史价值的。他写出了整整一代人鲜为人知的悲剧。——原注
② 这个时期他的肖像总有这种平民的特点。克拉姆斯科依给他画的那幅(1873),身穿农民服装,像德国的基督般俯着头。前额靠近太阳穴处开始秃了;两腮凹陷,留着胡子。1881年画的另一幅,神气像穿着节日服装的工头,头发剪短了,胡子和鬓角却很长。一张脸下宽上窄,皱着眉,眼神忧郁,犬鼻,还长着两只大耳朵。——原注

心里纳闷,为什么那亿万生灵能够避开绝望的命运,为什么他们不自杀。他发现,他们活着靠的不是理性,且根本不去考虑理性,他们靠的是信仰。这不知理性为何的信仰究竟是什么呢?

信仰是生命的力量。人没有信仰就不能生活。宗教的概念早在远古时期人类的思想里便产生了。信仰对生命之谜的回答就包含了人类最深刻的智慧。

那么,知道宗教的经书里所记录的智慧箴言是否就够了呢?——不够。信仰并不是一门学问,信仰是一种行动。只有付诸实践它才有意义。看见一些富人和思想正统者把信仰当作"生活中一种令人惬意的慰藉",托尔斯泰感到十分恶心,这使他决心投身于普通人之中,只有这些人的生活才和其信仰一致。

于是他明白了,劳动人民的人生就是生活本身,而赋予这种生活以意义的就是真理。

可是,怎样才能成为人民中的一员,并分享其信仰呢?只知道别人有理是没用的,要像他们一样,并不取决于我们自己。我们徒然向上帝祈祷;徒然把祈求的双臂伸向上空。上帝避开了。在哪里才能逮住他呢?

一天,上帝的恩宠来了。

早春的一天,我独自在森林里,谛听着各种声音。我想到近三年来的困惑,对上帝的追寻,想到自己总是从欢乐突然变成绝望……忽然间,我发现自己只在信仰上帝时才活着。一想到上帝,心中便涌起生之欢乐的波涛。周围的一切都生动起来,一切都有了意义。而一旦我不再相信上帝,生命便会戛然而止。

"那么,我还找什么?"我内心一个声音大叫道,"就是他,这个没有便不能生活的'他'!认识上帝和生活是一回事。上帝就是生活……"

从那以后,这种光明的启示便再也没离开过我。[1]

---

[1] 见《忏悔录》。

他得救了。上帝已经向他显灵。①

然而,他不是满足于出神入定的印度修行者,他内心既有亚洲人的幻梦,也有西方人对理性的酷爱和对行动的需要,他必须将他获得的启示化为切实奉行的信仰,并从神明的生活中觅得日常生活的守则。他毫无成见,真诚地愿意相信家人的信仰,于是开始研究他信奉的罗马东正教的教义②。为了更好地体察教义,三年之中,他参加所有的宗教仪式,忏悔,领圣体,遇上看不惯的事决不妄加评断,遇上晦涩不明、难以理解的事便找些理由给自己解释,对一切他所爱的人,无论是活着的还是已经去世的,他都认同他们的信仰,总希望到了某个时候,"爱会给他打开真理的大门"。但这一切毫无用处:他的理智和心灵相互抗争:洗礼和领圣体之类,让他觉得无聊透顶。别人强迫他一再重复圣体是基督真正的血和肉时,"他心里像挨了一刀"。然而在他和教会之间垒起一堵难以逾越的高墙的并非教义,而是一些实际问题,特别是其中的两个问题:一是各教会之间的仇恨和水火不容③;二是赞同杀人——不论是正式或是默许——也就是说,赞成战争和死刑。

于是,托尔斯泰不干了。思想受了足足三年的压制,一旦决裂更显得气势汹汹。他再也不留情面,怒气冲冲地将昨天还坚持信奉的宗教

---

① 说真的,这并不是第一次。那个去高加索的志愿兵、塞瓦斯托波尔的军官,《高加索》中的奥列宁、《战争与和平》中的安德烈公爵和别祖霍夫,都曾经有过同样的梦幻。但托尔斯泰非常虔诚,每次看到上帝时,总觉得是第一次,已往的一切都不过是黑暗与虚无。回顾过去,只看见阴影和羞耻。通过他的《日记》,我们对他的心路历程,知道得比他自己还清楚。我们知道,即使在彷徨的时刻,他的心也总是笃信宗教的。而且,在《教义神学批判》的序言中,他也承认:"上帝啊,上帝!我错了,我到不该去的地方去寻找真理。我知道我错了。我明知我的欲念是坏的,也多方迁就。但我从未忘记过你。即使我在歧路上彷徨的时候,我也感觉到你的存在。"——1878至1879年间的精神波动,比其他时候来得更猛烈,这也许是屡逢丧事和年事渐高的影响,惟一不同的是,心醉神迷的激情回落之后,上帝的幻象并没有完全消失,托尔斯泰根据过去的经验,赶紧"趁光明的启示还在,快步前行",并从信仰中总结出一整套人生哲理。以前他并非没有尝试过这样做(我们记得他在念大学时候已考虑过"生活守则"),不过,到了五十岁,被欲念引入歧途的机会相应地少了。——原注
② 《忏悔录》的小标题是《教义神学批判及基督教教义研究入门》。——原注
③ "我一直将真理放在爱的范畴,但我惊讶地发现,宗教将它想创造的东西亲手毁掉。"(《忏悔录》)

踩在脚下。在《教义神学批判》(1879—1881)里,他不仅把神学说成一派胡言,而且是有意识有目的的谎言①。在他的《四福音书的统一性与演绎》(1881—1883)中,还将神学与《福音书》对立起来。总之,他的信仰是建筑在《福音书》的基础上的②。

这一信仰可以归纳为下面这两句话:

> 我相信基督的学说。我相信只有当所有的人都获得了幸福,这个世界才能幸福。

信仰的基石是基督的山上宝训,托尔斯泰将其主要的教导归纳为五诫:

I. 戒生气。

II. 戒通奸。

III. 戒起誓。

IV. 戒以怨报怨。

V. 戒与人为敌。

这是基督学说的消极部分,而积极部分则只有一条:

爱上帝和你的邻人像爱你自己一样。

> 基督说过,谁违反这些戒律中哪怕最轻的一条,他在天国中的地位就最低。

托尔斯泰又天真地加了一句:

> 说来奇怪,我在十八个世纪之后才像发现新鲜事物那样发现了这些戒律。

那么托尔斯泰相信基督是神吗?——才不哩!他把基督当什么来供奉呢?当作圣贤中最伟大的一位,——婆罗门、释迦牟尼、老子、孔

---

① "我确信,就理论而言,教会的教导是狡猾和有害的谎言;就实践而言,是粗俗的迷信和惑众妖言的大杂烩,这样一来,基督教教义的精神已荡然无存。"(《致东正教最高会议的答复》,1901年4月4日至17日;同时请参看《教会与国家》(1883))托尔斯泰认为教会最大的罪恶是与世俗权力的"无耻勾结"。教会不得不肯定国家是神圣的,暴力也是天经地义。这是"强盗与说谎者的联盟"。——原注

② 见《什么是我的信仰》(1883)。

子、琐罗亚斯德①、以赛亚②——他们都给人类指出了他们所向往的真福和该走的道路。③ 托尔斯泰是这些伟大的宗教创立者、这些印度、中国和希伯来的半人半神人物及先知们的信徒。他维护他们,且懂得以进攻的手法去维护,他攻击他所谓的"法利赛人"和"律法家";攻击已建立的各个教派,攻击傲慢的科学或伪"科学的哲学"④的代表。他并不求助于神的启示来对抗理性。自从摆脱《忏悔录》中述及的困惑时期以后,他便基本上成了理性的信徒,也可说是理性的一位法师了。他重复圣约翰的说法:

初始是圣言,圣言即逻各斯⑤,也就是理性。

他的《生命论》(1887)一书结尾部分引述了帕斯卡尔的名言:⑥

人不过是大自然中一根最脆弱的芦苇,但却是一根会思考的芦苇……我们的尊严全在于思想……让我们努力去思考吧:这就是道德的本原。

---

① 琐罗亚斯德(约前628—约前551),伊朗先知,宗教改革家,琐罗亚斯德教创始人。
② 以赛亚,古代以色列先知,《圣经·旧约》中的《以赛亚书》据说是他的著述。
③ 随着年龄的增长,他越来越觉得宗教的真理是统一的,这点感知他是通过人类的历史、基督与其他贤人——从释迦牟尼一直到康德和爱默生(1803—1882,美国思想家,诗人,散文家)——的一脉相承而获得的。因此到了晚年,托尔斯泰"并不偏爱基督教"。他在1909年7月27日写给画家扬·斯蒂卡的信中写道:"耶稣的学说对我来说,不过是我们从古代埃及、犹太、印度、中国、希腊继承下来的美丽的宗教学说之一。耶稣的两大原则:爱上帝,也就是爱绝对的完美,爱邻人,也就是一视同仁地爱所有人。这两种爱也是全世界所有的圣贤所提倡的,如:克里希纳(印度圣者)、释迦牟尼、老子、孔子、苏格拉底、柏拉图、爱比克泰德(约55—约135,古罗马哲学家),以及现代人中的卢梭、帕斯卡尔、康德、爱默生、钱宁(1780—1842,美国伦理学家)等人。宗教和道德的真理无所不在,而且都是统一的……我对基督教并无偏爱。如果说我曾经一度对耶稣的学说特别感兴趣,那是因为:一、我在基督徒中间出生和长大;二、我从各个教派惊人的篡改之中总结出纯洁的学说,心里感到莫大的安慰。"——原注
④ 托尔斯泰声明,他并不攻击真正的科学,因为真正的科学是谦逊而有节制的。(见《生命论》第4章)
⑤ 逻各斯,希腊语中的"理性"、"明智"、"道"。
⑥ 托尔斯泰在写《忏悔录》之前的精神苦闷期间,经常阅读帕斯卡尔的《思想录》。他在致费特的信中(1887年4月14日和1879年8月3日)曾提及此事,还劝这位朋友也读一读。——原注

全书不过是一首对理性的颂歌。

诚然,他所谓的理性并非科学的理性、有限的理性,"将部分变做整体,将动物性生活当作生活整体"的理性,而是主宰人类生活的至高无上的法则,"有理性的生灵,也就是人类在生活中必须遵循的法则"。

> 这一法则类似那些决定动物的营养与繁殖、花草树木的生长与开花、地球和星球运动的法则。只有奉行这一法则、使我们的动物性从属于理性法则以获得善,我们的生命才能存在……很难给理性下定义,而且我们也不必给它下定义,因为我们不仅都知道它,而且只知道它……人类知道的一切都是靠理性而不是靠信仰知道的。[1] 真正的生活只是在理性出现时才开始的。惟一真正的生活是理性的生活。

我们看到的生命,我们个体的生命是什么呢?"它不是我们的生命,"托尔斯泰说道,"因为它不依赖我们而存在。"

> 动物人的活动是外在于我们进行的。……人类已经不再将生命看做是个体的存在。对我们时代所有非理性的人来说,个人善行之不可能,已成为颠扑不破的真理。[2]

这里面有一大串公设,不必在此一一讨论,不过,这表明了托尔斯泰是以何等样的激情为理性着迷。实际上,理性也是一种激情,和前半生主宰他的那些激情同样盲目和妒忌。一堆火灭了,另一堆又燃了起来。换种说法,火还是同样的火,不过换了燃料而已。

"个人的"欲望和这种"理性的"激情更加相似的一点是,二者都不满足于爱,而且要行动,要使之成为现实。基督说过:

> 不应空谈,而应行动。

---

[1] 在1894年11月26日写给X男爵夫人的一封谈论理性的信中,托尔斯泰写道:"人类直接从上帝那里只得到过一种工具,即认识自己和自己与世界之间关系的工具。仅此一种,没有其他。这工具就是理性。理性来自上帝。理性不仅是人类崇高的品质,而且是认识真理的惟一工具。"——原注

[2] 托尔斯泰:《生命论》第十章、第十四到第二十一章。

那么理性的行动是什么？——爱。

爱是人类惟一理性的行动，爱是最合理、最光辉的灵魂闪光。它所需要的，是没有任何东西挡住理性的阳光，只有理性的阳光能使爱成长……爱是真正的善、至高无上的至善，能解决生活中的一切矛盾，不仅能驱除对死亡的恐惧，而且能促使人为他人做出牺牲，因为除了为所爱的人献出生命之外，无所谓爱；只有牺牲自己，爱才配被称为爱。因此，只有当人类明白，要获得个人幸福是不可能的时候，真正的爱才能实现。这时，他生命中的一切精髓便一起来将养分供应给真爱这株嫁接过来的高贵幼芽，而为了生长，这株幼芽会从动物人这棵粗犷的树干上吸取活力……

就这样，托尔斯泰达到信仰的方式，并不像一条水流枯竭的河流最终消失在沙土里，他带到信仰里去的是在强有力的生命中积聚起来的一股汹涌的激流。这一点我们马上便可以看到。这种热烈的信仰，将理性和爱紧紧地结合在一起，从他写给将他逐出教门的神圣宗教会的著名复信中，可以看到其完满的表白①：

我信仰上帝，对我来说，上帝就是灵性、爱、一切事物的本原。我相信上帝在我心中，如同我在上帝心中一样。我相信，上帝的意志从来没像在基督作为人时所提出的学说中表达得那么清楚。可是，如果将基督看做是上帝而向他祈祷，那就犯了最大的渎圣罪了。我认为，人类的真福在于执行上帝的意愿，我认为上帝的意愿就是任何人都爱其同类，其行动也永远是我为人人，人人为我。福音书说这就是一切法则和一切预言的概括。我相信，对我们每一个人来说，生命的意义只在于增加爱心。我相信，发展我们爱的力量，在今生，能够日渐幸福，到了另一个世界，则能获得更完美的幸福。我相信，这种爱的增长比任何其他力量更有助于在这个地球上建立上帝的王国，也就是说，以一种和谐、诚实和博爱的新秩序，取代那种分裂、欺骗和残暴大行其道的生活组织。我相信，我们要在爱的领域里获得进步只有一种办法：祈祷。并不是基督所反对的在寺

---

① 这一宗教思想肯定在谈到多个问题，尤其是关于未来的生活观时，已有所发展。

庙里做的公开祈祷(《马太福音》,第 6 章第 5 至 130 节),而是那种他给我们做出过榜样的祈祷,单独的祈祷。这种祈祷能坚定我们内心对生命意义的感受,以及我们只听命于上帝意志的感情……我相信生命永恒,我相信普天之下,现在和将来永远是善有善报。我对这一切坚信不疑,所以到了我这行将就木的年纪,我得经常做出努力,以阻止自己盼望肉体的消亡,也就是说,我的新生……①

* * *

他以为已经到达港口,来到他不安的心能够稍事休息的避难所。其实不过是一种新活动的开始。

他在莫斯科过了一冬(对家庭的责任使他不得不随家人去到那里)②,一八八二年一月参加了人口普查工作,使他有机会目睹了大城市穷困的一面,所得的印象实在触目惊心。他第一次接触到文明中隐藏的伤疤。当天晚上,他把白天所见告诉一位朋友,"他大声喊叫,哭泣,挥舞拳头"。

"这样生活怎么行!"他哽咽着说道,"这不可能!这不可能!"③一连数月,他都处于可怕的绝望之中。一八八二年三月三日,托尔斯泰伯爵夫人写信给他:

不久前你说过:"因为没有信仰,我曾想上吊。"现在你有了信仰,为什么仍然苦恼呢?

因为他没有伪善者的信仰,那种自得自满的信仰;因为他没有神修者的自私,只顾自己灵魂得救而不管他人;④因为他心中有爱,现在他再也忘不了曾亲眼目睹过的穷人,在他热情善良的心里,总觉得自己对

---

① 见巴黎《时代》杂志,1901 年 5 月 1 日。
②③ "直到那时我一直在城外生活……"(《我们该怎么办?》)——原注
④ 托尔斯泰曾多次表示对"那些只顾自己不管他人的苦行僧"的反感,并将他们与那些无知、骄傲、"宣称为他人做好事,其实连他人需要什么也不知道"的革命党相提并论。他说:"对这两类人我同样都爱,但对他们的学说,也同样都恨。天下只有一种学说,即主张经常展开活动、生活符合心灵的需要,并努力使他人真正获得幸福。这就是基督的学说,既不是宗教式的清静无为,也不是企图改造世界,但连真福是什么都不知道的革命党人那种好高骛远。"(致一个友人的信,见《残酷的欢乐》)——原注

他们的悲苦与堕落负有责任:这些人是文明的牺牲品,文明仿佛是个魔鬼般的偶像,牺牲了千万人以造就一个特殊等级,而他却拥有这个等级的特权。接受这种以罪恶换来的利益,无疑参与了罪行。若不揭发这些罪恶,他的良心便再也得不到安宁。

《我们该怎么办?》(1884—1886),就是这第二次精神动荡的表白,比第一次更带悲剧性,后果也严重得多。比起这人类的苦海,真正的、并非一个闲得发慌的人臆造出来的苦海,托尔斯泰个人的宗教苦闷又算得了什么?看不见这种苦难是不可能的。看见了以后不想办法付出任何代价去消除它也是不可能的。唉!这办得到吗?……

一幅惟妙惟肖,不能不令我感动的照片①说明当时托尔斯泰心里很痛苦。他正面坐着,两臂交叉,穿着农民的服装,神情沮丧。头发还黑,唇髭却已花白。胡子和两鬓则全白了。两条皱纹在宽宽的脑门上划出和谐的线条。巨大的犬鼻,坦率、明亮而忧郁的眼睛显得多么善良!这双眼睛能看透你的心!仿佛在怜悯你,恳求你。他眼眶下有宽宽的皱褶,两颊凹陷,留着痛苦的痕迹,他曾经哭过,但很坚强,正准备战斗。

他有英雄般的逻辑。

> 我常常听见下面这几句话,总觉得很奇怪。这些话是:"不错,理论上这很好,但实际又会怎样呢?"仿佛理论是谈话中必须说的漂亮词句,而实践并不需与之统一!……当我考虑过并明白了一件事,我就只能按我明白了的道理去做。②

他开始以照相般精确的方式,将他参观贫民窟或夜间收容所时亲眼所见的莫斯科贫困景象一一描绘出来。③ 他确信,不能像他最初想象的那样,用钱去救助那些多少都被城市腐败所害的苦人儿。于是,他勇敢地去探寻祸害的根源。沿着可怕的链条一个环节一个环节去找该对此负责的人。首先是有钱人,他们该死的穷奢极欲,像传染病一样吸

---

① 即1885年的照片,《我们该怎么办?》中的插图。——原注
② 见《我们该怎么办?》第213页。
③ 这头一部分(前十五章)有许多典型例证,被俄罗斯的书刊检查机构删去了。——原注

引人,使人堕落①,此即具有普遍诱惑性的不劳而获的生活。其次是国家这个由强人为一己私利去剥削、奴役他人而建立的残暴的实体。教会是其同谋;科学艺术是其帮凶……这为非作歹的各路大军该如何对付呢?首先,不要同流合污,拒绝参与剥削人的行动。放弃钱财和田产②,不为国家服务。但这还不够,必须"不说假话",不害怕真理。应该"幡然改过",将由教育带来的骄傲连根拔除。最后必须用双手去劳动。"你要靠额上的汗水去挣你的口粮":这是第一也是最基本的法则③。托尔斯泰提前回答精英分子的嘲笑:体力劳动并不妨碍智力,反而能增进智力,这是符合自然的正常要求,只会有助于健康,艺术就更不在话下了。而且,体力劳动还能使人类重新团结起来。

在随后的作品中,托尔斯泰又将这些保持精神健康的训诫加以补充。他殚精竭虑于治疗心灵,使之恢复活力,同时排除罪恶的寻欢作乐,因为它能麻醉人的良知④,更要摒弃残酷的寻乐,因为它能灭绝人性。他身体力行。一八八四年,他牺牲了自己最根深蒂固的嗜好:打猎⑤。他节制饮食以锻炼意志。像一个竞技者般给自己订下严格的规则,以便战而能胜。

---

① "贫困的真正原因是由于财富都掌握在不事生产的人手里,而且都集中在城市。有钱人都聚居在城市,以便享乐和自卫。穷人只能靠富人的残羹剩饭过活。奇怪的是许多人依然当工人而不去干些容易赚钱糊口的事,如:经商、囤积、行乞、卖淫、诈骗,甚至抢劫。"——原注

② "罪恶之源是所有权。所有权不过是享受他人劳动成果的手段。"托尔斯泰又说:所有权并不是属于我们,而是他人的东西。"男人将自己的妻子、孩子、奴隶和其他物品都看做属于自己的东西。但事实证明他错了。他应该放弃这一切的所有权,否则苦了自己,也苦了别人。"托尔斯泰已经预感到俄国革命,他说:"三四年来,有人在大街上骂我们,叫我们懒虫。被压榨的老百姓心里的仇恨和蔑视正与日俱增。"(《我们该怎么办?》第419页)——原注

③ 农民革命家邦达列夫很希望这条法则被公认为普遍法则。托尔斯泰当时受到他和另一位农民革命家苏塔耶夫的影响。他说:"在我一生中,有两位俄国思想家在道德上给过我很大的影响,充实了我的思想,给我解释了我自己的世界观。他们是两个农民,苏塔耶夫和邦达列夫。"(《我们该怎么办?》第404页)——原注

④ 见《为什么人会自我陶醉》。

⑤ 托尔斯泰终于下决心将这种爱好戒掉了。这种家传的爱好,由父亲遗传给他。他对兽类似乎从来没有多大的恻隐之心。他炯炯的目光根本看也不看兽类有时极富表情的眼睛,除了马,他作为大贵族,对马有偏爱。说到底,他本性是残酷的。他讲过曾经用棍子猛击一只狼的鼻根,使其慢慢死去。他说:"想起那只慢慢疼死的畜牲,我便有一种快感。"他很晚才对这种行为感到后悔。——原注

一八八四年的托尔斯泰

《我们该怎么办?》标志着托尔斯泰离开宗教冥想的相对宁静,准备进入纷纷扰扰的社会的第一段艰苦历程。从此便开始了二十年的战斗。这位亚斯纳亚·波利亚纳村的老先知以《福音书》的名义,置身于一切政党之外,并谴责这些政党,孤军奋战,和文明的罪恶及谎言抗争。

* * *

托尔斯泰的道德革命在他周围没有博得多少同情,而且还伤了家人的心。

长期以来,托尔斯泰伯爵夫人忧心忡忡地观察到他这种病态越来越严重而无法阻止。从一八七四年起,她眼看丈夫浪费那么多的心力和时间去办学,感到十分恼火。

> 这识字课本、教学书、语法书,我一点也看不上眼,没法装作对它们感兴趣。

教育过后轮到宗教时,情况又不同了。伯爵夫人觉得皈依宗教的托尔斯泰所说的那一套十分可厌,以致他再提到上帝时,不得不做些解释:

> 当我提到上帝时,请你别生气。你老生气。我不能回避不谈,因为上帝是我思想的基础。①

伯爵夫人大概被打动了。她努力掩盖不耐烦的情绪,忧心忡忡地观察她的丈夫:

> 他的眼睛很奇怪,一动也不动。他几乎不说话,仿佛不是这个世界上的人似的。②

她想托尔斯泰一定是病了:

> 列夫说,他一直在工作。唉!他在写一些宗教方面的思辨文章。又是看书,又是思考,直到头疼为止,而这样做是为了证明教会与福音书的教义并不一致。在俄罗斯,顶多只有十来个人对这个感兴趣。但毫无办法。我只希望一件事,就是这一切尽快结束,像一场病那样过去算了。

---

① 1878 年夏天。见《生平与作品》。
② 1878 年 11 月 18 日。见《生平与作品》。

托尔斯泰亲手种植的白桦林(1877—1880)

列夫·托尔斯泰在犁田(1887)

病没有过去。夫妻之间越来越不好相处了。他们感情好,彼此非常尊重,但却不能相互理解。他们努力想相互做些让步,但是像通常那样,让步成了对双方的折磨。托尔斯泰不得不随家人到了莫斯科。他在日记中这样写道:

我一生中最难熬的一个月。移居莫斯科。大家都安顿好了。那么他们什么时候开始生活呢?这一切并非为了生活,而是因为别人都这样做!可怜的人们!……①

同一期间,伯爵夫人写道:

莫斯科。到了明天,我们来此就足足一个月了。头两个星期,我每天都哭,因为列夫不仅闷闷不乐,而且非常沮丧。他睡也睡不着,吃也吃不下,有时甚至掉眼泪。我想,我真要疯了。②

他们只好彼此离开一个时期。两人都因使对方痛苦而相互致歉。他们的感情总是那么好!……托尔斯泰给她写信说:

你说:"我爱你,而你却不需要。"不,这是我惟一的需要……你的爱比世界上的一切都教我高兴。③

可是,两人只要在一起,龃龉就愈演愈烈,伯爵夫人不能接受这种宗教癖,而且,托尔斯泰还进一步跟一个犹太教教士学起了希伯来文。

他对别的什么都不再感兴趣,却将精力耗费在这些蠢事上。我的不满情绪再也掩盖不住了。④

伯爵夫人给他写信道:

将这样的智力耗费在劈柴、伺弄茶炊和缝靴子上,我只感到可悲。

---

① 1881年10月5日。见《生平与作品》。
② 1881年11月14日。见《生平与作品》。
③ 1882年3月。见《生平与作品》。
④ 1882年。见《生平与作品》。

接着,她像一个看见自己的孩子玩疯了的母亲一样,亲切而略带嘲讽地微笑着说:

算了,想起这句俄罗斯成语,我也就平静了:"孩子只要不哭,玩什么都行。"①

信还未发出,她脑子里便浮现出她丈夫看到这几行时,憨厚善良的眼睛被嘲笑的语气弄得很不舒畅的神情,于是又把信打开,感情冲动地写道:

忽然间,你的身影又清楚地出现在我的眼前,我感到自己是多么的爱你!你是那么乖,那么善良,那么天真,那么执着,这一切,都被你那颗同情博爱之心照亮着,还有那一直看到人心窝里的目光……这都是你所独具的。

就这样,两个人既相爱又互相折磨,接着又为自己情不自禁造成的伤害感到痛苦。这无法改变的局面延续了近三十年,直到最后,垂死的老李尔王在昏乱中出走茫茫大草原,事情才算结束。

大家还应该注意到《我们该怎么办?》结尾部分向女性发出的感人召唤。——托尔斯泰对现代女权主义并无好感。但对他所谓的"为人母者",对懂得生命真谛的女性,言语间都充满崇敬,极力赞扬她们的痛苦和快乐,赞颂她们怀孕产子、养雏育幼、终年不息、受尽煎熬、默默无闻地工作、劳累而不计报酬,而一旦厥尽天职、脱离苦海之后,心灵上又感到如此快慰。他刻画妻子勇敢的形象,她是丈夫的贤内助而非绊脚石。她知道,"只有不计报酬,为他人的生命默默做出牺牲才是人类的使命"。

一个这样的女人不仅不会怂恿丈夫去干欺世盗名的勾当,不会让他享受别人的劳动成果,而且对这种会把她的孩子引入歧途的行为深恶痛绝。她会要求她的男人自食其力不怕危险地工作……她知道,孩子们,也就是未来的一代,是人类所看到的最健康的一代,而她生命的目的就是全身心地去完成这一神圣的使命。她在丈夫和孩子们身上开发牺牲精神……正是这样的女人统领着

---

① 1884年10月23日。见《生平与作品》。

男人,成为指引他们的明亮星星……啊,既是妻子又是母亲的女人啊!世界的命运就掌握在你的手里!①

这是一个正在祈求和仍然满怀希望的人发出的呼吁……难道没有人听见吗?……

几年后,最后的一线希望之光熄灭了:

> 也许你不相信,你想象不出我是多么孤立,真正的我被周围的人蔑视到什么程度。②

既然他的至爱亲朋这样不理解他思想的伟大转变,就更不能指望其他人对他有更高的信任和敬重了。托尔斯泰出于基督徒忍辱负重的精神,而不是由于感情发生了变化才坚持要与屠格涅夫和解,③但后者依然嘲讽地说:"我很可怜托尔斯泰,不过,正如法国人所说,每人都有自己一套捉虱子的办法。"④

几年后,屠格涅夫垂死的时候,给托尔斯泰写了那封著名的信。他在信里恳求"他的朋友,俄罗斯土地上的伟大作家""回到文学中来"。⑤

所有欧洲的艺术家都对屠格涅夫临终时所怀的忧虑、所提出的恳求抱有同感。欧仁-梅肖·德·沃居埃一八八六年完成对托尔斯泰的研究时,凭着托尔斯泰穿着农民的装束正在锥鞋的一幅肖像,雄辩地提醒他道:

> 制造杰作的大师,您的工具不是这个!……我们的工具是笔,我们的田地是人类的灵魂,灵魂也是需要庇护和抚育的。请允许我提醒您,当一个俄罗斯农民、莫斯科第一位印刷工人被强迫回去扶犁种地的时候,他曾经这样高喊:"我的工作不是播种小麦,而是在世界上播种精神的种子。"

---

① 这是《我们该怎么办?》一书的最后几行,写于1886年2月14日。——原注
② 见《残酷的取乐》中致友人的一封信,标题是:《信仰的职业》。——原注
③ 二人于1878年和解。托尔斯泰写信向屠格涅夫致歉。1878年8月屠格涅夫造访亚斯纳亚·波利雅纳。1881年7月,托尔斯泰去拜访他,态度有了改变,既随和,又谦逊,简直换了一个人。——原注
④ 见屠格涅夫给波隆斯基的信。
⑤ 见1883年6月28日屠格涅夫寄自布吉瓦尔的信。

仿佛托尔斯泰不愿当思想食粮的播种人似的！……在《我的信仰是什么？》一书的末尾，他写道：

> 我认为，我的生命、我的良知、我的智慧，都是上天所赐，完全是为了开导世人。我认为，我认识真理是上天为此目的而赐予我的才能，这种才能是火，但只有燃烧起来时才是火。我认为，我生命的惟一意义就是生活在我内心的这盏明灯之中，并在人类面前将之高高举起，好使人人都能看见。①

但这盏明灯，这把"只有在燃烧时才是火"的火，使大多数艺术家深感不安。其中最聪明的并非没预见到他们的艺术很可能会首先被焚毁。他们假装相信整个艺术都受到了威胁，相信托尔斯泰会像普罗斯彼罗②一样永远折断他那根具有创造力的幻想的魔棒。

可是，事实并非如此。我一定要证明，托尔斯泰并没有毁灭艺术，而是把艺术本身静止的力量激发出来，他的宗教信仰不仅没有扼杀他的艺术天才，反而使之获得了更新。

* * *

奇怪的是，当人们谈到托尔斯泰对科学和艺术的想法时，一般总忽略了表达这些思想最充分的那本书：《我们该怎么办？》。在这本书里，托尔斯泰第一次向科学与艺术发起攻击，此后的战斗在激烈程度上无一能与之相比。我奇怪法国最近对科学和知识阶层的虚荣心发动的攻击中，竟无人想起这本书中的有关章节。那才是一份最猛烈的控诉书，矛头直指"科学殿堂里的宦官"和"艺术领域的强盗"，以及思想界的上层——他们在摧毁或降服过去的统治阶

---

① 注意，德·沃居埃先生在责怪托尔斯泰的同时，不知不觉地又用了托尔斯泰的语言。他说："不管对与不对，也许为了惩罚我们，上天赐予我们这种既必须又美妙的毛病：思考……扔掉这个十字架是大逆不道的事。"见《俄罗斯小说》(1886)——然而，1883年托尔斯泰写信给他的姑母托尔斯泰伯爵夫人说："每个人都应背起自己的十字架……我的十字架是思想的工作，这工作不好，骄傲而又充满着诱惑。"(《未曾发表的书信集》第4页)——原注
② 普罗斯彼罗，莎士比亚的《暴风雨》中的人物。

层，如教会、国家和军队之后，自己取而代之，既不愿也不能为人类做些许有益的事，却妄想别人崇拜他们、盲目为他们效劳，将为科学而科学、为艺术而艺术这种无耻的信仰作为教条昭告天下。其实那不过是骗人的假面具，借以肯定自己，为他们丑恶的自私自利和空虚辩解而已。

托尔斯泰又说："不要说我否定艺术和科学，我不仅不否定，反而想以艺术和科学的名义赶跑那些出卖神庙的人。"

科学和艺术之必需犹如面包和水，甚至超过面包和水……真正的科学是对使命的认识，因此也是对人类真福的认识。真正的艺术是关于认识使命的表白，是认识人类真福的表白。

他赞扬这样的人，"自有人类以来，他们或用竖琴和古琴，或通过形象和语言，表现人类对欺罔的斗争、在斗争中经受的苦难、对善战胜恶的希望、对恶取得胜利的失望，以及憧憬未来的热情。"

于是，他描绘出一位真正艺术家的形象，字里行间充满痛苦而神秘的炽热激情。

科学和艺术活动只是在不窃取任何权力而只知有义务的时候才能取得成果。这种活动的实质是奉献，因而才得到人类的赞誉。以智力劳动为他人服务的人注定要为完成这项使命而受苦，因为惟有在痛苦和折磨中才能产生精神境界。奉献和受苦就是思想家和艺术家的命运，这种命运的目的就是人类的福祉。人是不幸的，他们受苦，他们死亡；根本没有时间去游逛和寻乐。思想家或艺术家并不像我们惯常认为的那样，高踞在奥林波斯山的高处，而总是处在困惑和激动之中。他们必须决定并说出能为人类谋福利和解除痛苦的话。如果他今天不做出这样的决定，不说出这样的话，明天可能就来不及了，他自己也许死去了……他们并不是在造就艺术家和科学家的机构中培养出来的人（说真的，这些机构只能制造出一些科学和艺术的破坏者），也不是获得一纸文凭或领取俸禄之辈。而是想要不思索、不吐露心声而做不到的人，因为他们受到两种无法战胜的力量所驱使，即内心的需要和对人类的爱。世界上不存在心广体胖、养尊处优、志得意满的艺术家。①

这辉煌的一页在托尔斯泰的天才上投下了一抹悲剧的光华,是托尔斯泰目睹莫斯科的贫困、内心痛苦才奋笔疾书的。他相信科学和艺术是造成当今社会伪善和不公平的帮凶。他终其一生都没改变这个看法。但第一次与贫困接触的印象逐渐淡化,伤口也不那么流血了。所以后来的作品中,再也没有看到像这本书那样充满痛苦和渴望报复的愤怒情绪。再也听不到一个用鲜血来写作的艺术家对自己主张的崇高表白、对"思想家所必须付出的"牺牲和痛苦的赞颂,以及对歌德式的艺术至上主义的鄙视。在后来的作品中,他对艺术的批评多是从文学的角度,也显得不那么虚玄了。他把艺术与人类的悲惨处境分开来说。因为每当想起人类的疾苦,他便陷于精神狂乱,比如一天晚上,他访问了一个夜间收容所,回到家里,便伤心绝望地又是哭,又是喊。

这并不是说,他那些有教育意义的作品是冷峻的。冷峻不可能属于他。直至去世,他仍然是在给费特的信里这样写的那个人:

> 如果一个人不喜欢他笔下的人物,哪怕是最卑微的人物,就应该痛骂他们,骂到连上天也为之脸红,嘲笑他们,直到笑破肚皮。②

在有关艺术的文章里,他果然实践自己的主张。涉及他要否定的内容,其斥责和挖苦总是写得尖酸刻薄,以致艺术家们只注意到这一部分。托尔斯泰过分猛烈地抨击他们的迷信与敏感,致使他们将托尔斯泰视为他们,乃至一切艺术的敌人。但托尔斯泰从来都是既批评又建设,从不为破坏而破坏,而是为立而破。他谦虚,从不奢望建立什么新的东西。他只是捍卫艺术,欲使艺术永存,不让那些冒牌的艺术家去利用和玷污艺术的名声。一八八七年,即在他那部著名的《艺术批评》发表前十多年,他曾经写信③对我说:

---

① 见《我们该怎么办?》第378—379页。
② 见《未发表的书信集》中1860年2月23日的信。——正因如此,他不喜欢屠格涅夫那种"忧郁而病态"的艺术。——原注
③ 此信写于1887年10月4日,曾载于1902年的《半月谈》和1907年出版的《未发表的书信集》中。

真正的科学和真正的艺术过去一直存在，今后亦将永存。要否定它们是不可能的，也是不必争论的。今日一切弊病皆因那些所谓的文明人，加上他们身边那帮学者和艺术家，构成了一个僧侣般的特权阶层之故。这个阶层具有一切阶层都有的通病。它按照自己的需要去破坏和降低社会准则。我们这个世界所谓的科学和艺术不过是一个弥天大谎，一种大迷信。自我们从教会的古老迷信中解脱出来，通常便会堕入其中。想认清我们应走的道路，就必须从头开始——掀开为我们保暖，却遮住我们视线的风帽——诱惑是巨大的，我们不是生来如此，就是沿着梯子一级一级爬上去，爬到享有特权的文明神甫——用德国人的话说，文化神甫——当中。要质疑保证我们拥有特权的那些原则，必须像对待婆罗门教或天主教神甫那样，具有极大的诚意和对真理的热爱。但是，一个严肃的、给自己提出人生问题的人是不能犹豫的。为了明察一切，必须从他所处的迷信状态解放出来，尽管迷信于他有利。这里必不可少的条件……没有迷信。让自己处于孩童状态或者笛卡儿的理性中……

　　特权阶级所津津乐道的这种现代艺术迷信，这一"弥天大谎"，托尔斯泰在《什么是艺术？》一书中已有所揭露。他以咄咄逼人的词锋指出其可笑、贫乏、虚伪和极其腐朽堕落之处，将其全盘否定，彻底捣毁，像小孩子砸碎玩具时那么兴高采烈。这些批评往往很诙谐，但也有欠公允，如同打仗一样；托尔斯泰使用各种武器四面出击，根本不看对手是谁。像在一切战争中都会发生的那样，往往伤害了他本应保护的人，如易卜生或贝多芬。这方面应归咎于他冲动的性格，行动之前缺乏深思熟虑，他的激情往往使他看不到自己理亏的一面，还有，应当说，也因他的艺术修养有欠缺之处。

　　除了浏览文学书籍之外，他对当代艺术能有什么认识呢？这个乡绅一生中有三分之一的时间在莫斯科近郊的乡村度过，从一八六〇年起再也没有去过欧洲，他能见识过多少绘画，听到过什么欧洲音乐呢？还有，他只对学校感兴趣，此外，他曾见识过什么？关于绘画，他只是人云亦云,乱七八糟地将皮维斯、马奈、莫奈、勃克林、斯狄克、克林格①都归入颓废派,信心十足地欣赏于勒·布勒东和莱尔米特②,只因这些人有善良的感情,倒对米开朗琪罗嗤之以鼻,在描写心灵的画家中,连提都不提伦勃朗。对于音乐,他的感觉要好一些③,但理解不深,单凭儿时的印象,只知道几位到一八四〇年前后成为古典派的音乐家,往下的就不知道了(柴可夫斯基是例外,他的音乐能使他感动得流泪)。他对勃拉姆斯和理查·施特劳斯同样不屑一顾,还对贝多芬指手画脚。④在评价瓦格纳时,他只看了《西格弗里德》的一次演出便自以为有了足够的了解,其实演出开始以后他才到场,第二幕看了一半就走了。⑤至于文学,不用说,他了解得多一些。但是不知怎样阴差阳错,他竟不去评论自己熟悉的俄罗斯作家,反而去对外国诗人评头论足,其实这些诗人的思想与他相距甚远,他们的作品,他也只是高傲而漫不经心地翻了几页⑥!

这种武断随着年龄不断增长。他甚至写了一本书证明莎士比亚"并非一个艺术家"。

　　　他可能什么都是,但绝不是艺术家。

诸位请看,他多么肯定。托尔斯泰毫不怀疑,他不允许讨论。他掌握着真理。他会对你们说:

---

① 皮维斯(1824—1898),法国十九世纪后期重要的壁画家;马奈(1832—1883),法国画家;莫奈(1840—1926),法国画家;勃克林(1827—1901),德国画家;克林格(1857—1920),德国画家、雕刻家。
② 于勒·布勒东和莱尔米特都是名不见经传的画家。
③ 这一点,待论及《克莱采奏鸣曲》时再谈。——原注
④ 从1886年起,他变得更偏执了。在《我们该怎么办?》中,他还不敢碰贝多芬(也不敢碰莎士比亚),甚至责备当代的艺术家敢于向他挑战。"伽利略、莎士比亚和贝多芬等的行动与廷德耳、雨果和瓦格纳之辈毫无共同之处。正如圣徒们不承认与教皇有什么关联一样。"(见《我们该怎么办?》第375页)——原注
⑤ 他在第一幕结束之前便想走了。"对我来说,问题已经解决。我再也没什么疑问了。对一个居然能想象出这种场景的作者,还能有什么指望。我们大可预言他写的东西绝对都是次品。"——原注
⑥ 为了在新流派的法国诗人中作选择,他突发奇想,"将每本诗集第28页上的诗抄录下来!"——原注

第九交响乐是分裂人的作品。①

或者这样说：

除了巴哈那支著名的小提琴曲、肖邦的 E 调夜曲和海顿、莫扎特、舒伯特、贝多芬和肖邦等人作品中精选出来的十几段，还不是全部……其余的都是分裂人的艺术，理应受到排斥和鄙视。

或者：

我会证明，莎士比亚连四流作家都不是。在描写人的性格方面，他完全无能为力。

即使世界上其他人都不同意他的意见，也无法阻止他：恰恰相反。他骄傲地写道：

我的看法与全欧洲对莎士比亚的一致看法截然不同。

他总认为别人在撒谎，谎言无所不在。大家越是看法一致他就越要反对。他怀疑，他不相信，如谈到莎士比亚的声誉时，他说，"那不过是人类常有的传染病般的影响，诸如中世纪的十字军，对巫术的信仰，寻找点金石，对郁金香的喜爱等等。人类只有摆脱这些影响才能看清这是一种疯狂。随着报刊业的发展，此等传染病更形猖獗。"他还举出了这种传染病最近的一个典型例子——德雷福斯事件②。他一向反对世间的不平，保卫所有受压迫的人，对这件事倒抱着轻蔑的淡漠态度③。这个突出的例子，说明他怀疑别人撒谎和对"思想传染病"本能的厌恶已达到何等极端的地步。他明知不对却又无法克服。人类道德

---

① 准确一点应该是："第九交响乐并非团结所有人，而只联合少数人，且将他们与其他人分开。"——原注
② 德雷福斯事件是发生在法国的一起著名冤案，当局为找借口掀起反犹运动，无端指控一名犹太军官出卖国家机密，真相大白后当局仍拒绝改正错误，引起社会公愤，左拉发表了著名的《我控诉》。
③ "这是司空见惯的事，引不起任何人的注意，甚至连法国军方——我不说全世界——也不感兴趣……"稍后他又说："需要过若干年，人们才能从迷惘中醒来，明白他们弄不清楚德雷福斯有罪还是没罪，而每个人都有比德雷福斯事件更重要、更迫切的事情要关心。"（见《论莎士比亚》）——原注

的背面,难以想象的盲目性,竟引导这位灵魂的洞观者,热情的召唤者,将《李尔王》称作"荒谬的作品";将高傲的考狄利娅说成"没有任何性格的女人"。①

请注意,莎士比亚某些真正的缺点,他还是看得很清楚的,而我们却不敢坦率地承认。如所有人物都说一种矫揉造作的诗的语言,无论谈爱情,表现英雄主义,乃至很简单的事情,都要咬文嚼字。我完全理解,托尔斯泰是作家中文学气质最少的,对文艺界最有天才者的艺术,自然缺乏好感。可是又何必浪费时间去谈论自己不懂的事呢?对一个你尚未进入的世界妄加评论有什么价值呢?

如果我们从这些批判中寻找了解外国文学的钥匙,那是毫无价值的。但如从中探索托尔斯泰的艺术奥秘,则其价值无可估量。当瓦格纳或托尔斯泰谈论贝多芬或莎士比亚时,他们谈的并非贝多芬或莎士比亚,而是他们自己:他们在阐述自己的理想。他们甚至不打算欺骗我们。在评价莎士比亚时,托尔斯泰并不企图"客观",甚至责怪莎士比亚的艺术太客观。这位描写《战争与和平》的画家,无人称艺术的大师,对那些德国批评家们倒是手下留情,仅指责他们在歌德之后"发现了莎士比亚"和"艺术应该客观的理论,也就是说,应该再现事实而不理会任何道德价值,——这是对艺术的宗教目的恣意否定"。

就这样,托尔斯泰从一种信仰的高度发布他在艺术方面的评论。诸位别认为他评论中有什么个人的打算。他并不将自己看成楷模。他

---

① "《李尔王》是一出很糟的戏,粗制滥造,看了只能教人恶心和讨厌。"对《奥瑟罗》,托尔斯泰倒有点好感,因为作品在婚姻和嫉妒方面与他的想法一致,尽管是莎士比亚的坏戏中稍好的一部,但也不过是夸张性语言的堆砌;哈姆莱特这个人物没有任何性格,"不过是作者的一架留声机,陆陆续续地重复着作者的全部想法";至于《暴风雨》,《辛白林》等都因为"荒谬"才被托尔斯泰提到。他认为莎士比亚笔下最自然的人物是《亨利四世》中的福斯塔夫,"因为在这个人物身上,莎士比亚的语言充满冷酷而愚蠢的插科打诨,与这个令人生厌的醉鬼那种伪善、虚荣、堕落的性格一拍即合"。托尔斯泰并非一直这样认为。1860 至 1870 年之间,尤其是在他想写一部有关彼得大帝的历史剧那个时期,他倒是挺喜欢看莎士比亚的作品的。从他 1869 年的札记里甚至可以看到他将《哈姆雷特》看做是他写作的典范和导向。在提到他完成的作品《战争与和平》接近荷马史诗的理想之后,托尔斯泰又加了一句:"《哈姆莱特》和我未来的作品是小说家将诗运用到人物性格的描写上的结果。"——原注

对自己的作品和其他人的作品一样毫不留情。① 那么,他追求的是什么?他提出的宗教理想对艺术又有什么价值呢?

这种理想辉煌灿烂。"宗教艺术"一词在其含义的广度上会使人产生误会。托尔斯泰其实没有缩小艺术的领域而是将其扩大了。他说,艺术无所不在。

> 艺术渗透我们全部生活。我们名之为艺术的东西,像戏剧、音乐会、书本、展览等不过是艺术十分微小的一部分。我们的生活充满各种各样的艺术表现,从孩子们的游戏一直到宗教仪式。艺术和言语是人类进步的两个有机体。一个沟通心灵,另一个沟通思想。如果其中一个误入歧途,社会就出现病态。今天的艺术就误入歧途了。

自文艺复兴以来,已经谈不上基督教艺术了。阶级已经分化。有钱人和有特权者妄图垄断艺术,他们任意规定美的标准。艺术远离穷人,于是变得贫乏。

> 无需为谋生而工作的人,其思想感情比劳动者狭隘得多。我们现代社会的感情可以归为三类:骄矜、淫欲和厌世。这三种感情和它们的分支几乎构成了富裕阶层艺术的惟一主题。

这一主题污染世界,腐蚀人民,宣扬色欲,成为实现人类福祉的最大障碍。再说,这样的主题既无真正的美,也缺乏自然和真诚,是一种凭空想出来的矫揉造作的艺术。

面对这种美学家的谎言和富人的消遣之作,让我们建立起活的艺术,人性的艺术,团结一切阶级、一切民族的艺术。在这方面,过去有过光荣的范例。

> 我们心目中最崇高的艺术,永远为人类的大多数所理解和喜爱,如创世纪的史诗,福音书的寓言、传说、故事、民歌。

最伟大的艺术是反映时代宗教意识的艺术。但别以为这是教会的

---

① 他把他的幻想之作归入"坏艺术"之列(见《什么是艺术?》)。在谴责现代艺术时,他也毫不例外地谴责自己写的戏剧,说"它们缺乏构成未来戏剧基础的宗教意识"。——原注

一种教义。"每个社会都有一种对人生的宗教看法,那就是这个社会所追求的最大幸福理想。"大家都有一种明确或不明确的感情。若干先行者便清楚明确地将它表达出来。

  始终存在着一种宗教意识。这是大河的河床①。

  我们时代的宗教意识,便是通过人类博爱达成幸福的企望。只有为实现这一大同境界而奋斗的艺术才是真正的艺术。最崇高的艺术是直接通过爱的威力完成这项事业的艺术。但有另一种艺术同样参与完成这一任务,它通过愤怒和鄙视的力量打击一切反对博爱的事物,像狄更斯和陀思妥耶夫斯基的小说、雨果的《悲惨世界》,米勒的油画。一切即使达不到上述高度,但以同情和真实的方式来再现日常生活的艺术也能使人类彼此接近。像《堂吉诃德》和莫里哀的戏剧便属于这一类。诚然,这后一种艺术往往由于描写现实过于琐碎,主题过于贫乏而有所欠缺,"当我们将它与古代的经典著作,如约瑟的美妙故事相比的话"。对细节过分精确的描述反而有害,使作品因此缺乏普遍意义。

  现代作品被一种现实主义糟蹋了,这种现实主义更确切地说不过是艺术的地方主义罢了。

  就这样,托尔斯泰毫不犹豫地否定了他自身天才的要素。为了未来牺牲自我,即便自己一无所有又有何妨?

  未来的艺术并非当前艺术的继续,而是建立在别的基础上,它将不再属一个阶级所有。艺术不是技艺,而是真情的流露。艺术家只有过着淳朴自然的生活,不脱离民众,才能有真实的感情。所以脱离生活的人创作条件最差。

  将来,"一切有天赋的人都将是艺术家。随着音乐、绘画和基本语法一起被纳入小学的教学计划",艺术成为人人都可参与的活动。另外,艺术已不再需要目前那些复杂的技巧,而是趋于简洁、明了、精确,这正是古典而健康的艺术、荷马式艺术的精髓②。以这种线条纯净的

---

① 或者更精确地说,"这是大河的流向"。——原注
② 从1873年起,托尔斯泰便这样写道:"你怎么想都可以,但你的每一个字都应该让运送印刷厂书籍的马车夫也能读懂。用简单明了的语言写出来的东西一定错不了。"——原注

艺术去表现普遍的感情该多美啊！为千百万人创作一个故事或者谱写一首歌、画一幅画，要比写一部小说或者一首交响乐重要得多，也困难得多。① 这是一片辽阔的几乎未被开垦的处女地。有了这样的作品，人类将能知道什么是博爱社会的幸福。

艺术应该消除暴力，而且惟有艺术能做到。它的使命就是使天国，亦即是爱，统治一切。②

这样的慷慨陈词谁会不赞同呢？谁看不到托尔斯泰的观念尽管有不少空想和幼稚之处，却始终充满活力，有着丰富的内涵呢？是的，我们的全部艺术表现的不过是一个阶级。这个阶级在这个国家、那个国家又分化为一些敌对的小派系。在欧洲，没有一个艺术家的思想能体现各党派、各种族的联合。在我们的时代，最有包容性的就是托尔斯泰的灵魂了。我们虽然分属不同种族和不同阶级，但在托尔斯泰心中，我们彼此相爱。而他也和我们一样，体尝到了这种博大之爱的极大喜悦，再也不会满足于欧洲艺术流派给予我们的那些星星点点的有关人类伟大心灵描写了。

* * *

最美的理论只有在作品中表现出来才有价值。在托尔斯泰身上，理论与创作正如信念与行动一样永远是统一的。在构思他的《艺术批评》时，他提出自己心目中新艺术的模式。这艺术有两种形态，一种更崇高，另一种纯度稍逊，但在最富人性的意义上，两种都带有"宗教

---

① 托尔斯泰自己做出了榜样。他为乡下孩子写的《读物四种》为全俄罗斯的宗教和世俗学校所采用。他的《民间故事集》为千万人提供了精神食粮。国家杜马的前议员斯捷潘·阿尼金曾经写道："在下层老百姓中间，托尔斯泰的名字是和'书'的概念连在一起的。经常可以听见一个乡村小孩子在图书馆里这样天真地说：'请给我一本好书，托尔斯泰写的！'他的意思是要一本厚书。"（见阿尼金 1910 年 12 月 7 日在日内瓦作的《纪念托尔斯泰》的讲话）——原注

② 对托尔斯泰来说，人类兄弟般的友爱还不是人类活动的归宿。他永不满足的灵魂使他除爱之外尚有一个不为人知的理想："也许有一天，科学会发现一种更崇高的艺术理想。且由艺术去实现。"——原注

性"。一种以爱来缔造人类的联合,另一种则向爱的敌人作战。他写了下述杰作,即:《伊万·伊里奇之死》(1884—1886),《民间故事集》(1881—1886),《黑暗的势力》(1886),《克莱采奏鸣曲》(1889)和《主与仆》(1895)。这个艺术创作阶段的巅峰和终极,出现了《复活》,仿佛一座有两个塔楼的圣母院,一个象征永恒的爱,另一个象征对世界的憎恨。

所有这些作品都具有新的艺术性格,与以前的完全不同。托尔斯泰的想法变了,不仅对艺术的目的而且对艺术的形式也有了新的见解。在《什么是艺术?》或《莎士比亚论》中,他提出的赞赏和表现原则都使人感到惊讶。这些原则大都与他先前最伟大的作品互相抵触。在《什么是艺术?》里,他提倡的是简洁、质朴、明晰。他蔑视物质效果,反对刻画入微的现实主义手法。在《莎士比亚论》中,他又追求完美、有分寸的纯古典主义理想。"没有分寸感就不可能有艺术家。"即使在他的新作里,这位老人也未能抹掉自己的影子,其分析的天赋和孤傲的天性甚至在某些方面表现得更为明显。但艺术手法的确大大地改变了,线条更清晰更有棱角,中心思想更加突出,内心活动的发展变化也更加集中,宛如一头困兽[1],蓄势出击。具有普遍意义的感情,从带地方色彩的写实主义细节描写中抒发出来,总之,语言更富形象,更有韵味,散发着泥土的气息。

他热爱人民,向来欣赏大众语言之美。从儿时起,他便受到流浪说书人的熏陶。长大成为名作家后,仍觉得和农民谈话是一种艺术的享受。稍后他曾对保罗·布瓦耶说[2]:

> 这些人都是语言大师。从前,当我和他们或者背着褡裢流浪乡间的人聊天时,我把从他们嘴里第一次听到的词语仔细地记录下来。这些词语早已为我们现代文学语言所遗忘,却一直流传在俄罗斯古老而偏僻的地方……是的,语言的精灵一直生活在这些人中间……

---

[1] 表现在《克莱采奏鸣曲》和《黑暗的势力》之中。——原注
[2] 见巴黎《时报》1901年8月29日。

托尔斯泰在一八八四年

他的头脑还没有被文学塞满①,因而对这些词语更加敏感。他远离城市,生活在农民中间,所以思维方式也有点像普通老百姓。辩证思维迟钝,理解力跟不上,动不动激动起来,令人不知其所以然,老是重复一些众所周知的想法,不厌其烦地使用同样的词语。

不过,这些实乃缺点而非长处。但假以时日,他渐渐领会到民间语言中的精华,其生动的形象,粗俗中的诗意,以及丰富的传奇般的智慧。从写《战争与和平》的年代起,他便开始接受这种影响。一八七二年,他给斯特拉科夫的信中这样写道:

> 我改变了我语言和文字的风格。民众的语言丰富多彩,足以表达诗人要说的一切,这对我来说十分宝贵,它是诗歌最好的调音器。谁要想说装腔作势、虚情假意的话,这种语言绝对与之不相容。它不像我们没有骨气的文学语言,听任摆布,就像文学一样。②

他不仅在风格上从民间寻求模式,而且从中汲取了不少灵感。一八七七年,一位说书艺人来到亚斯纳亚·波里亚纳村,托尔斯泰记录下他讲的许多故事。其中有传说《人靠什么活着?》和《三老者》。这两段故事几年后成了托尔斯泰这个时期出版的《民间故事集》中最美的篇章。

这是现代艺术中独一无二的作品,比艺术更高的作品。在读它的时候,谁会想到文学呢?福音书的精神,全人类同胞般的纯洁之爱,与民间智慧的纯朴微笑结合在一起。单纯、清澄、不可磨灭的善良心地、不时自然而然地洒落在画面上的一抹超自然的天光,这道光为中心人物叶利赛老人罩上了光环③,飘浮在鞋匠马丁——那个从与地面相平的天窗看着人们的脚匆匆走过、上帝装扮成被善心的鞋匠救过的穷人

---

① 1856年,他的朋友德鲁吉宁对他说:"您的风格很不讲究,时而像一个革新派、一个大诗人,时而又像一个军官给同伴写信。如果您用爱去写则文风很美,但只要您态度冷漠,您的风格便混乱不堪,简直糟透了。"——原注
② 见《生活与作品》。1879年夏天,托尔斯泰与农民来往密切。斯特拉科夫说,除了宗教之外,"他对语言也很感兴趣,他觉得人民的语言很美。每天,他都发现一些新词,每天他都把文学语言骂一通"。——原注
③ 《两个老头》(1885)。

去看望的那个人①——的鞋摊上。在这些故事里,福音书的寓言往往混有东方传说难以名状的幽香,犹如托尔斯泰儿时便爱看的《一千零一夜》②。有时候,神奇的光变得阴森恐怖,使故事产生令人惊恐的效果。如《农民帕霍姆》,帕霍姆想在一天之内圈下尽可能多的土地,结果在走完一天时倒地身亡。③

在小山上,巴什基尔人的头头席地而坐,看着他跑,接着双手捧腹大笑。帕霍姆倒了下来。

"噢,好极了,老兄,你得了很多地。"

巴什基尔人的头头站起身来,扔给帕霍姆的雇工一把镐,说道:

"喂,把他埋了吧。"

仆人剩下孤身一人。他给帕霍姆刨了一个坑,三俄尺④长,正好是从头到脚的长度,然后把他埋了。

几乎所有的故事都在诗一般的外壳下裹着福音书的道德训诫:克己和宽容:

不要报复得罪你的人⑤。

不要反抗伤害你的人⑥。

"报复是我的事。"主说道。

无论何时何地,结论永远是爱。——托尔斯泰想为人类创造一种艺术,一下子便达到大同的境界。在全世界,他的作品获得了无止境的成功:因为他的作品剔除了艺术中一切可以磨灭的成分,剩下的只有永恒。

---

① 《哪里有爱,哪里便有上帝》(1885)。
② 见《人靠什么活着?》(1881);——《三个老头儿》(1884)——《干儿子》(1886)。
③ 该故事又称《一个人是否需要很多土地?》(1886)。巴什基尔人答应以一千卢布的价钱,卖给帕霍姆在一天之内能圈下的所有土地,帕霍姆由于贪心,跑的圈太大,结果在太阳落山之时累得吐血而亡,最后他的归宿只是一个三俄尺长的小小墓穴。
④ 一俄尺相当于 0.71 米。
⑤ 见《纵火容易灭火难》(1885)。
⑥ 见《蜡烛》(1885)及《傻子伊万的故事》。

《黑暗的势力》达不到,也不企求达到心灵净化这一庄严的高度:那是双刃剑的另一刃。一面是天人之爱的梦想,另一面是残酷的现实。在读这部戏剧时,我们可以看到托尔斯泰的信念以及他对人民的爱,能否做到把民众理想化并揭示出真理。

托尔斯泰对戏剧的尝试大都很不高明①,这一次却达到了得心应手的境界。人物性格和情节安排得颇为自然:自以为是美男子的尼基塔,淫荡的阿尼西娅,貌似善良、实则阴险甚至纵子通奸的老婆子马特廖娜,口齿不清、长相可笑却有着圣人心肠的老头子阿基姆等。接着是尼基塔的堕落,他并非恶人,但意志薄弱,尽管想努力悬崖勒马,仍在母亲和妻子的驱动下,滚进了罪恶的深渊……

> 男的是不值个啥。可这帮娘儿们呢!简直是帮野兽!她们什么事都干得出……这种娘儿们,在俄国有成千上万,都像些瞎眼的土拨鼠,什么都不懂,什么都不知道!……男的嘛,在小酒馆,或者,谁知道呢?在监狱或者在军营;好歹还能学到点什么,可是女的呢?什么都没见识过,什么都没听说过。生下来咋样,到死还是咋样……她们像些瞎眼的小狗,到处乱窜,拿脑袋往粪堆里钻。只会扯着嗓子傻唱:"嗬—嗬!嗬—嗬!"……什么是嗬—嗬?……她们自己也不知道。②

接着是初生婴儿被杀害的恐怖场面。尼基塔不愿下手。阿尼西娅曾为他杀死亲夫,此后一直为自己犯下的罪行受精神折磨,变得像野兽般凶狠,发疯似的威胁着要告发他,她大喊道:

> 至少,不止我一个人犯罪。他也是杀人犯。让他尝尝当杀人犯的滋味吧!

---

① 他对戏剧直到1869至1870年冬季才产生兴趣,但立即乐此不疲。"整整一个冬天,我放下一切,只从事戏剧,好似一个人到四十岁才发现某一直被忽略的主题,从中看到不少新鲜东西……我读莎士比亚、歌德、普希金、果戈理和莫里哀的剧作……我还想读索福克勒斯和欧里庇得斯的作品……我卧病已久,在这种情况下,悲剧或喜剧人物便在我脑海里出现,栩栩如生……"(1870年2月17—21日给费特的信)——原注

② 见《黑暗的势力》第四幕。

尼基塔用两块木板将孩子夹死，却又吓得逃开了。他威胁要杀掉阿尼西娅和他母亲。他嚎叫着央求道：

我的好妈妈，我再也受不了啦！

他似乎听见被夹死的孩子在叫喊。

我该往哪儿逃？……

这是莎士比亚式的场景。第四幕没那么野蛮，但更加刺心，那就是小女孩和老仆人的对话。他们两人夜里在家听见喊叫，猜到外面正发生一幕惨案。

最后是自愿赎罪的仪式。尼基塔在他父亲阿基姆老头的陪同下，赤足走进正在举行婚礼的大厅。他跪下，向所有人请求宽恕，供认了所有罪行。阿基姆老头儿鼓励他，用恍惚的充满痛苦的微笑注视着他：

上帝！噢，他在这儿，上帝！

使全剧具有特殊艺术韵味的，是剧中农民的语言。

托尔斯泰告诉保罗·布瓦耶："为了写《黑暗的势力》，我用尽了小本子上记录下来的语言。"

这些意想不到的形象，从俄罗斯人民抒情而谐谑的灵魂中喷涌而出，丰满且富有活力，与之相比，一切文学形象都黯然失色。这正是托尔斯泰的兴之所至。人们感觉到，艺术家写剧本的时候，以记录这些词语和思想为乐，他能抓住其中的喜剧成分①，同时为灵魂的阴暗感到忧伤。

他在观察民众，从天际投射出一道光照亮黑夜的同时，托尔斯泰针对富有阶层和资产者更浓重的黑暗，又写了两部悲惨的小说。可以看出，这一时期，他的艺术思考专注于戏剧形式。《伊万·伊里奇之死》和《克莱采奏鸣曲》这两部小说都是描写内心世界的真正悲剧，情节紧凑且集中。在《克莱采奏鸣曲》中，故事由悲剧主人公自己叙述。

---

① 这个悲剧的创作对托尔斯泰来说并非一件痛苦的事，他给捷涅罗莫写信说："我生活很好，很快乐。这阵子我一直在写我这个剧本（《黑暗的势力》）。现在完成了。"（1887年1月）——原注

《伊万·伊里奇之死》(1884—1886),是最能打动法国公众的俄罗斯作品之一。我在本书的开头已谈到,我曾亲眼目睹法国外省那些平时并不关心艺术的市民,读了这部作品无不为之动容的情形。因为这部作品以骇人的真实刻画了市民阶级中的一个典型。一个尽职的公务员,没有宗教意识,没有理想,几乎没有任何思想,只知埋头工作,过着机器人般的生活,直到临死才惊慌地发现自己虚度了此生。伊万·伊里奇是一八八〇年欧洲资产者的代表,他们阅读左拉的作品,听萨拉·伯恩哈特的演唱,没有任何信念,甚至并非反宗教者:因为他们懒得去信,也懒得不信,根本从来不曾想过。

　　《伊万·伊里奇之死》对人世,尤其是对婚姻的猛烈攻击极尽嬉笑怒骂之能事,开了一系列新作品的先河,预告了他在《克莱采奏鸣曲》和《复活》中将有更加愤世嫉俗的描写。可悲复可笑的空虚人生(这样的人生何止千千万万)、畸形的野心、贫乏可怜的自满自足,这一切都不会带来欢乐——"只不过略胜于和妻子晚上相对而坐罢了",——职业上的挫折,受到亏待时的沮丧,真正的幸福不过是玩玩纸牌。这种可笑的生活偏偏被一种更可笑的原因破坏了:有一天伊万在挂客厅的窗帘时不慎从梯子上跌了下来。生活是欺骗,疾病是欺骗。一心只为自己打算的健康的医生在欺骗,让疾病折腾烦了的家庭在欺骗,假装忠诚其实内心盘算着丈夫死后如何生活的妻子也在欺骗。所有的人都在撒谎,只有一个富于同情心的仆人不肯撒谎,他不向垂死者隐瞒他的病情,而且像兄弟般照顾他。伊万·伊里奇"对自己痛惜不已",为本身的孤立无援和人类的自私而伤心落泪。他痛苦异常,直到有一天,他发现自己过去的生活只是一场骗局,但这骗局还可以补救。于是,在他死前一小时,一切都豁然开朗。他不再只考虑自己而是想到他的家人,他可怜他们,他"必须"以死来解除他们的负担。

　　　　——痛苦啊,你在哪里?——啊?就在这里……那么,你呆着吧。——死亡,它在哪里?……他再也找不到死亡了。没有死亡,只有光明。……"完了。"有人说。——他听见了这些话,心里一再重复。——"死亡不复存在了。"他自言自语道。

在《克莱采奏鸣曲》中,甚至这道"光"也不再出现了。这是一部残忍的作品,像一头受伤的野兽,被放出来报复社会,报复自己曾经受到的伤害。别忘了,那是一个丧失人性者的忏悔录,他受到嫉妒这种病毒的侵袭,刚刚杀了人。托尔斯泰隐藏在他的人物背后。但在对普遍存在的虚伪提出的愤怒谴责中,无疑可以看到他的思想,他提高声调,痛骂女子教育的虚伪、爱情的虚伪、婚姻(这家庭里的卖淫)的虚伪、社会、科学、医生(这些罪恶的散播者)的虚伪。他书中的主人公驱使他使用粗鲁的言词,暴戾而肉感的形象——那是一个骄奢淫逸之徒的全部狂热。而与之相对照的,是疯狂的禁欲主义,对情欲的又恨又怕,受肉欲煎熬的中世纪僧侣对生活的诅咒。书写成之后,托尔斯泰本人也为之惊惶不已。他在《克莱采奏鸣曲》的《跋》中写道:

> 我绝没有料到,写这部作品时,一种强有力的逻辑会把我推到现在的境地。我得出的结论最初把我自己也吓了一跳,我不愿意相信,但由不得我不信……我不得不接受了它。

事实上,他明确无误地通过凶杀犯波兹内舍夫的口,对爱情和婚姻发出愤怒的叫喊:

> 一个人用色迷迷的目光注视女人——尤其是自己的妻子——时,便已经犯下了奸情。
>
> 当情欲消失,人类再也没有存在的理由时,神示才能实现,人类的大同才能形成。

他依据《马太福音》指出,基督教的理想并非婚姻,不可能存在什么基督教婚姻,按基督教的观点,婚姻并非进步,而是一种堕落,爱情及其前前后后发生的事都是实现人类真正理想的障碍。

但这些想法由波兹内舍夫嘴里说出来之前,在作家头脑里从没有如此明朗。如同许多伟大的创造者那样,是作品在推动着他们,先做艺术家,然后才能成为思想家。这丝毫无损于艺术。从效果的力度、热情的浓度、景象的鲜明突出、形式的丰富和成熟上看,托尔斯泰的作品中,没有一部能比得上《克莱采奏鸣曲》。

我还要对这部作品的题目作些说明。——其实,这部作品并不切题,容易令人产生误解。音乐在其中只占次要地位。去掉奏鸣曲这个词,作品不会有任何改变。托尔斯泰一直认为音乐和爱情都具有使人堕落的力量,但他错误地将两者混为一谈了。音乐的魔力应该另写专著讨论。托尔斯泰在作品中给予它的地位,不足以证明他揭露出来的危险。在这个问题上,我必须稍稍说明一下,因为我认为人们还不明白托尔斯泰对音乐的态度。

说他不喜欢音乐是不对的。一个人爱得深才怕得厉害。人们该记得对音乐的回忆在《童年》,尤其是在《家庭幸福》中所占的地位吧。在后一部作品里,爱情的四季从春天到秋天都在贝多芬《月光曲》的各个段落中展现。我们还别忘了涅赫柳多夫[1]和小彼佳在临终前夜,内心深处所听见的美妙乐曲[2]。托尔斯泰对音乐知之不多[3],但音乐确使他感动得流下眼泪。他一生中有几个阶段也曾热情地投入音乐。一八五八年,他在莫斯科创办了一个音乐社团,后来成为莫斯科音乐学院的前身。他的妻弟别尔斯曾经这样写道:

> 他很喜欢音乐,能弹钢琴,酷爱古典音乐大师的作品。常常在工作之前弹上几段[4]。也许是要从中找到灵感。他喜欢我妹妹的歌喉,总给她伴奏。我注意到音乐在他内心激发出的感受使他脸色变得有点苍白,还有一种难以察觉的怪样,似乎带点恐惧。[5]

这正是在震撼他全身心的无名力量冲击下,他所感受到的恐惧。他觉得他的意志、良知、生活的全部现实,都融入了这个音乐的世界。让我们重温一下《战争与和平》第一卷尼古拉·罗斯托夫刚刚赌输了钱,垂头丧气地回家那一幕吧。他一听见他妹妹娜塔莎的歌声,便把一切都忘了。

> 他不耐烦地等待那即将奏出的音符,一时间,世界上只有三拍的节奏:*Oh! Mio crudele affetto!*[6]

---

[1] 见《一个地主的早晨》最后部分。
[2] 见《战争与和平》。且不谈《阿尔贝特》(1857)这部描写一个天才音乐家的短篇小说。那是篇水平不高的作品。——原注
[3] 《青年》中有关于他如何艰苦学钢琴的幽默的叙述。——"钢琴是我用我的感情打动小姐们的手段。"
[4] 那是 1876 至 1877 年的事。
[5] 见别尔斯的《回忆托尔斯泰》。
[6] 意大利文:啊,我痛苦的爱情!

——"我们的生活真是荒谬无比，"他心想，"不幸，金钱，仇恨，名誉，一切都是虚的……这才是实的！……娜塔莎，我的小鸽子！……看她能否唱到高音 B……唱出来了，感谢上帝！"

　　他不知不觉也在唱。为了加强 B 音，他应和着她的三度音程。

　　——"啊！我的上帝，太棒了！难道是我赋予她的？我真高兴！"他心里想道。这三度音程的颤音，使他心里产生了最美好、最纯洁的感觉。比起这种超凡的感觉来，输掉的钱、发过的誓又算得了什么呢？……简直是疯狂！一个人可以杀人，偷盗，而仍然感到幸福。

　　其实尼古拉既不杀人，也不偷盗，音乐于他不过是一时的激动，而娜塔莎却已痴迷其中。在歌剧院度过整整一晚以后，在这个失去理性的奇特世界里，远离现实，善与恶、怪诞与理性混淆在一起，她听着阿纳托里·库拉金使她癫狂的表白，便同意和他私奔了。

　　托尔斯泰年纪越老越害怕音乐①。一八六〇年，他在德累斯顿遇见了一个曾对他产生影响的人——奥尔巴赫②，无疑更加深了他对音乐的戒心。"他谈到音乐，仿佛是一种放纵的享受。据他看来，音乐是走向堕落的转捩点③。"

　　卡米尔·贝兰格先生问，为什么在众多使人堕落的音乐家中，为什么偏偏选上最纯粹、最洁身自好的贝多芬呢？④ ——因为他是最棒的。托尔斯泰一直很喜欢他。《童年》中最遥远的回忆就和那支《悲怆奏鸣曲》联系在一起。在《复活》的结尾，涅赫柳多夫听到奏起《C 小调交响曲》的行板时，忍不住落下泪来。他感怀自己的身世。——可是，在《什么是艺术？》一书中，托尔斯泰谈到"聋子贝多芬的病态作品"时，又

---

① 但他一直都很喜爱音乐。他晚年的朋友中就有音乐家戈登魏泽。此人 1910 年到亚斯纳亚附近消夏。在托尔斯泰生病的后期，几乎每天都来给他弹奏音乐。（详见 1910 年 11 月 18 日法国《辩论报》）——原注
② 奥尔巴赫(1812—1882)，德国小说家，以描写农村生活闻名。
③ 见 1861 年 4 月 21 日信。
④ 见卡米尔·贝兰格著《托尔斯泰与音乐》，1911 年 1 月 4 日《高卢人》报。

是何等深恶痛绝①。早在一八七六年,他便恶狠狠地要"打倒贝多芬,使人怀疑他的天才"。这种态度使柴可夫斯基大为反感,以致对托尔斯泰的赞赏也慢慢冷却下来。《克莱采奏鸣曲》让我们清楚地看到托尔斯泰这种狂热之不公平。他责怪贝多芬什么呢?是怪他太强有力了。托尔斯泰像歌德一样,听着 C 小调交响曲,深受震撼,竟生起气来,深怪作曲的大师将自己随意摆布②。托尔斯泰说:

> 这种音乐立刻将我带到作曲家的精神境界……音乐应该是国家的事业,如在中国那样。我们不应允许随随便便一个人拥有如此可怕的催眠力量。这些东西(指奏鸣曲的第一段急板),只能在某些重要场合才能被允许演奏……

尽管发了这一通牢骚,他仍然被贝多芬的力量所降伏,他自己也承认,这种力量能使人变得高尚,净化人的灵魂。波兹内舍夫听到这段音乐,精神堕入了他自己也无法分析的难以名状的状态,这时他心情舒畅,嫉妒心跑得无影无踪。女人的容貌也变了。演奏时,有"一种庄严肃穆的表情",弹奏完了,"脸上露出楚楚动人的幸福的微笑"……这一切哪有什么堕落之处?……有的只是心灵被其俘虏,任由声音的无名力量所摆布,如果这种力量愿意,真能将灵魂毁掉。

这倒不假。但托尔斯泰忘记了一点:就是大部分听音乐或者从事音乐的人,生活都很平庸,或者生活极为贫乏。对缺乏感受力的人来说,音乐并不构成威胁。在《莎乐美》的一场演出中,歌剧院大厅的戏安排得很好,使音乐最不健康的感情根本伤害不了观众,而只有像托尔斯泰这样有丰富生活阅历的人才有被影响的危险。事实上,托尔斯泰虽然对贝多芬的评价尖酸刻薄,有欠公允,但他比今天大部分盛赞贝多芬的人对其音乐有更深的感受。至少他听得出躁动在"老聋子"艺术中的那种狂热感情,带有野性的气势,而这一切是今天任何演奏家,任

---

① 这里并不单指贝多芬后期的作品,即使他认为有"艺术性"的早期作品,托尔斯泰也认为"形式太造作"。——在一封写给柴可夫斯基的信中,他将贝多芬、舒曼、柏辽兹和莫扎特、海顿相比,说他们"太肤浅,只注意效果"。——原注
② 据保罗·布瓦耶所述,"托尔斯泰叫人给他弹奏肖邦。到第四支叙事曲终了时,他已经满嗓着眼泪。——'噢!畜生!'他喊着,突然站起来走了。"(见巴黎《时代》杂志,1902 年 11 月 2 日)

何乐队所感受不到的。如果贝多芬还活着,托尔斯泰对他的恨,比起崇拜者们对他的爱,也许更让他高兴。

*　　*　　*

《复活》与《克莱采奏鸣曲》相隔十年①,这十年他越来越醉心于道德的宣传。《复活》与他渴求生命永恒而期待的终结也是相隔十年。在某种意义上,《复活》可说是托尔斯泰在艺术上的遗嘱,恰如《战争与和平》是他艺术上成熟的标志。《复活》是他晚年的最大成就,是最后——如果不算最雄伟——可能也是最高的巅峰,峰顶云遮雾绕,高不可见。此时托尔斯泰已经七十岁。他放眼世界,他的生活、他过去的错误、他的信仰、他的愤世嫉俗,他高屋建瓴地审视这一切。思想依旧是以前作品中的思想,对虚伪仍然持嫉恶如仇的态度。但艺术家的精神像在《战争与和平》中一样,翱翔于作品的主题之上;在《克莱采奏鸣曲》和《伊万·伊里奇之死》的辛辣讽刺和躁动心情之外,又掺入了超脱俗世——正是他所精确反映的俗世——的宗教式宁静心境。可以说,有时候竟成了基督徒式的歌德。

我们从他后期作品中发现的艺术手法,在这里再度出现,尤其是故事非常集中,这在长篇小说里比在一般短篇小说里显得更为突出。作品浑然一体,几乎没有任何插曲,这一点,与《战争与和平》和《安娜·卡列宁娜》大不相同。全书只有一个情节,所有细节都紧紧围绕

---

① 《主与仆》(1895)有点像是从《复活》以前所写的愤世小说向闪烁着天国仁慈光辉的《复活》的过渡。但人们觉得这部作品更接近《伊万·伊里奇之死》和《民间故事》而不是《复活》。直至小说的结尾,主人公才在牺牲精神的感召下,从一个自私怯懦的人转变为高尚的人。《主与仆》的故事,大部分采用写实手法描写一个缺乏善心的主人和一个逆来顺受的仆人。一天夜里他们在草原上遇到暴风雪,迷了路。做主人的最初想扔下仆人独自逃生,后来却折了回来,发现仆人冻得半死,便扑到他身上,用自己的身体暖着他,这种自我奉献完全出自本能,连他自己也不知是为什么。但他眼里充满泪水,似乎自己变成了被他救援的尼基塔,他的生命也已成了尼基塔的生命。——"尼基塔活着,因此我也仍然活着。"——他几乎忘记了自己是瓦西里。他想:"瓦西里可不知道该怎么办……不知道,可我,我现在知道了!……"这时他听见了他所等待的声音(这里,他的梦境使人想起了《民间故事》中的一幕),那个刚才命令他扑到尼基塔身上的声音。他快活地喊道:"主啊,我来了!"于是他感到自己自由了,什么也拽不住他……他死了。——原注

着这个情节。像在《克莱采奏鸣曲》中一样，人物形象刻画得淋漓尽致，很有力度。观察越来越清晰、敏锐，完全是无情的写实手法，从人性中看到了兽性，——"人性中可怕地存在着兽性，如果这种兽性没有袒露出来，而是深藏在所谓诗意的外表之下时，则更加可怕。"①沙龙里的谈话，目的不过是满足身体的需要，即"需要活动活动舌头和口腔的肌肉，以帮助消化"。这种严厉的看法针对所有的人，谁也不能幸免，美丽的科尔恰金娜也一样，"她肘部突出的骨头和大拇指宽宽的指甲"，还有领口很低的衣着，使涅赫柳多夫觉得"既可耻又恶心，既恶心又可耻"，女主人公马斯洛娃也不例外，她的堕落，她的未老先衰，她粗俗下流的谈吐、富有挑逗性的微笑、散发着酒味的气息，还有那张激情燃烧、涨得通红的脸。完全是自然主义的粗野的细节描写：诸如女人蹲坐在粪桶上，聊着天。诗意的想象、青春的气息都消失了，只有初恋的回忆还能在我们心中唤起一种乐音的震颤，复活节的前夜和复活节当晚，解冻之时的浓雾白蒙蒙的，"离房子五步以外，只看见漆黑的夜色中射出一盏灯的红光"，半夜鸡鸣，冰封的河面发出爆裂声，哗啦啦地，崩塌着，仿佛玻璃杯给打碎时的声响。年轻人从屋外透过玻璃窗注视着少女。少女没看见他，只是坐在那里，面对闪烁的灯光，——卡秋莎若有所思的脸上绽出了微笑。她沉入了幻梦。

　　作者的抒情并没占多少位置，艺术手法也更趋客观，与他本人的生活距离也更远了。托尔斯泰想努力改变他的观察范围。他在这里研究的罪犯和革命者的社会，都是他所不熟悉的。② 他进入他们的社会，只是努力使自己对他们产生由衷的同情。他甚至承认，在仔细观察他们之前，革命者令他产生无法克制的厌恶。特别让人钦佩的是，他真切的观察简直有如一面无瑕的镜子，典型多么丰富，细节描写又多么准确！无论卑劣还是美德，一切都以明智的平和态度和博爱的胸襟去对待，既不苛严，也不姑息！……作者描写妇女在监狱中的景象，画面十分凄惨！女人之间彼此冷酷无情，艺术家却是仁慈的上帝：他从她们每一个

---

① 见《复活》。
② 相反，他在《战争与和平》、《安娜·卡列宁娜》、《哥萨克》或者《塞瓦斯托波尔》等书中描写过的各种社会，他都曾涉猎，像贵族的沙龙、军队、农村生活等。他只需回忆一下就行了。——原注

马斯洛娃在法庭上

人的内心看到卑鄙掩盖下的痛苦,无耻的面具下那一张张涕泪纵横的脸。马斯洛娃邪恶的灵魂中逐渐露出纯洁的微笑,终于化为一道牺牲精神的火焰,照亮了她的灵魂,犹如一缕美丽动人的阳光,照亮了伦勃朗笔下阴暗的画面。作者甚至对刽子手也不曾正言厉色:"宽恕他们吧,主啊,他们并不明白自己的所作所为"……最糟的是,往往他们明白自己的所作所为,为此感到后悔,却又不能不这样做。书中表现出一种压垮一切的宿命,无论受苦者还是使人受苦的人都难以承受其重压,如天性仁慈的典狱长,对狱吏生活已经感到厌倦,他那个身材瘦小、脸色苍白、眼圈发黑的女儿,同样厌烦不堪地练习钢琴,没完没了地敲击李斯特的狂想曲;还有那位西伯利亚小城的总督,聪明而且善良,在欲行善事与被迫作恶之间进行着无法解决的内心斗争,三十五年来只好借酒消愁,但头脑依然清醒,即使酒后也不失态;更有一些家庭温馨和睦的人,由于职业的原因,对他人毫无心肝。

　　惟一缺乏客观真实性的人物是书中的主人公涅赫柳多夫,因为托尔斯泰将自己的思想给予了他。这已经是《战争与和平》或《安娜·卡列宁娜》中众多著名人物——如安德烈公爵、皮埃尔·别祖霍夫、列文等——的缺点乃至危险,但还不那么严重,因为他们的处境和年龄,比较接近托尔斯泰的精神状态。而在这部作品里,作者将一个七十老翁的灵魂硬塞进一个三十五岁的浪荡公子的躯体之中。我并不是说涅赫柳多夫的精神危机不真实,也不是说危机不能来得那么突然①,而是根据托尔斯泰的描绘,这个人物的气质、性格和过去的生活经历,既找不出,也解释不了这种精神危机的起因。而且,此病一旦发作,便再也制止不住。当然,托尔斯泰深刻指出了涅赫柳多夫的牺牲思想一开始就有不纯的成分,那些顾影自怜和自我欣赏的眼泪,稍后是在现实面前产生的恐惧和厌恶感。但他的决心从未动摇过。这次精神危机与先前那

---

① "人类身上总带有人类一切优点的萌芽。有时露出一种,有时露出另一种,因而往往变得和本身惯常的表现不同。在某些人身上,这些变化特别快。涅赫柳多夫就属于这类人。在肉体和精神的原因影响下,他内心会产生突然和彻底的变化。"(第1卷第258页)托尔斯泰也许想起了他的兄弟德米特里,他也娶了一个马斯洛娃般的女人。但德米特里粗暴而失常的气质,和涅赫柳多夫是有所不同的。——原注

些来势凶猛却时间短暂的危机①毫无关联。什么也阻止不了这个优柔寡断的人了。这位王公有钱、受人尊敬、很在意社会对他的满意程度。他正要娶一位爱他、而他也颇喜爱的姑娘,却突然决定抛弃一切,抛弃财富、上流社会、地位,去娶一个妓女,为的是弥补过去的一个错误。他的狂热毫不动摇地延续了好几个月,经受住了一切考验,即使听说他打算娶为妻子的女人继续过着腐化堕落的生活时,也不曾气馁②。——这里有一种神圣感,完全可以运用陀思妥耶夫斯基的心理分析理论,从作品主人公阴暗的心灵深处直到机体组织中找到其根源,但涅赫柳多夫与陀思妥耶夫斯基笔下的人物毫无共同之处。他是个普通人的典型,庸庸碌碌,身体健康,正是托尔斯泰惯常写的人物。事实上,我们清楚地感到,这是一个非常讲求实际的人③,与属于另一个人的精神危机相叠合,这另一个人,就是托尔斯泰老头。

同样给人以双元并立印象的,是书的末尾,以严格的写实手法写成的第三部分,出现了不必要的福音书式的结论——个人发自信仰的行为,把这种行为写成观察生活的结果是不符合逻辑的。托尔斯泰将宗教思想注入现实主义之中,已经不是第一次了。但在此前的作品中,两者结合得比较好,而在这里,两种因素却并存而不融合。对比更加明显的原因是,托尔斯泰的信仰越来越脱离实证,而他的现实主义艺术则日益放肆和尖锐。这并非疲倦而是衰老的迹象——可以说,关节有点僵硬了。宗教的结论并非作品自然发展的结果,而是 Deux ex machina④……我深信,在托尔斯泰内心,不管他如何表白,他不同的天性,即艺术家的真诚和信徒的真诚并非水乳交融。

---

① "他一生中,曾多次进行'心灵的清扫'。他称之为精神危机。每当他发现内心生活节奏放慢,有时甚至停顿,便决定将堵塞在灵魂中的垃圾清除掉。危机过后,他必定给自己订立一些他发誓永远遵循的规则。于是写日记,开始新的生活。但每次都很快又跌回原来的起点,甚至比起点还低。"——原注
② 听说马斯洛娃又与一个男护士通奸时,涅赫柳多夫更下定决心要"牺牲自己的自由来补赎这个女人的罪愆"。——原注
③ 托尔斯泰描绘初期的涅赫柳多夫时,笔触雄健有力,充满自信,这是写其他人物时从没有过的。请看他描写涅赫柳多夫在法院第一次出庭前如何起床,又如何度过那天早晨的情形,真是精彩非凡。——原注
④ 拉丁文:上帝外在于有机体。

尽管《复活》没有他青年时期作品的丰满与和谐，尽管我个人更喜欢《战争与和平》，但它不失为描写人类同情心的最美丽的，可能还是最真实的诗篇。在这部作品里，我比在任何其他作品中更清楚地看到托尔斯泰那双明亮的眼睛，那双"能直接看透人心"的、浅灰色的眼睛。他在每一个人的灵魂中都看到了上帝的存在。

*　　*　　*

托尔斯泰从未舍弃艺术。一位伟大的艺术家，即便他愿意，也不可能抛弃自己生活的宗旨。为了宗教的原因，他可以不出版作品，但却不能不写作。托尔斯泰从未中止过艺术创作。曾经在他晚年去亚斯纳亚·波里亚纳拜望他的保罗·布瓦耶说：他一面写宣道或论战的作品，同时也进行文艺创作，交替进行，作为调剂。写完一篇有关社会的论文，或者某篇《致领导者书》、《告被领导者书》之后，他便心安理得地继续写某个给自己讲述的优美故事，——如《哈吉穆拉特》。这是一部军事史诗，咏唱高加索战争一段插曲和山民们在沙弥尔领导下反抗沙皇的斗争①。艺术依然是他的消遣、他的乐趣，但认为以此炫耀便是虚荣。他编过《每日必读》(1904—1905)②，其中收集了许多作家有关真理和生命的看法，真正是一套集东方经书到当代艺术家的如诗智慧之大成的文选。一九〇〇年以后，他所有的艺术作品留下来的都只是手稿③。

相反，他果敢而热情地以他论战性的、含有狂热信仰的文章参与社会的大论战。从一九〇〇年到一九一〇年，他几乎全力以赴。当时，俄国处

---

① 见巴黎《时代》杂志。(1902年11月2日)
② 托尔斯泰视之为自己的重要作品之一："我的那本书——《每日必读》文选是我的得意之作……"（见1909年7月27日至8月9日之间写给斯迪卡的信）——原注
③ 这些作品大部分在托尔斯泰去世后出版。书目很长，其中主要有《日记——费奥多尔·库斯密奇老头遗作》、《谢尔盖神父》、《哈吉穆拉特》、《魔鬼》、《活尸》（十二场剧）、《伪票据》、《破罐子阿廖沙》、《狂人日记》、《光在黑暗中闪烁》（五幕剧）、《一切优点都来自她》（民间短剧）以及一系列优秀的短篇小说：《舞会以后》、《我的梦境》、《科丁卡》等等。还有他的《日记》。从高加索时期一直到他死的前一天，包括他一生的四十多年，是一个伟大人物所写的最坦率的忏悔录。——原注

于可怕的危机之中,沙皇帝国一时间似乎分崩离析,摇摇欲坠。日俄战争、大溃败,接着是革命动乱、陆海军的叛变、大屠杀、农村骚动,一切都像是"世界末日"的征兆。——托尔斯泰有一部作品用的就是这个标题。一九〇四至一九〇五年间,危机达到了顶峰。在这些年月里,托尔斯泰发表了一连串响当当的作品:《战争与革命》①、《弥天大罪》、《世界末日》等。在这最后的十年中,他不仅在俄罗斯,而且在全世界占有独一无二的地位。他孤军奋战,不加入任何党派,不倾向任何国家,脱离了教会,被开除教籍②。他理性的逻辑、执着的信仰,将他"逼到两难的境地:离开其他所有人,还是离开真理"。他想起了这句俄罗斯谚语,即:"老人撒谎等于富人偷窃。"于是,他离开众人而去宣示真理。他将全部真理告诉所有人。这位与谎言不共戴天的老人,坚持不懈地抨击一切宗教和社会迷信,一切被人盲目崇拜的偶像,而不限于攻击古代暴虐的政权、迫害异己的教会、沙皇的贵族统治。而今大家都向这些扔石头了,也许他反而会手下留情。因为人们对这一切已有所认识,便不那么可怕了。总之,他们干他们的事,再也骗不了人了。托尔斯泰曾给沙皇尼古拉二世写过一封信③,实话说,这封信对作为君主的沙皇是不大客气的,但对作为人的尼古拉二世,态度却很温和,他称沙皇为"亲爱的兄弟",并且说,如果自己"无意中给他带来不快,务请他原谅"。落款是:"祝愿您获得真福的兄弟上。"

托尔斯泰最难以宽恕并坚决予以揭露的,是新出现的,而不是过去已经被揭穿的谎言。不是专制主义而是对自由的幻想。人们弄不清,在新偶像的信徒中,他最恨的是社会主义者还是"自由派"。

他对自由派的反感由来已久。他在塞瓦斯托波尔当军官和处在彼得堡的文人圈中的时候,这种反感已经产生了。这正是他与屠格涅夫不和的原因之一。这个骄傲的贵族和世家子弟,难以认同那些知识分子及其抱负,他们扬言不管愿意与否,只要接受他们的乌托邦,必能给

---

① 这部作品的原标题是:《只有一点是必须》。(《路加福音》第 11 章 41 节)——原注
② 1901 年 2 月 22 日,托尔斯泰被东正教最高会议逐出教门。原因是《复活》中有一章讽刺弥撒和圣体圣事。——原注
③ 写的是有关土地国有化的事,见《弥天大罪》(1905)。——原注

国家民族带来幸福。托尔斯泰是地道的俄罗斯人,家世悠远①,对有自由色彩的新事物和来自西方的立宪思想一贯抱怀疑的态度。两次旅欧更加深了他的警惕。第一次游历归来时,他曾经写道:

> 要警惕自由主义的野心。(1857)

第二次旅欧归来,他指出:"特权社会",毫无权利以其方式教育他们所不了解的人民大众(1862)……

在《安娜·卡列宁娜》中,他充分表达了对自由主义者的蔑视。列文拒绝参与省里民众教育机构的工作,以及提到议事日程上的各种改革。省士绅议会的选举,充分表明这是地方上一次骗人的交易,不过是以自由派政府取代先前的保守政府而已。一切毫无改变,只是一个新的谎言,绝对得不到今后几个世纪的原谅和认可。

"我们也许不怎么样,"这位旧制度的代表说道,"但我们延续了不下一千年。"

托尔斯泰对自由派滥用"人民,人民的意志……"这些词句感到愤慨。哼!关于人民,他们懂得什么?什么叫人民?

尤其是当自由主义运动接近胜利,打算召开国家杜马的时候,托尔斯泰发表意见,强烈反对君主立宪主张。

> 近来,对基督教教义的歪曲导致一种新的骗局产生,使我们各族人民更加处于被奴役的地位。有人利用一整套复杂的议会选举制度告诉他们,如果他们直接选出自己的代表,就等于他们参加了政府,听命于这些代表就等于听命于自己的意愿,他们是自由的。这是一种欺骗。即使全民普选,人民也表达不了自己的意愿:首先,在一个有数百万居民的国家里,这样一种集体愿望不可能存在;其次,即使存在集体愿望,也反映不了大多数选民的意愿。先别说当选人制订法律、管理行政并非为广大人民的利益,而是为了自己的权力,也姑且不提民众由于受到压力和选举舞弊而腐化堕

---

① 勒鲁瓦·博里厄说,他是"地道的俄罗斯人,祖居莫斯科,也是斯拉夫血统混有芬兰种的大俄罗斯人,从体型看,更接近平民而不是贵族"。(巴黎《两世界》杂志,1910年12月15日)——原注

列夫·托尔斯泰和契诃夫(1901)

列夫·托尔斯泰和高尔基在托尔斯泰庄园(1900)

落的事实,尤其有害的是,这种谎言,使相信它的人做了奴隶还沾沾自喜……这些自由人令人想起那些囚犯,当他们有权选举被责成管理监狱内部安全事务的狱卒时,便以为享受到自由……一个专制国家的人即使遭受最残酷的暴力压迫,也完全可以是自由的。但立宪国家的人则永远是奴隶,因为他承认了对他行使暴力的合法性……而现在却有人想将俄罗斯人民引入欧洲其他各国所处的立宪制奴隶状态!①

他之所以疏远自由主义,主要是不屑其所为。而对社会主义,若不是他禁止自己憎恨任何事物,则是,或很可能是恨。他格外讨厌社会主义,是因为其中混合着两种谎言:自由的谎言和科学的谎言。难道社会主义不是侈言自己是建立在某种经济科学之上,这种科学的绝对法则支配着世界的进步吗?

托尔斯泰对待科学的态度是非常严厉的。他写过不少文章,尖刻地讽刺这种现代的迷信和"那些毫无意义的问题,诸如物种起源、光谱分析、镭的本质、数的理论、动物化石以及其他种种无聊的课题等等。今天人们煞有介事地对待这一切,其重视程度犹如中古时代对待圣母无玷而孕或物质的二元论一样"。——他嘲笑"那些科学的奴仆,他们

---

① 见《世界末日》(1905—1906 年 1 月)。托尔斯泰致一家美国报纸的电文中有这样的话:"地方自治会闹事的目的是限制专制政府的权力,并建立起一个代议制政府。不管其成功与否,结果必然会导致拖延真正的社会改革。政治动荡使人产生可以通过外部手段改善社会的有害幻想,阻碍真正的进步,这一点从所有立宪国家如法国、英国、美国的先例可以看到。"(《俄罗斯的社会运动》)一位夫人要求托尔斯泰参加一个普及民众教育促进委员会,他写了一封很有意思的长信答复这位夫人,信中对自由派还提出了其他非难:他们总扮演上当受骗的角色;出于害怕他们又成了贵族阶级的帮凶;他们参加政府使政府增加道义上的威望,而他们也习惯了妥协,很快便成为政权的工具。亚历山大二世说过,所有的自由主义者不是为名便是为利而出卖自己。亚历山大三世毫无风险地消灭了父亲的自由主义事业:"自由主义分子们彼此低声说他们不喜欢这样做,但他们依然参与审讯,为国家服务,发行报刊。在报界,允许暗示的东西他们便暗示,禁止谈论的则缄口不谈,登载一切受命登载的文章。"尼古拉二世登基,他们仍然这样做。"当这个什么也不懂什么也不明白的年轻君主傲慢无理地回答人民的代表时,自由派们抗议了吗?根本没有……从四面八方传来的只是对这位年轻沙皇的阿谀谄媚的祝贺声。"(《未发表的书信集》第283—306 页)——原注

和教会的奴仆一样,自诩并说服其他人相信他们正在拯救人类,他们和教会一样,相信自己做的一切都是对的。但他们彼此总难取得一致,于是便分成帮派。他们和教会一样,是粗俗、道德上无知的主要根源,也是延误人类从所受的苦难中摆脱出来的主要根源,因为他们抛弃了惟一能实现人类大同的东西,即宗教意识"①。

当他看见这种新狂热的危险武器,落到自称能使人类获得新生的人手里时,他心中备感忧虑,怒火也随即爆发。任何革命者只要使用暴力,他便感到不快。革命的知识分子和理论家则使他厌恶,说他们是迂腐有害的学究、骄傲而僵化的人,不爱人类而只爱自己的想法②。

何况还是低级的想法。

> 社会主义的目标是满足人的最低级的需求:物质福利。即使这种目标也无法用它鼓吹的方法达到。③

归根结底,它没有爱,有的只是对压迫者的恨和"对富人们温馨富裕生活的艳羡,如同围着粪堆乱飞的苍蝇,只想吃个饱"④。如果社会主义有朝一日取得胜利,世界将出现可怕的景象。欧洲那群强盗将变本加厉地扑向弱小的野蛮民族,好让欧洲以往的无产者能够像古代的罗马人一样过上骄奢淫逸、优游快乐的生活。

幸运的是社会主义者将最大的精力都耗费在夸夸其谈之中,若莱斯⑤的演说便是一例……

---

① 见《战争与革命》。在《复活》中,当最高法院审理马斯洛娃的案件时,参议院里有一个唯物主义的达尔文派坚决反对重新审理,因为他内心对涅赫柳多夫出于责任感竟诚心诚意地愿娶妓女一事很不以为然。一切对责任乃至宗教感情的表示,他都视为对他本人的侮辱。——原注

② 《复活》里有这方面的典型,像诺沃德沃罗夫,此人煽动革命、极端虚荣和自私、既缺智慧又没有想象力,头脑简单、美丑不分,因而从不怀疑。还有如影随形跟在他后面的马尔盖,是因受到侮辱,渴望报复而走向革命的工人,热爱他根本不懂的科学,盲目反对教会,崇尚苦行主义。在《又是三个死者》或《神与人》(1906)中,也有几个新一代革命者的样本,如日曼和他的朋友,他们看不起老一代的恐怖主义者,企图以科学的方法达到他们的目的,将从事农业的老百姓转变为从事工业的人民。

③ 致日本友人阿部畏三的信。(《未出版的书信集》1904年版)

④ 见捷涅罗莫记录的《托尔斯泰隽语录》中有关社会主义的章节。

⑤ 冉·若莱斯,二十世纪初法国社会党领导人,第一次世界大战前夕(1914)被暗杀。

> 真是个了不起的演说家！他的演讲包罗万象，却又什么也没有……社会主义有点像我们俄国的东正教：你攻它，将它逼得无言以对，你以为抓住它了，而它突然转过身来，对你说："不，我并不是你以为的那样，我是另一回事。"于是从你手里溜走了……耐心点！让时间来判断吧。有的社会主义理论就像女人的时装一样，很快便会从客厅退到门厅的。①

托尔斯泰这样攻击自由派和社会主义者，绝不是让贵族阶级乘虚而入。恰恰相反，为的是从军队里清除危险的捣乱分子以后，让新旧两个世界的战斗全面展开。因为，他也相信革命，但他的革命与革命者的革命有很大的不同，像中世纪的神秘主义信徒那样，期待着圣灵统治的未来：

> 我相信，就在这个时刻，基督教世界里酝酿了两千年的大革命已经开始。这一革命将以真正的基督教取代腐朽的基督教及其衍生的统治制度。真正的基督教才是人类平等和一切有良知者所企望的真正自由的基础。②

那么，这位能看到未来的先知选择什么时刻宣布幸福和爱的新纪元呢？是在俄罗斯最黑暗的时刻，灾难和耻辱的时刻。啊！具有创造性的信念能发挥多大的能量啊！周围一片光明，即使在夜里也如此。托尔斯泰在死亡中看到了新生的迹象，在满洲战争③的灾难中，在俄国军队的溃败中，在可怕的无政府状态和血淋淋的阶级斗争中也一样。他梦想的逻辑使他从日本的胜利里得出了奇怪的结论，即俄罗斯应该不参与任何战争，因为在战争中，非基督徒民族往往比"经历过奴隶般服从阶段"的基督徒民族占有优势。这么说他的民族就该退让？不是，那是最大的骄傲。俄罗斯必然抛弃任何战争，因为它要完成"伟大的革命"。瞧，这位亚斯纳亚·波利亚纳的宣道者，暴力的死敌，竟在无意中预言了共产主义革命的到来！

---

① 《托尔斯泰与保罗·布瓦耶谈话录》，见巴黎《时代》杂志，1902年11月4日。
② 见《世界的末日》。
③ 指日俄战争。

一九〇五年的革命,将把人类从野蛮的压迫中解放出来。这场革命应当在俄罗斯爆发。果然如此。

为什么俄罗斯必须扮演这个上帝选民的角色呢?因为新的革命首先必须弥补"弥天大罪",所谓弥天大罪就是少数富人垄断土地、千百万人被奴役,而且是最残酷的奴役①。还因为没有一个民族对这种不公平感受之深比得上俄罗斯人民。②

尤其是因为,俄罗斯民族是所有民族中最能体会基督精神的,而即将到来的革命必须以基督的名义实现博爱和联合的法则。可是,如果不遵循勿抗恶的原则,这个博爱的法则也实现不了③。这种不抵抗主义(注意,我们往往错误地将这种态度视为托尔斯泰和几个空想家所特有的乌托邦思想)一直是俄罗斯人民的基本特点。

俄罗斯人对政府的态度,一贯与欧洲其他国家不同。他们从不反对政府,尤其不参加政府,因而没有被污染。他们认为参政是应当避免的坏事。有一个古代传说,讲到俄罗斯人祈求瓦里亚基人④来统治他们。大部分俄罗斯人素来宁愿忍受暴力行为,而不

---

① "最残酷的奴役就是被剥夺了土地,因为做一个主人的奴隶不过是受一个人奴役。如果被剥夺了对土地的权利便成了所有人的奴隶。"(《世界的末日》第7章)——原注

② 其实俄罗斯情况特殊。如果说,托尔斯泰的错误在于将俄罗斯的情况扩大到所有欧洲国家,那么他对自己身旁的痛苦感受最深,是不足为奇的。我们可以看看《弥天大罪》中他在去图拉的路上和农民的谈话。这些农民都缺吃少穿,因为他们没有土地。他们心底里都希望能把土地还给他们。农民占俄罗斯人口百分之八十。托尔斯泰说,由于地主占领了土地,一亿人没有饭吃。如果你跟他们说,为了改变这种不合理现象,必须有新闻自由,政教分离,国家代议制度,甚至八小时工作制的话,不等于肆无忌惮地开他们的玩笑么。"有些人似乎到处寻找改善人民群众现状的办法,使人想起戏台上的情景,当所有观众都看得见藏着的演员时,同演这场戏的其他演员当然也看得见,但都装作看不见,反而努力想分散彼此的注意力。"

只有还地于民,除此别无他法。为了解决这个土地问题,托尔斯泰鼓吹亨利·乔治的理论和他对土地的价值实行单一税制的计划。这是他的经济福音书,以后还不断地提到。他笃信这一理论并经常在作品里大段引用亨利·乔治的言论。——原注

③ "勿抗恶原则是整幢大厦最重要的拱顶。接受互助法则而不懂得勿抗恶的道理,无异于盖房子而不将拱顶放在中间位置,这是不行的。"(《世界的末日》)——原注

④ 瓦里亚基人(Variagues),古代俄国对诺曼人的称呼。该民族于八世纪出现在东欧平原,惯于抢劫、掳掠。

愿做出反应或参与暴力。因此他们一直都是顺民……

自愿地服从,和奴隶般的听命于人毫无共同之处。①

真正的基督徒可以逆来顺受,根本谈不上非经过斗争才向暴力屈服。但他不能接受或承认暴力的合法性。②

托尔斯泰写这几行文字的时候,正因目睹一个民族以英雄主义的不抵抗态度做出的壮举而激动不已。这就是一九〇五年一月二十二日圣彼得堡的流血示威。手无寸铁的群众在东正教神甫加博内率领下,任由军警开枪镇压,没有一声仇恨的呼喊,没做出任何自卫的行动。

长期以来,在俄罗斯,被人称为"顽固派"的老信徒尽管备受迫害,仍顽强地对政府采取不服从态度,拒绝承认政府的合法性。③ 随着日俄战争的失败,这种心态不胫而走,蔓延到乡下农民之中。拒绝服兵役的案件不断增加。民众越是遭到残酷的镇压,内心的反叛情绪便越高涨。另外,各个省,各个民族,虽然不认识托尔斯泰,也纷纷起来主动或被动地拒绝服从政府的法令。从一八九八年起,高加索的杜霍博尔人,一九〇五年前后古里的格鲁吉亚人,都是这样。这些运动对托尔斯泰的影响超过了托尔斯泰对它们的影响。而他的作品的意义,恰恰和革命党党员作家高尔基等所说的相反④,他喊出了古俄罗斯民族的声音。

他对甘冒生命危险实行他所倡导的原则的人保持着非常谦恭有礼的态度。对杜霍博尔人、古里人和逃避服役的士兵,他全无教训的

---

① 在1900年写给一位朋友的信中(《未发表的书信集》第312页),托尔斯泰抱怨别人曲解了他的不抵抗原则。他说,人们将"勿以恶抗恶"……和"勿抗恶"也就是说,"不要理会恶"混淆了"……其实反对恶是基督教的惟一目标,而勿抗恶则是最有效的斗争手段。"——原注
② 见《世界的末日》。
③ 见《世界的末日》。
④ 托尔斯泰谴责地方自治会的动乱以后,高尔基说出了朋友们的不满,写道:"此人已成为他思想的奴隶。他孤立于俄罗斯生活之外已经很久了,他不再倾听人民的声音。他翱翔于俄罗斯之上,他飞得太高了。"——原注

口吻。①

> 没有经受任何考验的人,没有什么可教导正在接受考验的人。②

他恳求一切因他的话语和文章而招致受难的人宽恕他。他从不鼓动人拒绝服兵役。每个人都应自己做出决定。如果他遇见某个人犹疑不决,"他总是劝人参军服役,只要不是思想上想不通就不要拒绝服从"。因为如果犹豫就说明还不成熟,"多一个士兵总比多一个伪君子或叛徒好,不自量力的人往往就是这样"③。他怀疑逃兵龚察连科的决心。担心"这个年轻人这样做是自尊心和虚荣心作怪,而不是出自对上帝的爱"④。他写信给杜霍博尔人,叫他们不要因骄傲和对舆论的顾忌而固执地拒绝服从,但"如果办得到,将他们的妻子儿女从痛苦中解救出来。谁也不会因此而责怪他们"。他们只应"当基督精神已经在他们心里扎根的时候才坚持,因为此时他们才会以受苦为乐"⑤。在任何情况下,他都恳求受迫害的人"无论如何不要断绝与迫害他们的人之间的感情"⑥。如他在一封致友人的信中所说,连希罗德⑦也应该爱:

---

① 没有受到迫害使他极其痛苦。他渴望受苦受难,但政府很聪明,不满足他的愿望。"在我周围,我的朋友在受迫害,惟独饶了我,虽然我是他们中间最有害的。显然,我不值得受迫害。我为此感到惭愧。"(《致捷涅罗莫书》,1892,《未发表的书信集》第 184 页)"我仍自由,这使我很痛苦。"(《致捷涅罗莫书》,1894 年 6 月 1 日,同上,第 188 页)天晓得他干了那么多事怎能太平无事。他辱骂历代沙皇,他攻击国家,"这个人们为之牺牲生命、自由和良知的讨厌偶像"(《世界的末日》)——请看《复活》中他叙述的俄罗斯简史吧。简直是一大串魔鬼:"伊凡雷帝精神失常,彼得大帝是酒鬼,叶卡捷琳娜是无知的厨娘,伊丽莎白腐化堕落,保罗蜕化变质,亚历山大一世是弑父凶手"(他是托尔斯泰惟一手下留情的人),"尼古拉一世残忍而无知,亚历山大二世毫不聪明,是个坏蛋,亚历山大三世肯定是个愚蠢、粗暴和无知的人,尼古拉二世是个天真的骑兵军官,周围有一群流氓,是个什么都不懂、什么都弄不清楚的年轻人。"——原注
② 见 1905 年 1 月 19 日致逃兵龚察连科的信,《未发表的书信集》第 264 页。——原注
③ 1900 年致友人的信。(《书信集》第 308—309 页)——原注
④ 1905 年 2 月 12 日致龚察连科的信。(同上,第 265 页)——原注
⑤ 1879 年致高加索杜霍博尔人的信。(同上,第 240 页)——原注
⑥ 1905 年 1 月 19 日致龚察连科的信。(同上,第 264 页)——原注
⑦ 希罗德(又译希律),公元前一世纪古罗马帝国派驻巴勒斯坦属地的分封王,在位期间曾审判耶稣,处死施洗者约翰。——原注

> 你说:"人们不能爱希罗德。"——我不知道,但我感到,你也一样,必须爱他。我知道,你也知道,如果我不爱他,我会痛苦,我心中便失去了生命。①

这种爱无比纯洁,又永远那么热烈,即使《福音书》里"爱你的邻人像爱你自己一样"这样的词句,也不能让他感到满足,因为这句话里散发着自私自利的浊气②!

在某些人看来,这种爱太泛了,把人类一切自私的成分都剔除干净,岂不流于空泛!可是又有谁比托尔斯泰更厌恶"抽象的爱"呢?

> 当今最大的罪过是抽象地去爱人类,对离得很远的人泛泛地爱……爱我们所不认识也永远遇不上的人,那太容易了!不需做任何牺牲。同时还可对自己十分满意!简直是自欺欺人。——不!必须爱邻人,——和你一起生活而又妨碍你的人。

我读过大部分研究托尔斯泰的著作,其中都说,他的哲学和他的信仰并非他的首创。不错,这些思想太美了,而且有永恒的价值,不可能像时下流行的新玩意儿……有些文章指出这些思想有乌托邦的性质。这也对:是乌托邦式的,和福音书一样。先知是理想主义者,在尘世便已过着永恒的生活。既然我们已经看到这种景象,既然我们发现最后一位先知已经来到我们中间,既然我们最伟大的艺术家额头戴上了光环,我觉得,这对世界来说,是一件比增添一门宗教或者一种新的哲学更特殊、更重要的事实。只有瞎子才看不见这个伟大的灵魂出现的奇迹,因为在这个由于仇恨使人民血流遍野的时代,他是人类博爱的化身!

* * *

他的面貌有了固定的特征,永远铭刻在人类的记忆之中。宽广的前额上两道微弯的皱纹,白色的双眉异常浓密,一部忠厚长者的胡须,

---

① 1901年11月致友人的信。(《书信集》第326页)
② 他拼命想证明原文的意思被歪曲了,第二诫精确的句子应该是:"像爱他(上帝)一样爱你的邻人。"(《与捷涅罗莫的谈话》)——原注

使人想起第戎的摩西像。苍老的面庞变得平静、温和,留着病痛、忧伤和慈祥的痕迹。从二十岁时的粗野豪放、塞瓦斯托波尔从军时的呆板严肃,到现在的他改变有多大啊!但明亮的眼睛仍然锐利深沉,显得坦白直率、胸无城府,却又明察秋毫。

他去世前九年给东正教最高会议的一封复信(1901年4月17日)中,托尔斯泰这样写道:

> 我之能够平静快乐地活着,并平静快乐地走向人生的终点,完全是我的信仰使然。

听到这句话,我想起一句古谚:"人在未死之前绝不能称之为快乐。"

但他自诩的这种平静与快乐,始终忠实地与他相伴吗?

一九〇五年"伟大的革命"带来的希望破灭了。黑暗重重,期待的光明未能喷薄而出。革命的动荡过去,随之而来的是精力衰竭。已往不公平的现象丝毫没有改变,苦难却更加深重了。一九〇六年,托尔斯泰对俄罗斯斯拉夫人民的历史使命已经有点失去信心。他怀着坚强的信念向远方寻找其他可以担负这一使命的民族。他想到了"伟大而智慧的中国人民"。他相信"东方民族可以觅回西方民族几乎已经永远失去的自由",相信中国将能引导亚洲各族人民,循着"道,非常道"的道路去完成人类转变的大业。①

但他的希望很快便成为泡影:信奉老子和孔子的中国一如此前的日本,否定了自己古老的智慧,模仿起欧洲来②。被迫害的杜霍博尔人移民到了加拿大,到了那里便立即恢复了私有制,③引起托尔斯泰极大的愤慨;古里人刚刚摆脱国家的桎梏,便打击与他们持不同意见的人;

---

① 1906年致一个中国人的信。(《未发表的书信集》第381页)
② 在1906的信中,托尔斯泰已表示了这种担心。——原注
③ "既然接受私有制,就大可不必拒绝服兵役和警役了,因为私有制全靠兵役和警役维持。服兵役和警役,同时又从私有制中获得好处的人,比起享受私有制而又拒绝一切服役的人,行为要高尚得多。"(1899年致加拿大杜霍博尔人的信,《未发表的书信集》第248—260页)——原注

俄国军队,使一切都恢复了秩序。甚至犹太人,"他们的祖国直到那时还是圣经①,是一个人所能希冀的最美丽的国度",也染上了复国主义的恶疾,这种错误的民族主义运动,是"当代欧洲主义产下的畸形儿"。② 托尔斯泰忧伤却没有失去勇气。他相信上帝,相信未来:

  如果在一瞬间能使一片森林长起来,那就太好了,可惜这是不可能的,必须等待种子发芽,出苗,然后抽枝发叶,最后才长成一棵树。③

  要有许多树才能成为森林,而托尔斯泰只是孤身一人。他满载荣誉却势单力薄。人们从世界各地写信给他:回教各国、中国、日本,人们翻译《复活》,他"还地于民"的思想在这些国家中广泛流传。美国报章访问他,法国人就艺术或政教分离的问题咨询他的意见④。但他的信徒不到三百,这一点他自己也知道,且并不刻意去追求。他的朋友想要组织托尔斯泰小组,他拒绝了。

  不必你找我,我找你,而应该都走向上帝……你说:"只要万众一心,什么都好办……"——什么?……一齐耕地,割草,这都好办。可是要接近上帝,只能独自前行……我想象世界好比一座巨大的庙堂,光明自上而下照射下来,正好在中央。想要聚在一起,大家就必须走向光明。在那儿,我们来自四面八方的人,我们将和其他人不期而遇:快乐就在于此。⑤

  从穹顶投射下来的光线里,有多少人聚集在一起呢?……无所谓!只要和上帝在一起,一个人也够了。

  正如惟有燃烧着的物质才能将火传给别的物质,惟有一个人

---

① 《与捷涅罗莫的谈话》中,有这样一段精彩的话:"智慧的犹太民族,沉浸在圣经里,看不见千秋万代在他的头上坍塌,看不见各个民族在地球上出现又消失。"——原注
② "在现代国家血淋淋的国家恐怖行为中,看到了欧洲的进步,想建立一个新的犹太国,这是滔天的罪行。"(同上)——原注
③ 《告政治家书》(1905)。
④ 1906年11月7日致保罗·萨巴蒂埃书。(《未发表的书信集》第375页)
⑤ 1892年6月和1901年11月致朋友书。

真正的信念和真正的生活,才能感染其他人并将真理传播开来。①

也许吧。不过,这种一个人的信念到底在多大程度上能给托尔斯泰带来幸福呢?——直到晚年,他与歌德所推崇的清静平和相距何止万里!他似乎对这种心境抱有反感,避之惟恐不及。

> 能够做到不自满应该感谢上帝。但愿能永远如此!生活与理想的不统一恰恰是生命的标志,是从最渺小到最伟大、从至恶到至善这种上升运动的标志。这种不统一是善的前提。当人平静而自满自足时,恶也就来了。②

于是他考虑这一小说题材,很奇怪,这正说明,列文或者皮埃尔·别祖霍夫难以释怀的焦虑依然在他耳上作祟。

> 我常常设想,一个人在革命的圈子里长大,最先是革命者,继而成了民粹派、社会主义者、东正教徒、阿多斯山的僧侣,然后又成了无神论者、好父亲,最后是杜霍博尔人。他样样尝试,样样放弃;大家都嘲笑他。他什么也没做,默默无闻地在一个收容所死去。临死时,他想,这一辈子白过了。可是,他是个圣人。③

满怀信念的他,难道还有怀疑么?——谁知道?对一个直到老年还身心强健的人来说,生命是不会停止在思想的某一点上的,它必须前进。

> 运动就是生命。④

在最后几年,他身上发生了许多变化。他对革命者的看法是否有所改变?谁能说他的勿抗恶的信念丝毫没有动摇?——在《复活》中,涅赫柳多夫与政治犯的交往已经完全改变了他对俄国革命党的想法。

> 直到那时,他一直讨厌他们,他们残忍、隐瞒罪恶、行凶杀人,而且自满、虚荣得令人无法忍受。但当他就近仔细观察,看见当局

---

① 《战争与革命》。
② 给一个朋友的信。(《未发表的书信集》第354—355页)
③ 也许这是指《一个杜霍博尔人的故事》,该小说是托尔斯泰未发表的作品。——原注
④ "你想象一下,所有掌握真理的人聚在一起,定居在一个岛上。难道这就是生活?"(1901年3月给朋友的信,《未发表的书信集》第325页)——原注

如何对待他们的时候，便明白了他们这样做是不得已而为之。

他赞赏他们崇高的责任感，能无私奉献。

但自一九〇〇年起，革命浪潮汹涌澎湃，从知识分子开始，波及全国人民，鼓动起数以千计的贫苦大众。这支具有威胁性的大军，其先头部队就在亚斯纳亚·波利亚纳托尔斯泰窗下列队走过。《法兰西信使报》刊登了托尔斯泰晚年创作的三个短篇，从中可以隐约看到这种景象在他思想上引起的痛苦和惶惑。图拉乡下纯朴虔诚的进香者列队巡游的时代已经一去不复返，取而代之的是饥饿的流浪人群。他们每天不断涌来。托尔斯泰和他们谈话，惊讶地发现他们心中充满仇恨。他们不再像过去那样，将富人看做"施舍财物以求灵魂得救的善人，而是喝劳动者鲜血的强盗和暴徒"。这些人中，许多是受过教育、破了产、濒临绝境的人，他们什么都干得出来。

> 将来对现代文明做出昔日匈奴和汪达尔人①对古代文明所做的那种事的野蛮人，并非在荒漠和森林之中产生，而是在城郊陋屋和大路上出生和长大的。

亨利·乔治就是这样说的，托尔斯泰更加以补充：

> 在俄罗斯，汪达尔人已经整装待发。在我们笃信宗教的民众中，这些人显得格外可怕，因为我们不懂适可而止，而欧洲民众中，行为法度和公众舆论已发展得相当成熟。

托尔斯泰经常收到造反人士的信，抗议他的勿抗恶理论，他们说，对统治者和富人给民众造成的伤害，只能这样回答："复仇！复仇！复仇！"——托尔斯泰还谴责他们吗？我们不得而知。但几天后，当他看见村里的穷人因茶炊和羊只被抢而哭哭啼啼，当局却无动于衷时，他也不禁发出抗议的吼声，反对刽子手，反对"那些高官和他们的爪牙，这些人只忙于贩酒谋利，或者教唆屠杀，或者判处他人流放、入狱、服苦役

---

① 汪达尔人，古日耳曼族的一个部落，曾于公元 429 年进入北非，439 年攻占迦太基，建立汪达尔国。455 年渡海攻陷罗马，掠城十四天，毁坏大批文化艺术珍品。故后世将毁坏文物、艺术品者称作汪达尔人。

列夫·托尔斯泰在他的工作室(1908)

或上绞刑架。这些人深信从穷苦人那里没收来的茶炊、牛羊、布帛,更适宜用来蒸馏酒精毒害人民、制造杀伤武器、修建监狱、苦役场,尤其是用来犒赏他们的帮凶,给予封官加薪。"

令人痛心的是,当你一辈子都在期待和宣布爱的世界必将来临,而看到可怕的景象并感到惶惑时,却不得不闭上眼睛。更令人伤感的是,当一个人如托尔斯泰那样具有真正的良知,也不得不承认,他的生活与他的原则并不相符。

这里,我们触及了他晚年(是否该说他最后三十年呢?)的最大痛处,我们只能用虔敬的手小心翼翼地轻轻触碰,因为这是托尔斯泰力图不让人知道的痛楚,它不仅属于已故者,也属于其他仍然活着、为他所爱且也爱着他的人。

他始终未能以他的信念感染他的至亲至爱者,他的妻子和他的孩子。我们已经看到,他忠实的伴侣勇敢地与他分担生活的重负和艰苦的艺术创作,但对他放弃艺术的信念,而选择另一种她所不理解的信念感到痛苦。托尔斯泰本人又何尝不因自己最好的伴侣不理解他而倍感哀伤呢。他曾经写信给捷涅罗莫说:

> 我深切感受到下面这几句话所道出的真理:夫妻并非分离的个体,而是一个整体……我热切希望能把我有可能借以超脱人生痛苦的宗教意识传递一部分给我妻子。我希望不是由我来传递,而是由上帝来传递,尽管这种意识难以为女人所接受。①

这一愿望似乎始终未能达到,托尔斯泰伯爵夫人欣赏并热爱这位和她"合而为一"的伟大人物,爱他的心地纯洁、英勇憨直、宅心仁厚。她看见"他走在人群的前面并指出人类该走的道路"②。当东正教最高会议将他逐出教门的时候,她勇敢地为他辩护,和他分担威胁他的危险。但她不能勉强自己相信她并不相信的东西。托尔斯泰太真诚了,决不会强迫她佯装相信,在信仰和爱的问题上,他恨虚伪甚于根本否定

---

① 1892年5月16日,托尔斯泰看见他妻子因一个小男孩之死而感到伤心,想安慰她,但毫无办法。
② 见托尔斯泰夫人1883年1月的信。

信仰和爱①。她既然不信,又怎能强迫她改变她的生活,牺牲她自己和她儿女的前途呢?

和孩子们之间,龃龉就更深了。勒鲁瓦-博里厄曾去亚斯纳亚·波里亚纳的托尔斯泰家。他说:"餐桌上,做父亲的说话时,几个儿子便掩饰不住不耐烦和不相信的表情"②。他的信念只能稍稍打动他的三个女儿,其中一个名叫玛丽的已经死了。他在家人中精神上很孤立。理解他的"只有他的小女儿和他的医生"③。这种思想上的距离使他十分痛苦,还有强加于他的那些社交活动,来自世界各地的让人厌烦的客人,令他疲于应付的美国人和时髦人士。还有他不得不过的"豪华"的家庭生活,也让他受不了。而根据去过他家的人叙述,这种"豪华"实在很有限。屋里的家具十分简单,他们卧室很小,只有一张铁床,几把可怜巴巴的椅子,四壁空空,什么也没有!但这样的舒适也已成为他的负担,总是耿耿于怀。他发表在《法兰西信使报》上的第二篇文章里,他将周围穷困的景象和自己家的豪华痛苦地作了对比。一九〇三年,他曾经这样写道:

> 我的活动不管某些人看来如何有益,其意义已丧失过半,因为我的生活并不完全符合我所倡导的原则。④

为什么不实现生活与原则一致呢?如果不能够强迫家人离开上流社会,他自己为何不离开家人和他们的生活呢?这样不就可以使那些喜欢拿他做例子,肆意否定其理论的敌人们,无法再揶揄他,说他虚伪了吗?

这一点他早想过了。很久以前,他就曾下过决心。最近,有人找到并出版了一八九七年六月八日他写给妻子的一封精彩的信,应该在这里全文抄录出来。没有什么比这封信更能披露这个充满爱心而又被痛苦折磨的人心中的秘密了:

---

① "我从来不责怪人不信仰宗教。最坏的是一面撒谎,一面假装信教。"稍后又说:"但愿上帝别让我们假装有爱心,因为那比恨更糟糕。"(《未发表的书信集》第344、348页)——原注
②③ 见法国《两世界》杂志,1910年12月15日。
④ 1903年12月10日致朋友书。

亲爱的苏菲,我一直为我的生活与我的信仰不一致而苦恼。我不能强迫你改变你的生活和习惯。直到现在,我也不能离开你,因为我想:孩子们还小,如果我一走,连我对他们的一丝丝影响也被剥夺了,而且这样我会给你们大家带来很大的痛苦。但我又不能继续这十六年所过的生活,时而和你们怄气,招你们不高兴,时而屈服于周围我已习惯的影响和诱惑。我现在决定做我长久以来想做的事。就是:走……像印度人一样,到了六十岁便到树林里隐居,像每一个笃信宗教的老人那样,自愿将余年奉献给上帝,而不是消磨在开玩笑、耍文字游戏、说闲话、打网球之类的事上。我已年届七十,总想尽我的心力去获得宁静、孤独,即使我整个生活还未能完全符合我的良知,至少不致和我的良知大相径庭。如果我公开出走,你们一定会求我留下,一番争论后,我又会软下来,也许就不会再去实践应该实践的决心。因此,如果我的行动使你们不快,我请求你们原谅。尤其你,苏菲,让我去吧,不要去找我,不要恨我,也不要责怪我。我离开你这个事实,并不说明我对你不满……我知道,你不可能,不可能与我的看法和想法一致。因此你不能改变你的生活,不能为你们不承认的东西作出牺牲。我不怪你。相反,我怀着挚爱与感激之情回忆起我们三十五年的共同生活,尤其是这个时期的前半部分,你以天生的做母亲的勇气和忠诚,毅然担负起你的使命。你将你能付出的一切给予了我,给予了世界。你付出了巨大的母爱,作出了伟大的牺牲……但是,在我们生活的后期,在最近这十五年,我们分道扬镳了。我不认为这是我的错。我知道我变了,并非为我自己,也不是为别人,而是因为我不能不这样做。我不能责怪你没有跟随我。我感谢你。我将永远怀着真挚的爱回忆起你给予我的一切。——别了,我亲爱的苏菲。我爱你。

"我离开你这个事实……"实际并没有离开。——可怜的信!他似乎觉得只要写了这封信,他的决心也就完成了……信写完,他下决心的全部力量也已经用尽。——"如果我公开出走,你们一定会求我别走,我会软下来……"其实不需要求,不需要争论,片刻工夫之后,只要看看他想要离开的人们,他便觉得他不能,不能离开他们。他将放在口袋里的信塞进抽屉,上面写道:

我死后，请将这封信交给我妻子苏菲·安得烈叶夫娜。

他出走的计划便到此为止。

难道他只有这点力量？难道他不能为上帝牺牲他的温情？——诚然，在基督徒的名人谱中，不乏心坚如石的圣者，他们毫不犹豫地抛弃自己的和别人的感情……有什么办法？他不是这种人。他软弱。他是人。正因如此，我们才爱他。

十五年前，在撕心裂肺的一页中，他问自己：

——喂，列夫·托尔斯泰，你是否按照你标榜的原则去生活呢？

接着，他心情沉重地回答：

我羞愧欲死，我有罪，我应该受到蔑视……不过，请比较一下我从前的生活和今日的生活，你就会知道，我在努力按上帝的律法生活。我做的还不到该做的千分之一。我感到羞惭，并不是我不想做，而是因为我做不到……责怪我吧，但别责怪我所走的道路。如果我认识通向我家的道路，而我像醉鬼一样走得跌跌撞撞，难道这意味着道路不好吗？要么给我指出另一条路，要么支持我走真正的路，就像我打算支持你一样。但请不要打击我的信心，不要对我的挫折幸灾乐祸，不要大叫大嚷说："瞧呀！他说要往家走。却掉进泥淖里了！"不，不要幸灾乐祸，要帮助我，支持我！……帮助我吧！我们大家都迷失了方向，我的心绝望得要碎了。当我竭尽全力想走出泥淖时，你对我的每次差错非但不同情，反而指着我大喊："看呀，他也和我们一起掉进泥坑了！"①

快要去世时，他又说：

我不是圣者，我从不自命为这样的人。我是一个随大流的人，有时我没有把自己的思想和感受全部说出来，并非是不愿，而是不能。因为常常会夸大或弄错。我的行动就更糟了。我是一个非常软弱的人，有好些坏习惯，想要供奉真理之神，却总是磕磕绊绊。

---

① 致友人书。

如果把我当成不会犯错误的人,那么我的每一个错误就像是一段谎言或者一种虚伪了。假如把我看做一个软弱的人,那么就能反映我的真实面貌:一个可怜但真诚的人,一直全心全意地想要成为一个好人,一个上帝的忠仆。

就这样,他为悔恨所折磨,为比他更刚毅但不如他那么有人情味的门徒无声的责备所困扰①,为自己的软弱和优柔寡断而伤心,在爱家人与爱上帝之间左右为难,直到有一天,一时的绝望,也许是临死前的一阵炽热的狂风将他刮出家门,来到路上,流浪、逃走、敲一座修道院的门。然后继续上路,终于在一个不知名的小地方倒在路上,再也站不起来。② 在弥留的床上,他哭了,不是哭自己,而是哭天下不幸的人。他一面嚎啕大哭,一面说:

>大地上有千百万生灵在受苦,你们为什么都在这儿照顾一个列夫·托尔斯泰呢?

于是,一九一〇年十一月二十日,早上六时过后不久,他称之为"解脱"的时刻来了,"死亡,值得赞美的死亡……"

---

① 他似乎在晚年,尤其是最后几个月,受到其挚友契诃夫的不少影响。契诃夫旅居英国多年,曾经拿出全部家财出版并宣传托尔斯泰的全部著作。他受到托尔斯泰一个儿子莱翁的猛烈攻击。尽管有人怪他思想偏执,但谁也没有怀疑他对朋友的侠肝义胆。我们并不认为托尔斯泰某些不近人情的狠心举动(例如立遗嘱褫夺妻子对他所有著作,包括私人信件的继承权)是受这位朋友的影响,但我们完全可以相信,契诃夫比托尔斯泰更看重托尔斯泰本人的荣誉。——原注

② 《真理联盟》在其1911年1月1日的《通讯栏》中刊登了关于这次逃亡的记载:
>1910年10月28日(实为11月10日)凌晨五点,托尔斯泰突然离开了亚斯纳亚·波里亚纳。和他在一起的是医生马科维茨基。被契诃夫称作"他最亲密的同党"的女儿亚历山德拉知道这次秘密出走。当晚六点钟,托尔斯泰来到俄罗斯最著名的寺院奥普蒂纳修道院。此前他曾到此进香。他在这里过了夜。第二天早上,他写了一篇有关死刑的长文。10月29日(实为11月11日)晚,他到达他妹妹玛丽出家的沙莫基诺修道院。他和妹妹一起吃了晚饭,并向妹妹表示想在奥普蒂纳度过余生,"做什么低贱的工作都行,条件是别强迫他上教堂"。他在沙莫基诺住了一晚,第二天早晨到附近的村庄散步,想找个住所。下午又见到他妹妹。五点钟,他女儿亚历山德拉出乎意料地来了。大概想通知他,他的出走已被发现,人们正到处找他。他们忙连夜动身。"托尔斯泰、亚历山德拉和马科维茨基起程去科塞尔斯克东站,大概想去南方各省,也许是去高加索杜霍博尔人的聚居点。"途中,托尔斯泰在阿斯塔波沃车站病倒,不得不卧床休息,不久在那里去世。——原注

托尔斯泰墓

* * *

战斗结束了,这场以八十二年的生命为战场的战斗。生命的全部力量,所有的罪过和德行都参与了这场既光荣又具悲剧性的混战。——一切罪过,除了一种,那就是他穷追不舍,即使到了最后的避难所也不肯放过的谎言。

首先是醉人的放任自由,在远处电光闪闪的风雨之夜中互相碰撞的七情六欲,——爱情与魂不守舍的癫狂,永恒的幻象,在高加索、塞瓦斯托波尔的岁月,动荡不宁的青年时代……接着是结婚头几年平静的生活。爱情、艺术、大自然带来的幸福,——《战争与和平》。天才的光辉笼罩整个人类和对他已成为过去的斗争景象。他支配着这一切,是这一切的主宰。但这些已满足不了他。他像安德烈公爵一样,将眼睛转向奥斯特利茨广阔无垠的上空。正是这片天空吸引着他:

> 有的人长着强有力的翅膀,因凡心未泯而坠落人间,折断了翅膀,例如我就是。后来,他们扇动折断的翅膀,奋力飞起,却又跌了下来。翅膀一定会痊愈,我仍会振翅高飞。愿上帝助我!①

这些话是在最惊心动魄的暴风雨时代写下的,《忏悔录》就是这个时期的记忆与回声。托尔斯泰曾不止一次摔倒在地,折断了翅膀。但他总是顽强地重新起飞,用理性与信念这两只巨大的翅膀翱翔在广阔深邃的天空。可是,他找不到他所寻找的安宁。天空并非在我们体外,而是在我们心中。托尔斯泰在心中激起感情的风暴。这一点使他有别于舍弃红尘的使徒。他能满怀热情地舍弃,也能满怀热情地生活。他总是如情人般热烈地拥抱生命。他"为生而疯狂","为生而陶醉"。没

---

① 1870年10月28日的《日记》中,有一段写得很美:"世界上有些人没有翅膀,身子沉重。他们在人间骚动。其中亦有强者如拿破仑。他们在人类留下可怕的痕迹,制造不和,但总飞不起来。——有的人让自己长出翅膀,慢慢飞起并翱翔,这是僧侣。有的人身体很轻,容易升空,但又会掉下来,那是好心的理想主义者。——有的人长着强有力的翅膀……——有的是大上的人,因为爱人类而收起双翼,落到人间,教人飞翔。然后,等用不着他们了便返回天上。那是基督。"——原注

有这种醉意他便活不下去。① 为幸福而醉，也为不幸而醉。醉于死，亦醉于永生。② 他放弃个人的生活不过是情系永生而发出激情的呼声。不，他所达到的安宁，他们祈求的灵魂安宁，并非死的安宁，而是旋转在无限空间的火热世界的安宁。在他身上，愤怒是平和的③，而平和则是炽热的。信仰给了他新的武器，使他能够更坚定地不断投入对现代社会谎言发动的进攻，那是从他初期的作品便已开始的。他不再仅仅写几个小说中的典型人物，而是攻击所有巨大的偶像：虚伪的宗教、国家、科学、艺术、自由主义、社会主义、平民教育、慈善事业、和平主义等等，他都给予鞭挞和无情的痛击。

　　古往今来，世界上出现过许多伟大的思想叛逆，他们像先驱者约翰那样咒骂腐败的文明。最近的一位是卢梭。他热爱大自然，④仇恨现

---

① "人只有在为生活而陶醉时才活着。"(《忏悔录》,1879)"我为生活而疯狂……这是夏天，美好的夏天。今年，我斗争了很久。但大自然的美征服了我。我感到了生的欢乐。"(1880年7月致费特书)——这几行是他正为宗教而苦恼的时候写的。——原注

② 他在1865年10月的《日记》中写道："死的念头……""我希望并喜欢永生。"——原注

③ 我为在我内心汹涌澎湃的怒潮感到高兴和陶醉。当我感觉到时，我故意推波助澜，因为它对我能起镇静的作用，使我至少在短期内具有巨大的弹性、精力，使我全身心的能量都迸发出来。(见《涅赫柳多夫公爵日记》(1857),即《卢塞恩》)——原注

④ 大自然一直是托尔斯泰"最好的朋友"。他常爱这样说："有朋友当然好，但朋友会死，会到别的地方，你不能总跟着他，而大自然，可以通过买卖契约或遗产继承的方式拥有，比朋友好多了。我的自然冷酷、累赘、又有诸多要求，但它一直到死都是你的朋友，你死了以后，便可以进到它里面去。"(1861年5月19日致费特书,《未发表的书信集》第36页)他与大自然共生死，至春天而复苏("三月和四月是我工作的最好时光。"——1877年3月23日致费特书)；到了秋末便变得迟钝("对我来说，这是死一般的季节，我不思考，也不写作，我浑浑噩噩，但很舒服。"——1869年10月21日致费特书)。

　　但与他心灵相通的自然是亚斯纳亚他家里的自然。虽然在他出游瑞士的时候，他写过很优美的日内瓦湖游记，但那到底是异乡，而他与故乡的关系则显得更亲密、更融洽："我躺在自然的怀抱，暖风吹拂在无垠的大地，周围绿草如茵，覆盖着连绵的原野。树影摇曳，照到我的脸上。远处林木，其色如黛，天空蔚蓝，一望无际。我并非孤单一人享受这自然，我身旁有千百只唧唧鸣叫的昆虫，婉转歌唱的鸟雀。此时此地，我爱自然。而我从自然中得到的最大享受，就是成为自然这个整体的一部分。——这里（瑞士），美景一望无际，但我却与它们毫无关联。"(1857年5月)——原注

代社会,珍惜独立,极力推崇福音书和基督教的伦理道德。可以说,他是托尔斯泰的前身,托尔斯泰也自称师承卢梭。他说:"他的文章有许多地方深深打动我的内心,我觉得仿佛就是我写的。"①

但这两人毕竟有很大的区别。托尔斯泰是更纯粹的基督教精神!请看日内瓦人卢梭在其《忏悔录》中的这句话有多么傲慢,简直是出自法利赛人之口:

> 永恒的上帝!天下只有一个人敢对你说:我比那个人强多了!

他还挑战般向世人说:

> 我无畏地大声宣告:谁敢认为我是不诚实的人,他自己便是个该死的东西。

托尔斯泰却为他自己过去生活中的"罪过"痛哭流涕:

> 我感受到入地狱般的痛苦。我想起了过去所有的卑鄙行径,这些回忆如影相随,使我难以安宁。一般人都遗憾死后记忆便烟消云散。其实能这样该有多好!如果死后我还能回忆起在人间作

---

① 和保罗·布瓦耶的谈话。(巴黎《时代》杂志,1901年8月28日)

事实上,人们往往的确会弄混。如卢梭小说中的女主人公朱丽临死时有关信仰的那番话:"我不能相信的,我不能说我相信,但我说相信的,我一直都相信。这就是属于我的一切。"

试将这一段与托尔斯泰给东正教最高会议的信相比较:"我的信仰可能使人感到不自在和不高兴。我不能改变信仰就同我不能改变自己的身体一样。我来自上帝,而在准备回到上帝身边的时刻,我只能相信我相信的东西。"

我们也可以比较一下《答克利斯朵夫·德·博蒙书》,那简直是托尔斯泰的手笔:"我是耶稣基督的信徒。我主告诉我,凡是爱兄弟同胞的人便符合了戒律。"

请再看下面这一段:"整段主日祈祷可归纳为这句话:诚心所愿!"(卢梭《山中来信》之三)

再与下面这段比较:

"我用'天主经'代替一切祈祷文。我们能向上帝祈求的,可以更高度地概括为一句:'诚心所愿!'"(托尔斯泰高加索《日记》,1852—1853)

二人在思想上的相似不仅在宗教方面,在艺术上也如此。卢梭说:"写作艺术的第一条规则是要说得清楚,将思想准确地表达出来。"

托尔斯泰则说:"你怎样想都可以,但要大家懂得你写的每句话。文字清楚,写出来的东西一定错不了。"

我还说过,卢梭在《新爱洛伊丝》中对巴黎歌剧院的讽刺性描写与托尔斯泰在《什么是艺术?》一书中的批评文字非常相像。——原注

过的孽,那该多么痛苦!……①

他不会像卢梭那样写《忏悔录》,因为卢梭说:"我觉得我行的善超过我作的恶,将一切说出来对我有好处。"(《第四次散步》)托尔斯泰曾尝试写回忆录,后来放弃了。笔从他手中坠落:他不愿人们将来读后会耻笑他:

> 有人会说:被人抬得那么高的人原来是这么回事!简直是个卑怯的小人!而我们是些普通人,是上帝安排我们成为小人的。②

卢梭从来没有基督教信仰中美好纯洁的道德观念,以及使老托尔斯泰自始至终憨厚诚实的谦逊美德。在卢梭背后,在天鹅岛铜像的周围,我们看见的是日内瓦的圣彼得和加尔文的罗马。而在托尔斯泰身上,我们却看到了朝圣者、虔诚的教徒,他们天真的忏悔和眼泪曾使童年时代的托尔斯泰感动不已。

他和卢梭有一点是共同的,就是反对社会,但托尔斯泰生命的最后三十年还进行过另一场战斗,那就是他头脑中两股最强的力量——真理和爱情之间动人心魄的一场斗争。

真理——"这看到灵魂深处的目光",这看透你内心的、明亮的灰色眼睛……真理是他最早的信仰,他艺术的王后。

> 我著作中的女主人公,我全心全意爱恋的,过去、现在、将来、永远美好的女主人公就是真理。③

真理是他兄弟死后,漂浮在海面上的沉船。④ 真理是他生命的中轴,大海中央的礁石……

但不久,"残酷的真理"对他已经不够。爱取代了它的位置。爱是

---

① 1903年1月6日的《日记》,比鲁科夫:《托尔斯泰的生平和作品》第1卷《回忆录》的前言。
② 致比鲁科夫书。
③ 《五月的塞瓦斯托波尔》(1855)。
④ "真理,……是我道德观念留下的惟一东西,是我还要完成的惟一事业。"(1860年10月17日)——原注

他童年时代的生命之源,"他灵魂的自然境界"①。一八八〇年他思想出现混乱时,他并未舍弃真理,而是向爱敞开真理的大门。②

爱是"力量的基础"③。爱是"生存的意义"惟一的意义,当然还有美④。爱是被生活磨炼成熟后的托尔斯泰——《战争与和平》、《致东正教最高会议书》的作者生命的真谛。⑤

爱深入到真理之中,这就是他中期—— nel mezzo del cammin⑥——创作的独特价值,他的现实主义与福楼拜的现实主义区别就在于此。福楼拜尽力不去爱他书中的人物。这样,不管他多么伟大,他总缺少 Fiat lux!⑦太阳的光还不够,必须要有心灵之光。托尔斯泰的现实主义体现在每一个人物身上,以他们的眼光去看他们时,在最坏的人身上,都能看到爱他们的理由,并且使我们感觉到我们和所有人之间都存在兄弟般的关系⑧。通过爱,他参透了生命的根源。但这种关系很难维持。有时,生命的景象和痛苦是那么难于承受,简直成了对爱的一种挑战,为了挽救爱,挽救信仰,不得不将信仰提高到社会之上,以至于产生脱离社会的危险。而这位天赋慧根,注定能看到真理和不能不看到真理的人怎么办?托尔斯泰晚年时,锐利的目光看到了现实的可怖,而热诚的心仍继续等待和证明有爱的存在。眼睛所见和心之所感

---

① "对人类来说,爱是灵魂的自然境界,但这一点,我们并没有注意到。"(在喀山念书时的《日记》)——原注
② "真理向爱敞开大门……""我将真理放置在爱的统一上……"(《忏悔录》,1879—1881)
③ "你总提力量?力量的基础是爱,"安娜说,"爱可不是随随便便给的。"(见《安娜·卡列宁娜》第2卷第270页)——原注
④ "美和爱是生命的两大意义。"(见《战争与和平》第2卷第285页)——原注
⑤ "我信仰上帝,上帝对我来说,就是爱。"见《致东正教最高会议书》(1901)——"是的,爱!……不是自私的爱,我生平第一次感受到的。当我看到我身旁垂死的敌人,我爱他……这种爱是灵魂的本质。爱邻人、爱敌人、爱大家和每一个人是爱上帝的种种表现!……爱一个我们爱的人,这是人的爱,而爱敌人则几乎是神的爱了!……"(《战争与和平》)中安德烈公爵临终前的话——原注
⑥ 意大利文:生命旅程的中段。
⑦ 拉丁文:要有光。原系《旧约·创世记》中上帝所言,指照耀人类心灵之光。
⑧ "艺术家对其题材的热爱是艺术的心灵。没有爱就不可能有艺术品。"(1889年9月的信)——原注

总在矛盾之中,托尔斯泰的痛苦,谁又能说得出来呢?

我们都体验过这类悲剧性的内心斗争。多少次我们曾面临要么不看,要么去恨的抉择!多少次,一个艺术家——一个名副其实的艺术家,一个懂得书面语言之美妙及其可怕力量的作家——在写出某种真理时,感到忧心忡忡!①在现代的谎言,文明的谎言当中,健全而有力的真理如同我们呼吸的空气一样必要……而我们发现,多少人的肺部承受不了这种空气,多少人被文明害得孱弱怯懦,或者因宅心仁厚而变得软弱!我们怎能不加以考虑地将这致命的真情甩给他们呢?难道上天没有一种如托尔斯泰所说的"向爱敞开大门的"真理?——什么?我们能同意以慰藉人的谎言去安抚人类,像培尔·金特②那样,用故事来哄他垂死的老母入睡么?……社会不断面临两难的选择:要真理,还是要爱。而通常的解决办法是既牺牲了真理,也牺牲了爱。

托尔斯泰从未背叛过这两种信念中的任何一种。在他成熟时期的作品中,爱是真理的火炬。而在晚期的作品中,爱是天上的光,一道上帝恩宠的光,照亮人生,但不再和人生融合在一起。这一点我们在《复活》中可以看到:信念控制着现实,但始终在现实之外。每当托尔斯泰注视他所描绘的那一张张个别的脸时,这些人显得软弱、平庸,但他一旦进行抽象的思考,这些人便圣洁得像天神一样③。——他的日常生活也和他的艺术一样出现这种矛盾,而且更为严重。尽管他知道爱要他干什么,他的行动总是背道而驰。他并不按照上帝的规定生活,而是按照社会的习惯生活。就说爱吧,怎能把握住爱呢?爱的面目千变万化,种类各各不同,教人如何辨别?是家庭的爱,还是全人类的爱?……直到最后一天,他都在这些选择中彷徨。

解决的办法在哪儿?——他没找到。让那些骄傲的知识分子去轻

---

① "我写书,因此我知道书的害处……"(1897 年 11 月 29 日致杜霍博尔人的领袖韦里金书,《未发表的书信集》第 241 页)——原注

② 培尔·金特,易卜生的同名戏剧中的主人公。

③ 参看《一个地主的早晨》或《忏悔录》中的人物。这些人普普通通,心地善良,满足于自己的命运,心安理得,乐天知命,完全是极度理想化的描写。又如《复活》第二部分的结尾,当涅赫柳多夫遇见干活回来的工人时,眼前便出现"一种新的人类,一个新的世界"。——原注

蔑地给他下结论吧。诚然,他们找到了解决的办法,找到了真理,而且很有信心地牢牢把握住。对他们来说,托尔斯泰是一个弱者,一个多愁善感的人,不足为训。当然,他不是他们能效法的榜样:他们没有足够的生命力。托尔斯泰不属于有虚荣心的精英,不属于任何教会。不是他称之为律法家的那一派,也不是有这样那样信仰的法利赛人。他是自由基督徒最崇高的典型,终其一生都努力追求一个愈来愈远的理想①。

托尔斯泰的话不是说给那些思想上的特权者听的,而是说给普通人听的——hominibus bonae voluntatis.②——他是我们的良知。他说出我们这些普通人的想法和我们所不敢正视的内心的声音。对我们来说,他不是一位骄傲的大师,不是高踞艺术和智慧宝座之上傲视一切的天才。正如他在信中喜欢自称的那样,他有一个最美、最温馨的名字,就是"我们的兄弟"。

一九一一年一月

---

① "一个基督徒在精神上不可能比别人高或者低。但是在特定的时间内,不管处于何等层次,在自我完善的道路上前进得越快,便越是基督徒。那个法利赛人在德行上停滞不前,比之在十字架上追思己错而感到后悔、灵魂还不断追求理想的强盗,更缺乏基督徒的意味。"(《残酷的取乐》)——原注

② 拉丁文:人类的良知。

"名著名译丛书"书目
(按著者生年排序)

第 一 辑

书 名	著 者	译 者
荷马史诗·伊利亚特	[古希腊]荷马	罗念生 王焕生
荷马史诗·奥德赛	[古希腊]荷马	王焕生
伊索寓言	[古希腊]伊索	王焕生
一千零一夜		纳 训
源氏物语	[日]紫式部	丰子恺
十日谈	[意大利]薄伽丘	王永年
堂吉诃德	[西班牙]塞万提斯	杨 绛
培根随笔集	[英]培根	曹明伦
罗密欧与朱丽叶	[英]莎士比亚	朱生豪
鲁滨孙飘流记	[英]笛福	徐霞村
格列佛游记	[英]斯威夫特	张 健
浮士德	[德]歌德	绿 原
少年维特的烦恼	[德]歌德	杨武能
傲慢与偏见	[英]简·奥斯丁	张 玲 张 扬
红与黑	[法]司汤达	张冠尧
格林童话全集	[德]格林兄弟	魏以新
希腊神话和传说	[德]施瓦布	楚图南

书名	作者	译者
高老头 欧也妮·葛朗台	[法]巴尔扎克	张冠尧
普希金诗选	[俄]普希金	高 莽 等
巴黎圣母院	[法]雨果	陈敬容
悲惨世界	[法]雨果	李 丹 方 于
基度山伯爵	[法]大仲马	蒋学模
三个火枪手	[法]大仲马	李玉民
安徒生童话故事集	[丹麦]安徒生	叶君健
爱伦·坡短篇小说集	[美]爱伦·坡	陈良廷 等
汤姆叔叔的小屋	[美]斯陀夫人	王家湘
大卫·科波菲尔	[英]查尔斯·狄更斯	庄绎传
双城记	[英]查尔斯·狄更斯	石永礼 赵文娟
雾都孤儿	[英]查尔斯·狄更斯	黄雨石
简·爱	[英]夏洛蒂·勃朗特	吴钧燮
瓦尔登湖	[美]亨利·戴维·梭罗	苏福忠
呼啸山庄	[英]爱米丽·勃朗特	张 玲 张 扬
猎人笔记	[俄]屠格涅夫	丰子恺
包法利夫人	[法]福楼拜	李健吾
昆虫记	[法]亨利·法布尔	陈筱卿
茶花女	[法]小仲马	王振孙
安娜·卡列宁娜	[俄]列夫·托尔斯泰	周 扬 谢素台
复活	[俄]列夫·托尔斯泰	汝 龙
战争与和平	[俄]列夫·托尔斯泰	刘辽逸
海底两万里	[法]儒勒·凡尔纳	赵克非
八十天环游地球	[法]儒勒·凡尔纳	赵克非
马克·吐温中短篇小说选	[美]马克·吐温	叶冬心
汤姆·索亚历险记	[美]马克·吐温	张友松
爱的教育	[意大利]埃·德·阿米琪斯	王干卿
莫泊桑短篇小说选	[法]莫泊桑	张英伦
契诃夫短篇小说选	[俄]契诃夫	汝 龙
泰戈尔诗选	[印度]泰戈尔	冰 心 等
欧·亨利短篇小说选	[美]欧·亨利	王永年

名人传	[法]罗曼·罗兰	张冠尧 艾珉
童年 在人间 我的大学	[苏联]高尔基	刘辽逸 等
绿山墙的安妮	[加拿大]露西·蒙哥马利	马爱农
杰克·伦敦小说选	[美]杰克·伦敦	万紫 等
卡夫卡中短篇小说全集	[奥地利]卡夫卡	叶廷芳 等
罗生门	[日]芥川龙之介	文洁若 等
了不起的盖茨比	[美]菲茨杰拉德	姚乃强
老人与海	[美]海明威	陈良廷 等
飘	[美]米切尔	戴侃 等
小王子	[法]圣埃克苏佩里	马振骋
钢铁是怎样炼成的	[苏联]尼·奥斯特洛夫斯基	梅益
静静的顿河	[苏联]肖洛霍夫	金人

第 二 辑

威尼斯商人	[英]莎士比亚	朱生豪
忏悔录	[法]卢梭	范希衡 等
罪与罚	[俄]陀思妥耶夫斯基	朱海观 王汶
哈克贝利·费恩历险记	[美]马克·吐温	张友松
漂亮朋友	[法]莫泊桑	张冠尧
斯·茨威格中短篇小说选	[奥地利]斯·茨威格	张玉书
海浪 达洛维太太	[英]弗吉尼亚·吴尔夫	吴钧燮 谷启楠
日瓦戈医生	[苏联]帕斯捷尔纳克	张秉衡
大师和玛格丽特	[苏联]布尔加科夫	钱诚
太阳照常升起	[美]海明威	周莉

第 三 辑

神曲	[意大利]但丁	田德望
吉尔·布拉斯	[法]勒萨日	杨绛
都兰趣话	[法]巴尔扎克	施康强

叶甫盖尼·奥涅金	[俄]普希金	智 量
笑面人	[法]雨果	郑永慧
红字 七个尖角顶的宅第	[美]纳撒尼尔·霍桑	胡允桓
死魂灵	[俄]果戈理	满 涛 许庆道
南方与北方	[英]盖斯凯尔夫人	主 万
莱蒙托夫诗选 当代英雄	[俄]莱蒙托夫	余 振 等
前夜 父与子	[俄]屠格涅夫	丽 尼 巴 金
白鲸	[美]赫尔曼·梅尔维尔	成 时
米德尔马契	[英]乔治·爱略特	项星耀
小妇人	[美]路易莎·梅·奥尔科特	贾辉丰
娜娜	[法]左拉	郑永慧
一位女士的画像	[美]亨利·詹姆斯	项星耀
十字军骑士	[波兰]亨利克·显克维奇	林洪亮
樱桃园	[俄]契诃夫	汝 龙
约翰-克利斯朵夫	[法]罗曼·罗兰	傅 雷
我是猫	[日]夏目漱石	阎小妹
嘉莉妹妹	[美]德莱塞	潘庆舲
月亮与六便士	[英]威廉·萨默塞特·毛姆	谷启楠
人性的枷锁	[英]威廉·萨默塞特·毛姆	叶 尊
人类群星闪耀时	[奥地利]斯·茨威格	张玉书
尤利西斯	[爱尔兰]詹姆斯·乔伊斯	金 隄
好兵帅克历险记	[捷克]雅·哈谢克	星 灿
城堡	[奥地利]卡夫卡	高年生
喧哗与骚动	[美]威廉·福克纳	李文俊
老妇还乡	[瑞士]迪伦马特	叶廷芳 韩瑞祥
金阁寺	[日]三岛由纪夫	陈德文
万延元年的Football	[日]大江健三郎	邱雅芬

扫码免费领取听书券

七十余部外国文学名著经典
0元订阅，无限畅听